KB120324

한국미래학회 50년

나남
nanam

나남신서 2025

한국미래학회 50년

2019년 11월 20일 발행
2019년 11월 20일 1쇄

엮은이   한국미래학회
발행자   趙相浩
발행처   (주) 나남
주소   10881 경기도 파주시 회동길 193
전화   (031) 955-4601 (代)
FAX   (031) 955-4555
등록   제 1-71호 (1979.5.12.)
홈페이지   http://www.nanam.net
전자우편   post@nanam.net

ISBN 978-89-300-4025-9
ISBN 978-89-300-8655-4 (세트)

책값은 뒤표지에 있습니다.

나남신서 2025

한국미래학회 50년

한국미래학회 엮음

나남
nanam

《한국미래학회 50년》을 펴내며

한국미래학회가 2018년 7월에 창립 50주년을 맞았습니다. 같은 해 11월에 내외 귀빈 여러분의 따뜻한 격려 속에 뜻깊은 자축연을 가졌습니다. 참석하신 모든 분들과 부득의한 사정으로 마음만 보내 주신 분들께 감사드리며 그날의 강연원고들을 중심으로 작은 책자를 냅니다.

저희 학회는 1968년 한국 최초로 미래를 체계적으로 예측하고 구상하기 위해 뜻을 같이하는 지도적인 '공공지식인들'(*public intellectuals*)이 모인 '열린 대화의 장'으로 출범하였습니다. 조직화된 정책연구원이나 싱크탱크를 지향하지 않는 독특한 전통은 변함없이 이어져 지난 반세기 동안 산업화, 민주화, 세계화 및 정보화의 새로운 흐름을 선도하며 오늘날의 대한민국을 만드는 데 큰 역할을 했습니다. 하지만 저희 학회의 자부심이 족보와 과거의 영광에만 머무를 수는 없습니다.

사실 한국사회에서 지금처럼 미래가 화두였던 적은 없었습니다. 이 또한 미래 담론의 확산에 경주해온 저희 학회의 공로라고 자부하기도 합니다만, 오늘날 회자되는 미래는 과거와는 다른 점이 있습니다. 4차 산업혁명, 빅데이터, 인공지능 등 이미 일상 속으로 들어온 가까운 미래를 두고, 우리 사회는 과거와 같은 설렘과 기대보다 불안과 염려 심지어 자포자기의 심정으로 우왕좌왕하고 있습니다. 경제와 과학기술의 미래는 보이지만 그 혁명이 몰고 올 삶의 변화에 대응할 수 있는 정부와 시민사회 그리고 시민 개개인의 인문적 역량은 턱없이 부족하기만 합니다. 우리 앞에 들이닥친 미래가 제기하는 문제가 이럴진대 미래에 대한 고민이 경영전략이나 산업기술 정책의 차원에만 머물 수는 없습니다.

지금 우리에게 필요한 심모원려(深謀遠慮)는 '다가올 미래'에 대한 기계적 예측과 그에 대한 수동적 대응을 넘어 '피해야 할 미래'를 비판적으로 성찰하고 거기에 기반해 현실적 대안을 마련하는 것입니다. 예를 들어 자율주행차가 일으킬 교통사고와 같은 우리 일상의 미래문제를 내다보아야 합니다. 인간의 자유의지가 직면할 새로운 도전 그리고 개인의 책임과 자율성의 변화된 의미를 따져 기술의 발전방향을 인문적으로 통제하고 새로운 사회적 표준을 모색하는 미래학. 여기에 창립 당시부터 인문정신을 강조해온 한국미래학회의 오랜 전통, 바로 우리 시대에 진정 필요한 '비판적 미래학'이 있다고 하겠습니다.

50주년 기념강연의 깊은 뜻이 이와 다르지 않습니다. 덕산 이한빈(德山 李漢彬) 선생과 함께 학회창립의 또 한 축이었던 최정호(崔禎鎬) 선생, 오랫동안 열성적인 학회회원이셨던 김우창(金禹昌) 선생, 그리고 현 소장회원들의 구심점인 함재봉(咸在鳳) 선생, 세 분 모두 우리 사회가 배출한 각 세대를 대표하는 인문지성이라고 할 수 있습니다. 강연에 더해 학회의 시작과 발전과정에 대한 최정호, 김형국(金炯國), 전상인(全相仁) 전임 회장들의 회고를 보시면서 한국미래학회의 과거를 축하해 주시고 학회의 미래에 대해 고견을 나눠 주시면 감사하겠습니다.

한국미래학회장 김성호(金聖昊)

한국미래학회 50년

차 례

한국의 미래 찾기

제 4 부   어언간에 반세기

제 1 부

한국미래학회 50년 기념세미나(2018. 11. 16)

역사와 문명의 전위에서

미래학회 50년, 대한민국 100년

최정호
(한국미래학회 창립발기인 · 제1대 간사 · 제2대 회장)

여러분, 안녕하십니까?

오늘은 특히 학회의 초창기에 적극 참여해 주신 여러 원로 회원들을 오랜만에 만나 뵙게 되어 더욱 반갑습니다. 여러분, 건강하시지요? 인사는 드리지만 솔직히 세월을 이기는 장사 없다는데 벌써 50년입니다. 우리도 이제 많이 늙었습니다.

50년 전 옛날을 생각하니 이 자리에 안 계신 고인들의 모습이 새삼 떠오릅니다. 한국 철학의 정초자로 우리 학회가 단 한 분 명예회원으로 모셨던 박종홍(朴鍾鴻) 선생님, 학회창립을 발의 · 주도하신 발기인이자 초대 회장을 맡으셨던 이한빈 박사, KIST 창립자이자 과학기술처 장관으로 미래학회에 큰 도움을 주신 최형섭(崔亨燮) 박사, 학회 창립발기인으로서 학회활동과 재정에 크게 기여해 주신 이헌조(李憲祖) 회장, 학회 창립회원으로 제1대 간사를 함께한 국립식량원 창립원장 권태완(權泰完) 박사, 재미 과학자 시절 학회창립에 참여한 포항공대의 설립 초대학장 김호길(金浩吉) 박사, 창립회원으로 학회의 많은 논의에서 균형 있는 담론을 이끌어 주신 함병춘(咸炳春) 박사 ….

'서기 2000년의 한국' 연구 프로젝트에서 총괄적 역할을 맡아 주신 황인정(黃仁政) 박사, 단체회원 대표로서 일반회원 이상으로 학회활동에 적극 참여하신 정수창(鄭壽昌) 회장, 지방기업인으로서 학회 지원에 정성을 다해 주신 보해양조(주)의 임광행(林廣幸) 회장, 학회를 위해 기도해 주신 분이자 두 번 투옥되고 두 번 해직된 저항의 목사 서남동(徐南同) 박사. 그밖에도 학회활동에 적극 참여하시고 빛내 주신 많은 분들 가운데 특히 생각나는 경제학-경제정책 분야의 김재익(金在益) 박사, 주학중(朱鶴中) 박사, 과학-기술공학 분야의 최영박(崔榮博) 박사, 윤창구(尹昌九) 박사.

만일 이분들이 아직 살아 계신다면 오늘의 이 모임을 함께 축하해 주실 분들입니다. 이러한 분들과 더불어, 이러한 분들의 힘에 의해서 우리 학회는 오늘까지 50년의 세월을 버텨 왔다고 생각합니다.

첫째 이야기: 미래가 기승을 떨던 1960~1970년대

미래학회는 1968년 '한국 2000년회'라는 이름으로 창립됐습니다. 이 땅에서 미래를 학문적으로 연구해 보고자 하는 민간 연구모임으로선 처음이었습니다. 서로 전문분야를 달리하는 회원들이 전공의 울타리를 넘어 미래에 관한 폭넓은 대화와 토론의 장(場)을 마련하려고 이른바 다학문적(多學問的, *multidisciplinary*) 또는 학제적(學際的, *interdisciplinary*) 연구를 위한 포럼을 만들었다는 점에서도 한국 초유의 일이었습니다.

학회를 창립한 해가 왜 1968년이었을까요? 우리나라에 '386세대'란 말이 널리 퍼져 있는 것처럼 유럽에서는 '68세대'란 말이 지금도 회자됩니다. 그만큼 1968년은 여느 해와는 달리 큰 사건들이 쏟아져 나온 별난 해였습니다. 1960년대 전반을 되돌아보면, 어떤 면에선 전 지구적 차원에서 전개된 문화대혁명의 연대요 그 절정이 아니었던가 생각됩니다. 국제적으로 1950년대의 정치이념적 동서대립보다 점차 사회·경제적 남북 격차가 더욱 크게 부상한 연대, 그래서 유엔 차원에서 이 연대를 후진국을 위한 '개발의 연대'로 삼자고 한 시기이기도 합니다.

개발의 연대는 어떤 의미에선 미래의 연대, 미래학의 연대였다고 해도 좋을 것입니다. 당시 한국을 비롯한 제3세계의 엘리트들에게 과거란 거의 무(無)요, 미래가 전부인 듯이 보였습니다. 가난하고 개발되지 못한 전통사회와 과거는 부정하고 극복해야 마땅한 것이고, '조국 근대화'의 찬란한 미래를 위해서는 배고프고 힘겨운 현재의 고통을 참고 땀 흘려 일하자는 것이 남(南)의 세계, 후진국의 미래학이었습니다.

과거가 힘을 잃고 현재가 부정되는 만큼 미래에 사람들의 눈길이 쏠렸다는 점은 북(北)의 세계, 선진국에서도 마찬가지였습니다. 서방세계의 스튜던트 파워가 기성체제(establishment)를 뒤흔드는 도시게릴라전을 미국 버클리대학에서부터 서독 베를린대학에 이르기까지 도처에서 전개했던 것이 1960년대였습니다. 동(東)의 세계에서 흐루쇼프의 스탈린 비판과 함께 시작된 해빙의 기운으로 소비에트의 기성체제에 심상치 않은 지각변동이 일어나고 있음이 감지되었던 것도 1960년대였습니다.

과거를 비판하고 현재에 도전하는 이러한 반체제의 움직임이 마침내 동과 서에서 폭발적으로 시위된 시기가 1968년이었습니다. 체코슬로바키아의 개혁공산주의자들이 시도한 '프라하의 봄', 그리고 프랑스의 학생, 지식인, 노동자들이 연대해서 일으킨 '파리의 5월 혁명'이 이를 잘 보여줍니다.

그러나 1960년대에 미래를 전망케 했던 것은 현재를 향한 부정적인 비판의 시각만이 아닙니다. 이와 함께 좀더 긍정적이고 적극적인 현재의 자신감, 힘의 자신감 또한 사람들의 눈을 미래로 열어 주었습니다. 밖으론 우주여행 시대를 열어 놓은 아폴로 인공위성의 달 착륙 등이 있었고, 안으론 인간에게 제2의 생명을 선사해 준 심장이식 수술의 성공 등이 있었습니다.

　　지구의 남과 북, 동과 서에서 이처럼 과거에 대한 부정과 현재의 힘에 대한 자신감이 미래를 크게 부상시켜 놓음에 따라 1960년대 중반부터 미래학이 성행하게 된 것은 자연스런 흐름이었습니다. 이처럼 미래와 미래학에 대한 관심이 세계적으로 확산되면서 1960년대가 끝나는 1970년 봄에 일본 오사카엑스포 기간 중 교토에서 열린 국제미래학대회는 하나의 절정을 장식한 것처럼 보였습니다.

　　어느 면에선 1960년대의 미래학은 밝고 낙관적이며 성장을 우선하는 발전론에 뿌리를 두었다고도 여겨집니다. 특히 후진국의 미래학은 발전학(developmentology)이라 일컫기도 했습니다(이한빈). 이 점에선 당시 한국의 미래학도 후진국형 미래학이었다고 할 수 있습니다. 이러한 배경에서 나온 한국미래학회의 첫 대형 프로젝트 결과가 KIST와 공동으로 수행한 연구보고서 〈서기 2000년의 한국〉이었습니다.

　　한편 1970년은 미래학적 논의가 절정에 이른 시점이자 동시에 내리막길로 접어든 변곡점이었다고 생각합니다. 이를 감지케 하는 징후들이 바로 교토 국제미래학회 도중에 쏟아져 나왔습니다. 회의가 시작되기 직전 교토의 이웃 도시이자 엑스포가 열린 오사카에서는 지하가스관이 폭발하는 대참사가 있었고, 회의 도중엔 달 탐사를 나선 아폴로 13호의 사고가 세상을 놀라게 하더니, 서울에서는 와우아파트 붕괴사건이 일어났습니다. 뿐만 아니라 1970년이 저물어가는 11월 중순에는 서울 평화

시장에서 근로자가 분신자살하는 사건이 세상에 충격을 주었습니다.

밝은 미래를 약속하며 현재의 희생을 강요한 개발독재 권력에 대한 저항이 이로부터 근로자·지식인·종교인 사이에 거세게 퍼져갔습니다. 이에 정부는 갈등을 해결하는 대신 유신체제를 선포함으로써 억압, 은폐하는 대응책을 내놓았습니다. 정치적 자유와 함께 정치적 변화의 전망도 금압(禁壓)해 버린 '암흑의 연대'가 시작된 것입니다. 미래는 미래를 화려하게만 꾸며 보이려는 개발 권력에 의해 목이 졸리고 있었습니다.

1960년대의 밝은 미래, 낙관적 미래학을 부정하는 반대명제는 밖에서도 1970년대 초의 세계를 엄습하고 있었습니다. 큰 사건만 두 가지 들어 본다면 먼저 국제경제를 강타한 중동의 석유무기화가 초래한 에너지 위기가 그 하나고, 같은 무렵 지식인 사회에 큰 충격을 안긴 로마클럽의 보고서 〈성장의 한계〉(The Limits to Growth)가 다른 하나였습니다.

1970년대의 이러한 파상적 도전에 대한 응답으로 유신정부가 내세운 정치적 명분이 '근대화의 한국화'였습니다. 한국은 나름대로 1, 2차 에너지위기를 극복하고 '한강의 기적'이라 일컫는 고도성장을 구가하고 있었습니다. 이러한 상황은 한국미래학회의 정체성에 또 다른 도전을 안겨 주었습니다. 바로 밝은 미래상만 일방적으로 홍보하는 관변 미래학의 등장입니다. 유정회가 앞세운 "유신의 미래학"[1]으로 인해 지식인 사회에 미래학 전반을 불신하고 경원하는 분위기가 생긴 것입니다. 미래를 제대로 내다보기 위해선 현재를 부정하고 초월할 수 있는 최소한의 자유와 민주주의가 전제된다는 사실을 배우게 된 계기였습니다.

다행히 한국미래학회는 경제학·과학 분야 못지않게 인문학·사회학 분야에서 많은 회원들이 충원되고 있어서 처음부터 가치지향적·비

---

1 유신정우회 편, 《내일의 한국: 대망의 80년대》, 서울: 유신정우회, 1977.

판적 미래학에 관한 논의가 활발했습니다. 학회가 1970년대 초부터 "발전과 갈등"이라는 대주제를 다루는 세미나를 열고, "학자와 국가"의 관계를 따져 묻고, "산업사회의 인간화" 문제를 제기하며, "경제발전을 넘어서" 그 밖의, 그 위의 그리고 그 밑의 문제들을 논의하는 대형 심포지엄을 연거푸 열었던 것은 1970년대 한국미래학회를 부각하는 의미 있는 발자취였습니다.

둘째 이야기: 현재가 기승을 부린 1980~1990년대

1970년대 말 10·26의 총성은 미래를 거부하던 현재의 안정마저 박살냈습니다. 대통령의 주검과 함께 과거로 묻힌 유신체제의 종언은 자유를 위한, 미래를 위한 기회로 간주되었습니다. 그러나 '서울의 봄'이라 일컫던 잠시의 과도기는 하나의 독재체제에서 또 다른 독재체제로 넘어가는 군부통치의 병중소강(病中小康, euphoria)에 불과했음이 이내 1980년 5월 광주에서 처절하게 드러났습니다. 공위(空位)가 된 독재권력을 찬탈하려던 신군부가 "국군이 국토에서 국민을 적대하여"(Die Zeit 신문) 벌인 광주의 참극은 어떤 이성적 사고로도 예상할 수 없었던 미래의 기습이요, 충격이었습니다.

　1980년대 한국정치의 반동은 자유와 민주주의가 무릇 미래를 그려 보는 기본적 전제가 된다는 사실을 깨닫게 해주었습니다. 그래서 1980년대 미래학은 곧 자유를 찾고 민주주의를 찾는 일이었습니다. 산업화가 1960년대 미래학이었다면, 민주화가 1980년대 미래학이 된 것입니다. 그리고 그러한 미래학은 미래학자가 아니라 젊은 학생들이, 서재에서가 아니라 거리에서 시위로 입증하고 있었습니다.

민주주의를 스스로 쟁취한 젊은이들은 개발독재만큼 개발연대도 회의적인 눈으로 비껴 보았고, 광주의 참극을 막지 못하고 방관한 미국의 민주주의에 대해서도 불신의 소리를 내게 되었습니다. 이때부터 대학가에는 1970년대 유신체제하에서도 듣지 못한 반미구호가 공공연하게 나돌게 됐습니다.

　이처럼 남(南)의 미래학도 서(西)의 미래학도 미래세대인 젊은이들에게 설득력과 유인력을 잃고 있던 공백을 거센 압력으로 메운 것이 사회주의라는 동(東)의 미래학이었습니다. 그래서 1980년대 한국에는 이념서적이라 일컫던 고전 마르크스주의, 네오 마르크스주의, 포스트 마르크스주의 서적들이 대학가에서 크게 호황을 누린 철 늦은 '이데올로기의 시대'가 찾아왔습니다.

　정치적으론 암울했던 1980년대였지만 신군부정권은 경제 분야와 외교 분야에선 괄목할 만한 업적을 쌓고 있었습니다. 경제 면에선 정권 출범 직후의 마이너스성장을 이내 고도성장으로 전환시키고, 물가상승률을 한 자리 수치로 안정시키며, 국제수지는 만성적 적자기조를 흑자기조로 바꿔 놓았습니다. 박정희 18년 장기집권 치하에서도 이루지 못한 건국 이후 초유의 업적이었습니다. 대외적으로는 '88 올림픽'의 서울 유치와 그 성공적 개최를 위한 북방정책을 적극적으로 추진하여 한국의 국제화에 새 차원을 여는 전방위 외교의 발판을 구축했습니다. 그러나 신군부의 그러한 가시적 성취도 그 권력을 정당화해 줄 설득력을 갖진 못했습니다. "없는 것을 찾는 젊은이들"에게는 언제나 "현재 존재하지 않는 것이 끝없이 부족한 것"2입니다.

---

2 Paul Valery, *La politique de l'esprit.* Paris: Oeuvres I. Bibliothèque de la Pléiade, 1967, p. 1025.

5천 년 가난의 한(恨)을 씻고 이룩한 경제발전과 고도성장은 배고팠던 어버이세대가 추구한 가치였고 미래였습니다. 그러나 이미 풍요로운 세상에서 배고픔을 모르고 자란 자녀세대에게 그것은 이미 주어진, 자명한 것에 불과합니다. 그것은 미래가 아니라 현재, 아니 과거에 속한 것입니다. 그들에게 없는 것, 그들이 추구하는 것은 발전이 아니라 정의요, 성장이 아니라 분배입니다. 1980년대의 젊은이들에겐 경제발전이 아니라 정치발전이, 그리고 그에 못지않게 사회발전이 추구해야 할 가치이자 미래였습니다. 그들의 미래학은 발전론이 아니라 민주화요 사회정의요 사회주의였습니다.

　한편 이들 젊은 세대에게는 또 하나 크게 없는 것이 있었습니다. 통일입니다. 5·16 광주민주화운동 이후 그들에게 눈에 띄는 것, 언제나 있는 것이 미국이라면 언제나 없는 것, 아무리 찾아봐도 없는 것이 '북녘'이었습니다. 게다가 정치권에서부터 언론계, 종교계에 이르기까지 기성세대가 멋모르고 헤프게 떠벌려온 '통일 로맨티시즘'의 합창은 없는 것을 찾는 젊은이들의 통일지상주의 열정을 더욱 부채질해 놓았습니다. 1980년대의 젊은이들에게 조국통일은 또 하나의 미래학이 되었습니다.

　이처럼 젊은 세대가 가두투쟁을 통해 민주화를 쟁취하면서 사회주의와 남북통일의 미래학이 시민권을 얻게 됐습니다. 그러나 386세대의 미래학은 1980년대가 저물어가면서 유럽의 대변혁으로 뜻하지 않은 충격을 받았습니다. 1989년 11월 베를린장벽의 붕괴를 전후해 일어난 사건들, 즉 아무도 예상하지 못했던 소련 및 동유럽 사회주의체제의 총체적 몰락, 그리고 역시 아무도 기대하지 않았던 동·서독의 통일이라는 미래의 기습, 미래의 충격이 다가온 것입니다.

　분명한 사실은 동유럽에 실존하던 사회주의체제의 총체적 파산은 또 다른 차원에서 미래가 전반적으로 실권하고 방향을 잃는 계기가 되었다는 것입니다. 이는 특히 서유럽 지식인들에게 "유토피아의 소멸에 대한 보편적인 비탄"[3]의 정서를 안겨 주었다고 전해집니다. 그를 전후해서 세계의 독서계를 풍미한 것이 프란시스 후쿠야마의 《역사의 종언》(*The End of History*) 입니다. 이 책은 어떤 의미에선 미래의 종언, 미래학의 종언을 시사하는 듯했습니다.

남(南)의 세계, 후진국의 미래학인 산업화·경제발전의 미래학은 1970년대에 한국이 구가한 고도성장과 '한강의 기적'으로 인해 젊은이들에게 어필할 매력을 잃었습니다. 유신체제하의 미래학으로서 서(西)의 세계, 서방 민주주의를 실현하자는 민주화·정치발전의 미래학도 1987년 시민항쟁과 문민정부 수립으로 유인력을 잃었습니다. 동(東)의 세계, 실존 사회주의체제에서 배우려던 분배의 정의·사회발전의 미래학은 소비에트 사회주의체제의 전면적 와해로 그 허구성이 드러남으로써 역시 미래세대를 매혹하는 힘을 거세당하고 말았습니다. 바로 이러한 상황이 지금으로부터 4반세기 전, 미래학회가 스물다섯 돌을 맞은 1990년대 세기말의 모습이었습니다.

사회주의체제의 붕괴는 유토피아의 소실 이상으로 개혁을 위한 강력한 대안(*alternative*) 의 소실을 일으킬 수 있으며, 개혁을 추구하는 열정의 무력화를 가져올 수도 있습니다. 그래서 현실의 기존체제에 대한 순응주의, 타협주의를 조장한다고도 내다볼 수 있겠습니다.[4] 미래가 무

---

3 Hans Magnus Enzensberger, *Gangarten. Ein Nachtrag zur Utopie*. Kursbuch: Heft 100, Juni 1990, p. 4.
4 폴란드의 철학자 콜라코프스키는 "유토피아가 유토피아이기를 언젠가 그만두기 위해서도 유토피아가 유토피아로서 존재하는 것이 불가결의 전제이다"라고 유토피아를 옹호했다(Leszek Kolakowski, *Der Mensch ohne Alternative. Von der Möglichkeit und Unmöglichkeit, Marxist zu sein*, Muenchen U. Zuerich, 1984, p. 153).

(無) 라면 현재가 전부다. 역사의 종언, 즉 역사에 내일이 없다면 오늘의 현상이 전부요 절대적이라고 볼 수도 있다는 뜻입니다.

물론 유토피아의 소멸, 현실에 대한 대안의 소실로 미래를 잃게 됐다고 해서 현재가 전부일 수는 없고, 더구나 현재가 완전한 것이 되지도 않습니다. 사람은 참 묘한 동물이어서 현재가 전부라 해도 실제로 '현재' 만을 사는 경우는 거의 없습니다. 사람은 현재에 살면서도 늘 과거를 되돌아보며 그리워하거나 뉘우치고, 또는 미래를 내다보면서 뭔가를 그리거나 기다리거나 꿈을 꾸면서 삽니다. 사람이 현재를 순전하게 사는 경우란 부상을 당해 고통을 느낄 때나 관능적 향락을 누릴 때 정도입니다. 따라서 사람은 과거를 부정할수록 더욱 미래를 생각하게 되고, 거꾸로 미래를 잃을수록 더욱 과거에 매달리게 됩니다.

한편 돌이켜 생각해 본다면 우리가 미래를 생각하고 미래의 변화를 추구한다 해도 우리 현실의 모든 것이 변화하는 것도, 변화할 수 있는 것도, 또 변화해야 하는 것도 아닙니다. 바꿔 말하면 과거와 미래에 다 같이 걸친 현실, 조금은 수명이 긴, 장수하는 현재도 있겠다는 얘기입니다. 첫째, 우리가 그 속에서 태어나 삶을 이어가는 자연과 풍토, 둘째, 우리가 추구하는 가치와 삶의 본연 등은 일단 변화하는 것 속에서 변화하지 않는 것, 변화를 덜 타는 것, 더디게 변화하는 것으로 가려볼 수 있겠습니다.

그러한 발상에서 지난 세기말 우리 미래학회는 "21세기로 가는 한국의 새로운 치산치수"라는 큰 테두리 안에서 한 주제씩 연간기획으로 깊이 있게 다뤄 보자고 하였습니다. 그에 따라 다음과 같은 일련의 프로젝트가 진행되었습니다. "산과 한국인의 삶", "물과 한국인의 삶", "하늘과 한국인의 삶", "땅과 한국인의 삶", "불과 한국인의 삶" 등이 첫째 범주의 기획이라 한다면, "멋과 한국인의 삶", "정보화와 한국인의 삶",

"배움과 한국인의 삶" 등은 둘째 범주에 속하는 기획이었습니다. 이 연구 기획들은 그 사이 모두 두툼한 단행본으로 꾸며져 출간됐습니다.

셋째 이야기: 과거가 기승을 부리는 2000~2010년대

유토피아의 부재, 대안의 부재, 미래의 부재 — 그래서 '역사의 종언'이란 말이 조금은 허황되고 성급하게 떠돌면서 막이 오른 21세기 — 그로부터 지금까지 지나온 두 연대를 돌이켜보고 몇 마디 보태야 비로소 50년의 이야기 (history) 가 마무리되겠지요. 저도 그랬으면 싶고 그래야 되겠습니다만 솔직히 말해서 제겐 그럴 능력이 없습니다. 1999년, 저는 지난 세기말에 대학에서 퇴직하고 미래학회의 책임에서도 벗어났습니다. 그 점에서 저는 20세기 사람이요, 지나간 사람입니다. 지금은 그저 덤으로 여생을 살고 있는 사람이라 21세기의 일들을 잘 알지도 못하고 얘기할 견식도 없습니다.

돌이켜보건대 미래를 묻는다, 미래를 내다본다는 것이 무엇입니까? 아마도 사물의 전체상을 보려는 노력이 아닌가 생각합니다. 전체상이라 하면 공간과 시간의 두 차원을 갖는다고 해야겠지요. 공간의 전체상을 본다는 것이 나무뿐 아니라 숲도 보는 것이라면, 시간의 전체상을 본다는 것은 흐름의 줄기와 향방을 짚어 보는 것, 그러기 위해 미래와 함께 과거도 본다는 얘기가 될 것 같습니다.

사사로운 얘기라 송구스럽지만 1980년 '서울의 봄'에 저는 그때까지 한국 지식인 사회의 큰 공백으로 있던 '현대사'에 관한 관심을 촉발하기 위해 계간지 〈현대사〉를 창간한 일이 있습니다. 그 배경을 간단히 밝혀 두겠습니다.

1960년대 초, 유럽에 나가 보니 당시 해외에서 찾아볼 수 있는 한국 현대사 문헌은 북한의 또는 친북적 자료들이 대부분이었습니다. 북한 또는 친북 문헌이 100이라 한다면, 한국 또는 한국 우호적 문헌은 10에도 미치지 못하다는 사실에 저는 깜짝 놀랐습니다. 역사는 공백으로 비어 있지 않습니다. 우리가 해방 후 한반도의 현대사에 관한 기록을 사보타주하고 있을 때, 이로 인해 생긴 공백은 특히 1980년대 대학가에선 급격하고 광범위하게 북한 측 현대사 기록으로 메워지게 됐습니다.

　　그 결과, 오늘의 한반도는 국토뿐 아니라 국사도 남북으로 갈라져 있습니다. 더욱 답답한 점은 북쪽에는 하나의 역사가 있는 데 반해 남쪽에서는 그마저 다시 둘로 갈라지고 있다는 사실입니다. 1948년에 건국된 대한민국과 1920년에 건국된 또 다른 대한민국이 갈라지고 있습니다. 불행한 일이요, 불길한 일입니다. 미래에 대해선 다양한 견해와 경륜을 활발하게 다투고 논쟁해야 하겠지만, 과거와 과거의 의미는 모두가 공유하는 것이 건전한 공동체, 공화국(res publica)을 이루는 기본전제라 하겠습니다.

　　과거 서독은 제2차 세계대전 종전 이전의 제3제국 나치스체제와 종전 후의 동독 소비에트체제에 대항한 전 국민적 사상 대결과 계몽을 위해 국회에 의석을 가진 여야 모든 정당이 합동으로 연방정치교육센터를 설립했습니다. 그 활동상을 살펴보니 대부분 독일 현대사 연구와 교육이요, 센터의 기관지 Das Parlament도 기사 대다수가 현대사에 관한 내용이었습니다. 나치스체제의 과거를 청산하고 동독의 소비에트체제를 극복하기 위해, 즉 분단 독일의 현재와 미래를 위해 과거사를 공유하고 과거사의 의미와 해석을 공유하는 일이 공화국의 존립과 발전에 중요한 전제임을 시사하는 사례라 하겠습니다.

　　사회주의적 유토피아가 소멸되고, 자본주의 현존체제를 넘어서는 대안이 사라지고, 역사의 종언이 회자되는 상황은 보기에 따라 '미래 상실'의 징후라 해도 좋을 것입니다. 한 개인이나 공동체가 미래를 잃을수록 과거를 찾아 파고든다는 점은 잘 알려진 사실입니다. 게다가 과거는 한 개인이나 한 공동체가 스스로의 정체성(identity)을 찾는 근원이기도 합니다. 한 개인의 자아(自我)나 한 공동체의 정체성이란 분명 기억된 과거의 총체, 현전(現前)할 수 있는 과거의 총체라 할 수 있습니다.

이른바 역사의 종언 이후 등장한 '문명의 충돌' 혹은 새로운 '문화전쟁' 논의에서 부상하는 주제가 나와 남, 우리와 저들의 다름을 들춰내는 정체성입니다. 난민이 국경을 넘어 대거 유입하는 서유럽과 미국에서 이른바 '정체성정치'란 말이 나도는 것도 이러한 맥락에서 이해할 수 있습니다. 5 그리고 한동안 '기억'을 주제로 한 담론이 인문학·사회학·자연과학의 여러 분야를 풍미했던 것도 우리 기억에 새롭습니다.

그러나 오늘의 한국처럼 정치·경제·문화, 심지어 사법 등 모든 분야에서 미래는 불문에 붙인 채 과거가, 오직 과거의 문제가 오래 끌며 깊이 파헤쳐지는 사례를 저는 알지 못합니다. 과거청산, 적폐청산은 지금 우리나라 국정목표의 최상위에 자리 잡은 것처럼 보입니다. 이러한 모습을 곁에서 보고 있으면 이 땅엔 미래는 없고 과거만 존재하는 것인가 느껴지기도 합니다.

물론 과거는 단순히 과거로만 있는 것이 아닙니다. 저는 요즈음 세상 돌아가는 걸 보며 그전엔 무슨 말인지 알아들을 수 없었던 한 미래학자의 잠언을 갑자기 알아듣게 된 것 같습니다. 6

---

5 독일의 월간지 *Neue Gesellschaft / Frankfurter Hefte* 2018년 10월호는 '정체성 대 정체성정치'(*Identität vs. Identitätspolitik*)를 특집으로 다뤘다.
6 John McHale, *The Future of Future*, 1971.

과거의 미래는 미래에 있고
현재의 미래는 과거에 있고
미래의 미래는 현재에 있다.

　너무 어두운 과거 얘기에 매몰되지 않기 위해 마지막으로 그래도 조금은 밝은 미래 이야기를 해보겠습니다. 저는 미래학회의 은퇴자가 됐습니다만 5~6년 전 박양호 박사가 국토연구원장으로 있을 때 기획한 "강과 한국인의 삶"이란 프로젝트에서 에필로그로 '미래의 강'에 대해 적어 보라는 부름을 받았습니다. 참으로 어려운 숙제를 안고 끙끙 앓다가 얻어들은 풍월로 다음과 같이 적어 봤습니다.

　요즈음 젊은이들은 산은 당연히 나무가 우거져 푸르고 강엔 당연히 물이 차 흐른다고 알고 있습니다. 그러나 30년, 50년 전만 해도 우리나라의 산은 빨간 민둥산이었고 강은 대부분 모래밭이었습니다. 1956년 대선에서 "못 살겠다, 갈아 보자"는 구호와 함께 야당이던 민주당의 신익희 대통령 후보가 벌인 선거유세에는 30만 명의 서울 시민이 운집했다고 합니다. 그 30만 명이 모인 장소가 바로 한강 백사장이었습니다.

　산이 푸르고 강에 물이 찬 것은 우리에겐 자연의 소여(所與)가 아니라 인위의 소산(所産)이요, 과거로부터 주어진 것이 아니라 미래를 가꾼 당대의 성취였습니다. FAO(유엔 식량농업기구)는 19세기 이후 전 세계에서 녹화(綠化)에 성공한 네 나라 가운데 하나로 한국을 꼽습니다. 나아가 20세기에 들어와, 그것도 제3세계 국가로서 녹화에 성공한 유일한 사례라고 이야기합니다. 산이 수목으로 푸르고 강엔 물이 넘쳐흐르는 모습은 바로 우리가 자랑해 마땅한 문자 그대로의 '한강의 기적'입니다.

　그러한 기적을 이룩한 한국인들이 지금 한국을 괴롭히는 황사의 주된 발원지인 중국의 네이멍(內蒙古) 구 쿠부치(庫布齊) 사막에 10억 그루 나무심기 운동을 20년 가까이 벌이고 있습니다. 첫 10년 동안 근 500만 그루를 모래벌판에 심은 결과, 놀랍게도 그중 70%가 뿌리를 내리며 활착에 성공했습니다. 처음에는 방관만 하던 중국도 막상 모래벌판의 나무에 잎사귀가 돋은 모습을 보자 태도가 달라져서 지금은 '한중 미래의 숲' 파트너로 적극 참여하고 있다고 합니다. 200년 전까지만 해도 황하에 물줄기를 대는 푸른 초원이었다는 쿠부치사막이 앞으로 조림녹화에 성공해 어느 날 그곳에 다시 물이, 강물이 흐르게 된다면 ⋯. 저는 거기에서 강의 미래를, 미래의 강을 본다고 적었습니다.[7]

1950년대 초에 베스트셀러 《미래는 이미 시작됐다》(*Tomorrow is Already Here*)를 써서 1960년대 미래학 붐에 선편을 쳤던 오스트리아의 로버트 융크(Robert Jungk)는 미래를 여는 세 가지 상상력을 얘기합니다. 논리적 상상력, 비판적 상상력, 그리고 특히 창조적 상상력이 그것입니다.[8] 쿠부치사막의 10억 그루 나무심기 운동에서 저는 창조적 상상력의 본보기를 봅니다. 한국인은 그러한 상상력이, 상상을 현실로 창조하는 힘이 있기 때문에 민둥산을 녹화하고 모래사장에 강물이 흐르게 하는 기적을 낳았고, 한 세대 동안에 산업화와 민주화를 이룩한 '한강의 기적'을 창조해냈다고 생각합니다.

그러한 한국인의 창조적 상상력을 믿고 저는 마지막으로 우리 학회의 젊은 회원들에게 권하고 싶은 일이 있습니다. 우리 학회가 여느 학회와는 다른 '미래'학회라는 정체성을 입증해 보이기 위해서도 50돌을 맞은 지금 한번 도전해 볼 만한 과제가 되리라 믿습니다. 바로 30년 후

---

7 전상인 · 박양호 공편, 《강과 한국인의 삶: 미래의 강, 문화의 강》, 2012, 701~716쪽.
8 Robert Jungk, "The Role of Imagination in Future Research", *Challenge from the Future*, Vol. 1, Proceeding of The International Future Research Conference, Tokyo, 1970, pp. 11~17.

의 우리나라, 2048년의 한국, "대한민국 100년의 미래"를 종합적으로 예측해 보는 작업을 착수하면 어떻겠느냐는 것입니다.

지금부터 50년 전, 1968년에 한국미래학회는 '한국 2000년회'란 이름으로 발족했습니다. 2년 후에 학회는 KIST와 공동으로 다양한 방법론을 동원해 다각적 예측작업을 수행해 〈서기 2000년의 한국〉이라는 종합보고서를 내놓았습니다. 1960년대 말에는 서기 2000년이 우리의 미래였습니다. 30년 후 미래였습니다. 대한민국이 백돌을 맞는 2048년은 지금으로부터 30년 후 미래입니다. 50년 전 우리 학회가 서기 2000년을 그려 본 것처럼 오늘의 젊어진 학회가 다시 한 번 미래를 향한 창조적 상상력의 시연(試演)으로 30년 후 2048년, 대한민국 100년의 모습을 그려 보는 것은 어떨까 권하는 것입니다.

세상이 온통 과거에 천착하는 요즈음, 그래도 이 땅 어느 곳에서는 과거뿐 아니라 미래를 생각하고 미래의 큰 그림을 그려 보는 그룹이 있어야 합니다. 그래서 30년 후 대한민국이 평화를 유지하고 복된 삶을 살게 될지, 아니면 이른바 100년 전에 이미 있었다는 대한민국처럼 온 백성이 다시 낯선 압제자 밑에서 고통스런 삶을 살고 있을지, 혹은 그도 저도 아닌 또 다른 삶을 살게 될지에 대해 여러 가능한 시나리오를 그려 보아 주셨으면 하는 것입니다.

저는 그런 일을 해낼 힘이 미래학회에 있다는 사실을 알고 있습니다. 미래학회의 힘이 무엇입니까? 미래학회의 회원들입니다. 회원들 한 분 한 분이 미래학회의 힘이자 자랑입니다. 감사합니다.

문명의 에피스테메
동양적 사유의 문제

김우창

(고려대 명예교수)

공간 그리고 문명의 도판(圖板)

이탈리아의 물리학자 카를로 로벨리(Carlo Rovelli)는 그의 저서 《시간과 공간의 질서》(*L'ordine del tempo*)에서 근본적이고 절대적인 의미에서는 시간도 공간도 존재하지 않는다고 말한다. 우리가 사는 세계에 시공간이 존재하는 것은 사실이나, 그러한 시공간은 일정하게 한정된 범위 안에서 일어나는 사건들이 제한된 원근(遠近)의 틀 안에서 상호작용을 할 때 일어나는 얽힘에서 나타나는 것이라고 말한다. 이를 설명하는 그의 말을 인용하여 본다. 인용문은 그의 통찰이 간단한 물질 분석의 이론이 아니라는 점을 느끼게 한다.

… 양자(量子) 중력의 방정식에는 시간 변수가 없다. 이 이론의 변수들은 물질광자(光子), 전자, 그리고 기타 원자로써 장(場)을 구성하면서, 결국

29

인력(引力)의 장을 구성한다. 이것들은 모두 같은 차원에 존재한다. 〔이것을 '고리 이론'(*loop theory*)이라고 하는데〕 이 이론은 결코 '모든 것의 이론'(*a theory of everything*)이 아니다. 과학의 최종적인 이론이라고 주장하지도 않는다. 그것은 일관성을 가지면서 분명하게 식별될 수 있는 부분으로 구성된 이론이다. 그것은 오로지 우리가 이해하게 된 세계를 일관성 있게 기술하려 할 뿐이다.

세계의 장(場)들은 입자의 형태로만 — 전자라거나 광자 그리고 중력의 양자 — 또는 달리 말하여 '공간의 양자'로만 이루어진다. 이 기본입자들은 공간 속에 빠져 있는 것이 아니고, 그것들이 공간을 형성한다. 세계의 공간성은 기본입자들의 그물로 구성된다. 이 기본입자들은 시간 속에 머물지 아니하고 끊임없이 상호 간에 작용한다. 이 입자들은 이 상호작용 속에서만 존재한다. 이 상호작용이 세계라는 사건이다. 그것이 방향이 있는 것도 아니고 선적(線的)인 모양을 갖춘 것도 아닌, 시간의 최소의 기본적인 형상이다. 그것은 아인슈타인이 연구대상으로 삼았던 평평한 곡면(曲面)의 기하학을 드러내지도 않는다. … 1

위의 인용을 제대로 이해하려면 더욱 많은 인용이 필요할 것이다. 여기서 주의하려는 것은 시공간이 입자들을 담고 있는 것이 아니라, 입자들의 상호관계가 시간과 공간을 구성한다는 관찰이다. 그리고 또 하나 주목할 점은 이론과 사실의 병존이다. 위의 시공간론은 이론인지 사실인지 불분명하다. 그러나 근본적 차원에서 이론과 사실은 분명히 갈라서 이야기할 수 없다는 것이 여기에 전제되어 있다. 결국 주목하고자 하는

---

1 Carlo Rovelli, *The Order of Time*, trans. Erica Segre and Simon Carnell, UK: Random House, 2017, p. 108.

점은 시공간이 상호작용 속에 포함되는 한 관점에서만 존재한다는 것이다. 그 점에 있어서, 절대적 의미의 시공간은 존재하지 않는다.

시공간은 실재의 특성이라기보다 인간의 직관의 형식이라는 것이 칸트 철학의 입장이다. 로벨리의 관찰은 그와 비슷하게 또는 그보다 더 나아가 시공간은 물질의 상호작용 속에 있는 하나의 관점에서만 생각할 수 있는 상대적 가설이라는 것이다. 물론 그렇다고 그것이 어떤 개인이나 집단의 자의에 의해 정해질 수 있다는 말은 아니다. 시공간이 인간이 살고 있는 세계의 객관적 특성임은 틀림이 없다. 인간은 시간과 공간을 객관적인 것으로 받아들이고, 삶의 기축으로 삼고, 그것에 의지하여 건축물이나 도시를 짓고, 스스로의 몸이나 사고나 감정의 향방을 정한다. 그러면서 사람이 경험하는 시공간은 여러 가지 다양한 모습을 띤다.

여기서 밝혀 보려는 것은 물리학적 의미의 공간이 아니다. 그러한 시공간의 모호성을 언급함으로써 객관적 사실로 받아들이던 것이 반드시 그렇지는 않을 수 있음을 이야기하려는 것이다. 이는 인간이 가진 다른 현실적 신뢰도 근본적 모호성을 갖는다는 사실을 보여주는 일종의 모형이 될 수 있다. 사람이 세계를 하나로 이해하는 데에는, 반드시 가설로 받아들이지 아니하면서도 사실상 가설적 성격을 가진 개념들이 적지 않게 존재한다. 그 개념들은 인간의 지적 노력, 나아가 과학적 기획에서 중요한 비계(飛階)가 되고 개념의 창조적 주형(鑄型)이 된다. 미셀 푸코 (Michel Foucault)가 그의 저서 《언어와 사물: 인간과학의 고고학》(Les Mots et les Choses: Une Archéologie des Sciences Humaines)에서 내세운 에피스테메(episteme)는 그러한 생산적 주형의 개념이라고 할 수 있다.

푸코는 이 개념을 설명하면서 글이나 그림을 그리는 데 사용하는 평판 (平板)에 비교한다. 움직임을 쉬지 않는 인간의 마음이 이 평판 위에 그림이나 글씨를 올리는데, 이는 거기에 일정한 질서를 부여하기 위해서

다. 이 책의 영어번역 제목은, *The Order of Things: An Archaeology of the Human Sciences* 인데, 제목이 말하듯이 이 판에 글을 쓰면 사물들의 질서가 보이게 된다. 사람 사는 세계의 사물은 일정한 질서를 가졌다고 여겨진다. 이 질서를 밝히려 하는 것이 과학, 인간에 관한 과학이다.

그런데 이 질서의 근본은 사물 본유(本有)의 현실이 아니다. 그렇다고 허구(虛構)인 것도 아니다. 그것은 사물에 연유하지만 또 인간의 개념화 활동으로 생겨난다. 그리고 그것은 많은 인간과학, 철학, 사회학, 경제학, 문학, 예술들의 기본적 개념화의 틀을 이룬다. 이러한 인간 이해와 형성의 근본이 등장하는 것은 역사적 사건이면서도, 그러한 사실이 분명하게 드러나지 않는다. 그리하여 이를 알아내는 데에는, 제목에 나와 있듯이, 말하자면 고고학적 발굴이 필요하다.

푸코가 시도하는 것은 이 비유적인 고고학적 발굴작업이다. 또는, 다시 말하건대, 이 작업은 "사유의 체계 — 그것으로 하여 동시적이며 일단은 모순관계에 있을 수도 있는 견해들로 하여금 상호작용에 들어갈 수 있게 하는 사유의 체제"[2]를 확인하는 작업이다. 푸코가 이 책에서 주로 풀어내려고 하는 것은 그가 "고전시대"(*l'epoque classique*)라고 부르는 17세기, 18세기에 모습을 나타내기 시작한 유럽 인간과학의 사고유형이다. 이 시대의 사고방식에 드러나는 것은 눈으로 볼 수 있는 듯한 유형의 표상(表象)이다. 그것은 공간적 성격을 가진다. 그러면서 관찰과 검증을 요구한다. 이러한 것들은 궁극적으로 현실을 과학적으로 이해하는 근거가 되는 에피스테메, 시대적으로 정당성의 바탕이 되는 에피스테메의 관할 안에 있다.

---

2 Michel Foucault, *Les Mots et les Choses: Une Archéologie des Sciences Humaines*, Paris: Gallimard, 1966, p. 89.

문명의 원형적 에피스테메

푸코의 에피스테메와 비슷하게, 역사의 한 시대를 지배하는 사고의 원형들에 대한 여러 관찰이 있다. 그러면서 그것은 대체로 한 문화의 경계선 안에 있다. '패러다임'(*paradigm*: 모범)도 그러한 개념의 하나이다. 토마스 쿤(Thomas Kuhn)은 한 시대에는 지배적인 과학적 사고의 유형이 있으며, 이러한 유형은 뛰어난 과학적 사고방법의 대두를 쫓아 등장하여 모방과 추종의 대상이 되었다가 다시 쇠퇴하고 다른 모델로 대체된다. 이때 지배적인 과학적 추리의 모델은 많은 과학적 연구에서 채택되고 또 다른 사상의 영역으로도 확대된다.

'시대정신'(*Zeitgeist*)은 조금 더 막연한 의미에서 한 시대를 풍미하는 사고의 흐름을 말한다. 한스 가다머(Hans Gadamer)는 지적 담론의 해석을 논하면서, 그 담론이 제대로 이해되기 위해서는 "지평의 융합"(*die horizontale Verschmelzung*)이 있어야 한다고 말하였다. 하나의 사고에는 그것이 위치하고 있는 여러 사항으로 구성된 지평이 있고, 또 그것을 이해하고자 하는 노력에는 이 노력이 위치하고 지평이 있어서, 어떤 구체적인 문제의 이해 또는 해석에는 이 두 지평이 하나가 될 수 있어야 된다는 것이다.[3] 하나의 사고와 그것을 표현하는 개념은 일정한 문맥(文脈) 속에서 의미를 획득한다. 그런데 이러한 문맥은 큰 테두리의 문화 또는 문명 전체가 될 수 있다. 이를 확대해 보면, 많은 것은 문명의 테두리 속에 있고 그 안에서 의미를 갖는다고 할 수 있다.

위에서 말한 바와 같이 삶의 사고에는 그것을 에워싸고 있는 테두리

---

3 Hans Georg Gadamer, *Wharheit und Methode I*, Tübingen: J. C. Mohr, 1986, S. 311 f.

가 있고, 이 테두리는 여러 종류일 수 있다. 그중에도 특히 큰 테두리는 문명이라는 테두리, 즉 동아시아·아랍·유럽, 일본 또는 한국이라는 문명의 테두리, 넓은 지역과 긴 시기를 감싼 테두리이다. 푸코가 에피스테메를 말할 때, 이는 한편으로는 인간의 사고유형 전체를 말하는 것으로 이해할 수도 있지만, 결국은 서양문명 — 서양이 어떤 지역적 경계를 가지는지 분명히 밝히지 않지만 — 에 발생한 사고의 유형을 말한 것이다.

이는 고전시대의 에피스테메에 일어나는 새로운 변화를 말할 때 더욱 분명해진다. 그는 위의 저서 끝에서 고전시대 이후로 사고의 초점이 옮겨간다고 말한다. 즉, 19세기 초 학문적 사고의 초점이 인간으로부터 언어로 옮겨간다는 것이다. 푸코의 영향으로 일어난 것이든 아니든, 이러한 관찰은 '인간 이후'(post-human) 라는 형용사를 붙인 여러 생각의 표현과 거기에 들어가는 사고들과 일치한다.

그러나 이 또한 그가 보기에는 "서양문화가 스스로에게 부과한 필연적 논리에 따라 일어날 수밖에 없었던 일이었다". 그것은 "조직화되고 일관성 있게 구성된 근대적 에피스테메의 테두리 안에서 일어난 것이다". [4] 즉, 모두 "서양문화"(la culture occidentale), "유럽문화"(la culture européen) 안에서 일어난 것이다. 그렇다면, 그것이 고전시대의 문화와 일치하는 것인지 아닌지는 알 수 없으나, 푸코의 마음에는 서양문화·유럽문화에 고유한 틀이 있고, 서양문화와는 다른 문화가 존재한다는 생각이 있다고 할 수 있다.

그렇다면 서양문화에 고전시대가 있고, 인간의 주제가 있고, 언어의 주제가 있듯이, 그리고 나름의 에피스테메가 있듯이, 문명에도 에피스

---

4 Foucault, *Ibid*, p. 395.

테메가 있는가? '서양문명'이나 '동양문명'이라는 말을 쓸 때, 그것을 특징짓는 에피스테메가 있는가? 인류학에서 쓰는 용어로 '문화의 유형' (*patterns of culture*) 이라는 말이 있다. 이것은 물론 연구대상으로서의 한 사회에 그것을 특징짓는 문화가 있음을 뜻하는 용어다.

그러나 에피스테메는 '유형'이라는 말보다는 조금 더 강력한 함축을 지닌다. 유형이 어떤 사실들을 함께 모아 놓을 때 드러나는 모양이라고 한다면, 에피스테메는 사고하기 위해 의지하지 않을 수 없는 틀, 말하자면 강제력을 가진 틀이다. 이는 문화에 일정한 모양이 있고 그 모양을 에피스테메에 연관시킬 때, 그러한 모양을 가지지 않을 수 없게 하는 틀, 모태(母胎)가 되는 주형(鑄型), 매트릭스가 있다는 뜻이다. 이 주형의 원리가 되는 것이 에피스테메이다.

그렇다면, 가령 특정 문화에서 다른 문화로부터 어떤 특징을 모방하려고 하여도 원래의 매트릭스가 이를 허락하지 않는다면, 단순한 모방마저 지극히 어렵거나, 그 압력하에 변형되어 거기에 적응할 수 있는 모양이 되거나, 매트릭스 자체를 변하게 만드는 결과를 가져올 것이다. 그리고 이러한 주형의 작용이 사람을 형성하는 삶의 환경 내 문화적 지표 전반을 포괄한다면, 문화라는 단어는 문명으로 바꾸어 말하는 것이 옳다고 할 수 있다. 그것은 이러한 틀이 자연스럽게 구분되는 사회적 집단이 아니라 그것을 초월하는 — 그리하여 단순히 경험적으로 생각해 볼 수만은 없는, 또 그렇게 극복될 수는 없는 명령으로 간주될 수 있기 때문이다.

문명이라는 삶의 모태 그리고 그 중심원리인 에피스테메가 어떻게 형성되는가 하는 것은 간단히 답할 수 없는 문제다. 형성까지는 몰라도 그 구성에 있어서 사회·문화·제도로 정착된 사고의 씨앗들 그리고 어떤 사회학자가 쓰는 표현처럼 — 가령 로버트 벨라(Robert H. Bellah) 가

쓰는 표현 — 심성의 습관(*the habits of the heart*)이 어떻게 작용하는가는 여러 가지로 논의될 수 있다.

그러므로 한국의 사회제도나 관습 그리고 사고의 유형은 경험적 방법으로 어느 정도 밝혀질 수 있다고 할 수 있으나, 동양이라는 지역과 거기에 거주하는 인간들의 삶에 그러한 정형성(定型性)이 있다면, 그것이 어떠한 요인들로 생겨난 것인가 하는 질문은 간단히 답하기 어려울 수밖에 없다. 그것은 아마 '역사의 긴 지속'(*la longue durée*) 속에 형성되는 것이다. 그 기간을 통해 경제와 사회기구가 일정한 형태로 고착되고, 물질적 자원보다는 더 오래간다고 할 수 있는 이념을 산출함으로써 한 문명의 공통 틀이 만들어지는 것 아닌가 한다.

서양과 비서양의 충돌

새뮤얼 헌팅턴(Samuel Huntington)이 만든 유명한 표현으로 "문명의 충돌"(*The Clash of Civilizations*)이라는 말이 있다. 이는 세계가 넓은 지역의 세력권으로 구분되어 그 지역들의 지배세력들 사이에 정치적으로 큰 충돌이 일어날 것이라는 뜻으로, 주로 인류의 정치적 미래를 점치는 말로 사용되었다. 하지만 문명은 본질적으로 상호충돌의 가능성을 가진다고 할 수 있다. 앞에 말한 대로 문명은 장기적으로 지속되어 쉽게 헐어 버릴 수 없는 틀이 되고 범주적 명령이 될 수 있기 때문이다. 그리하여 서양문명의 발흥은 그 나름대로 독자성을 가지고 발달해온 다른 문명과의 충돌을 불가피하게 한다.

그런데 이 문명충돌의 가능성은 근대, 즉 19세기로부터 잡아 볼 수 있는 '근대'(*modernity*)를 통해 더욱 커졌다고 말할 수 있다. 이는 서양문명의 제국주의적 성격과 관련 있다. 또한 산업화로 인한 경제력 확대 그리고 그에 따른 군사력 확대에 따른 것이라 할 수도 있다. 이러한 사실적 세력의 확대는 서양문명으로 하여금 제국주의 또는 식민주의 세력으로서 세계 도처에 그 모습을 드러내게 하였다.

그런데 이러한 서양문명의 발흥은 방금 말한 바와 같이 경제나 군사력의 현실이 되기도 하였으나, 동시에 에피스테메 차원에서 일어난 세계사적 사건이었다. 서양의 힘과 번영은 비서양 여러 지역에서 선망의 모델이 되고, 더 나아가 더 나은 인간적 삶의 이념을 보여주는 문명상을 제시하였다. 서양문명은 더 나은 정치적 이상, 곧 법치주의 또는 민주주의 이념 그리고 더 나아가 여러 의미에서 인간성의 실현을 표방하는 것으로도 보였다.

지배적 이념이라는 관점에서 볼 때, 이러한 이상들은 흔히 유럽 계몽주의 시대의 유산이라고 한다. 이 시대는 '이성의 시대'라고도 불린다. 18세기 계몽주의 시대와 그 이후로 이성이 인간주의적 이상을 촉진하는 일의 중심에 선 것은 사실이다. 이성은 모든 인간이 사회관습을 넘어선 자유와 성숙한 도덕을 확보하는 데에 주요한 역할을 할 것으로 생각되었다.

이성의 여러 방편들은 개인을 위한 것이기도 했지만, 더 나은 정치적 질서를 구축하는 데도 필요한 도구였다. 이는 서양에서뿐 아니라 지구의 다른 지역에서도 인간적 가능성의 해방을 위하여 절실하게 필요한 방편이었다. 그리하여 이성의 원리는 새로운 시대를 위한 에피스테메의 생성자가 되어 많은 비서양 국가에서도 새로운 질서를 위한 도구가 되었다. 이성을 중심에 세우는 것은 이들 비서양 국가에서 핵심사업이었다. 그리고 그것과 다른 문명적 단원과의 충돌은 불가피했다.

여기서 샛길로 들어 설명하자면, 푸코의 고전시대 그리고 그 이후의 시대에 대한 분석은 이성이 세운 에피스테메가 억압적 기율과 처벌의 수단이 된다는 것을 밝힘으로써 이성의 체제를 비판하기 위한 것이다. 하지만 그의 비판도 계몽시대의 이성이 확립하려 한 이성의 한 부분을 이룬다고 해야 할 것이다.

글의 스타일에서부터 그 사실을 알 수 있다. 그의 논의도 이성적 담론의 논리를 따라 전개된다. 개인의 움직임에 대한 가차 없는 관망자로서의 이성을 비판할 때에도 이성의 힘을 빌리는 일이 불가피하다. 푸코의 이성비판도 이러한 틀을 벗어나지 않는다. 이것은 서양문명과의 충돌에서 서양을 비판할 때에도 불가피한 모순처럼 보인다.

전통 한국의 원형적 에피스테메(*Archi-episteme*)

계몽시대의 이성에 대한 푸코의 비판적 고찰에 대하여 이렇게 말하는 것은 근대 유럽의 사고의 원형적 틀, 즉 그 에피스테메의 체제를 어떤 경우에도 벗어날 수 없음을 확인하는 일이다. 합리적 사고는 이제 모든 사고의 기본형식이다. 서양과 비서양이 충돌할 때, 이를 초월하여 포용적 관점을 취하려 할 때에도, 위에서 비친 바와 같이 이러한 점은 마찬가지라 할 수 있다. 이 경우에도 합리주의적 관점이 그 중심에 남는다. 그리하여 일단 비서양적 사고유형에 대한 비판의 도구도 이성적 성격을 갖지 않을 수 없다.

좀더 구체적으로 비서양 사회에 주어지는 과제는 — 그것은 서양의 제국주의에 대한 반작용이면서 — 서양의 모델을 따르는 정치와 경제를 수립하는 일이다. 이들 사회의 문화도 서양모방의 전위(前衛)로서, 또는 후위(後衛)로서 합리화 과정 또는 합리화를 설명하는 과정에서 그

과정의 다른 면으로 막스 베버가 말한 탈마법(脫魔法, *Entzauberung*), 곧 전통적 관습과 믿음을 삭제하는 과정으로서의 탈마법을 겪어야 한다. 즉, 학문적 추구에서, 지적 사고에서 그리고 생활세계의 관습에 있어서 그러한 과정을 거쳐야 한다는 뜻이다. 이를 한마디로 표현하면 '근대성'의 도전 그리고 목표에 대응할 때도 이성이 개입하여야 한다는 것이다. 이 근대성의 원동력으로 작용하는 것이 서구식 에피스테메이다. 말하자면 이 에피스테메의 발동기를 설치하여야 한다는 말이다. 이는 오랫동안 이른바 미개발국가 또는 후진국가가 자신에게 붙은 불명예스러운 이름을 떨쳐 버리기 위해 필수적으로 달성해야 하는 일이었다.

그러나 이러한 과정을 바르게 이해하기 위하여 필요한 다른 지적 작업, 또는 더 넓은 지적 관점은 비서양 사회에서 작용하는 문화적 시나리오, 곧 에피스테메를 확인하는 일이다. 이는 근대적 합리화의 장애물로 간주될 수도 있고, 근대화로 인하여 상실되는 중요한 지적 자원으로 간주될 수도 있다.[5] 어느 쪽이든 전통적 에피스테메의 존재는 근대화와 상치되는 지적 프로그램의 근원으로 생각될 수 있고, 무엇이 참으로 중요한 문제인지 밝히기 위해서는 이 숨어 있는 또는 사라지려 하는 에피스테메를 알아볼 필요가 있다. 아시아의 관점에서 또는 전통적 한국사회 및 문화의 관점에서, 이는 하나의 문화적·문명적 에피스테메의 원형, 원형적 에피스테메의 발굴작업이 될 것이다.

말할 것도 없이, 근대화 이전에도 한국은 오랫동안 외래사상의 영향을 받으며 발전해왔다. 물론 불교와 유교가 그 주류였지만, 14세기에

---

5 합리적 입장에 서 있으면서도 비서구 사회, 흔히 원시사회라고 불리는 사회의 여러 문화적·제도적 움직임을 폄하 없이 있는 그대로 밝혀 보려 한 지적 작업의 예로 레비스트로스의 인류학적 연구를 들 수 있다. 그의 연구 중 한 부분은 물질과 도덕적 가치가 비서구 사회의 사회과정에서 더 인간적으로 융합되어 있음을 보여주려 한 것이었다.

세워진 조선은 유교국가로서도 매우 특별했다고 할 수 있다. 조선은 독단적이라고 할 수도 있는 유교 이념에 따라 건설된, 유교 유토피아로 구성된 사회였다. 그렇다고 조선이 이상국가였다는 뜻은 아니다. 유교 이상주의자들이 유교 이데올로기에 따라 건설하고 운영하려 했던 나라라는 의미일 뿐이다. 지배체제, 정부구조, 문화적·개인적 삶, 궁정이나 도시계획 …. 이 모든 것을 일사불란(一絲不亂)한 계획에 따라 움직이게 하려 했다는 점에서, 조선은 세계사에서 달리 보기 어려운 이데올로기 국가라고 할 수 있다. 6

이데올로기에 의해 계획된 정체(政體)의 도식적 성격은, 가령 공식을 따라 계획된 궁정에서도 볼 수 있다. 임금이 백관을 대하고 외국 사신을 만나는 근정전(勤政殿), 정치를 생각하고 집무하는 사정전(思政殿), 그리고 이러한 정치적 문제를 다루는 공간으로서의 외전(外殿)에 대응하여 임금의 개인적 삶과 사적 기능을 영위하도록 분할 배정하여 지은 내전(內殿)의 여러 궁 등 궁궐은 통치자로서 또 인간으로서 임금의 여러 기능을 표현하여 설계되었다. 이런 건축 계획에서, 또는 궁들의 이름만으로도 조선조의 유교사상이 얼마나 삶을 유교적 인간 이해를 통해 규제하려 하였는지 짐작할 수 있다. 이러한 도식적 사회구성 계획은 이외에도 여러 사회·정치정책 등에서 엿볼 수 있다.

필자는 유교의 이데올로기적 인간 계획에 대하여 여러 군데에서 이야기한 바 있다. 특히 2014년 하와이 호놀룰루에서 있었던 한국학 세계총회에서 이를 요약하여 설명한 바 있다. 여기서는 총회에서 이야기한 내용을 조금씩 재검토하면서 다시 이야기하려 한다. 당시 발표에서도 푸코의 에피스테메 개념, 가다머의 해석의 지평에 대한 개념을 언급하

---

6 이 점에서 조선은 소련과 같은 공산주의 이데올로기 국가와 비슷하다 할 수 있다.

였다. 그리고 이에 더해 좀더 확대될 수 있는 인식의 주형(鑄型), 아니 지평이 존재함을 이야기했다.

여기서는 이 넓은 테두리를 문명의 에피스테메로 부르고자 한다. 앞서 설명했지만, 이는 지적 탐구의 지침이 되는 동시에 여기에 일정한 한계를 부과하는 지평을 시사하는 용어가 될 것이다. 앞서 말한 발표에서는 이 큰 틀의 특징을 '도덕 실용주의'(moral pragmatics)로 보았다. 그리고 그것을 '이론학'(theoretics)에 대비하였다. 여기서 이를 더 자세히 설명해 보기로 한다.

실용학과 이론학

우선 규정하려 한 것은 정치체제의 이데올로기로서 유학(儒學)의 방향이다. 이 틀 안에서 가장 원초적인 질문은 도덕적 인간의 삶에 관한 것이다. 근본적 사고에서 던질 수 있는 실제적 질문이 유학에서는 도덕과 윤리에 관한 것이라는 것이다. 이 질문에 대한 집착은 더 큰 사고의 틀에 대한 근본적 질문을 제한하는 결과를 가져왔다.

여기서 실제적 또는 실용적이라는 것은 반드시 일상생활에서 일어나는 문제를 말하는 것이 아니다. 실제적 문제에서는 대체로 문제가 일어난 상황을 검토함으로써 쓸모 있는 해결책을 찾을 수 있다. 감기가 들었는데 의(醫)와 약(藥), 어느 쪽을 택할 것인가? 이러한 질문은 실제적 질문 중 하나다. 이와 달리 더 높은 도덕원리에 비추어 결정해야 하는 현실 문제도 있다. 아버지와 아들 두 사람이 물에 빠졌는데, 어느 쪽을 먼저 구할 것인가? 유교 윤리는 아버지를 먼저 구해야 한다고 답한다. 이는 아버지가 더 존중받아야 할 존재이기 때문이기도 하고, 아들

은 또 얻을 수도 있다는 공리적 계산 때문이기도 하다. 이러한 상황은
어떤 도덕적·윤리적 규범체제에서도 일어날 수 있다. 여기서 중요한
것은 도덕적 격률이다. 유교 윤리의 관점에서는 아버지를 우선해야 하
지만, 모든 생명은 존중받아야 한다는 좀더 보편적인 도덕적 원리에 따
른다면, 어느 쪽을 먼저 구하느냐는 질문은 대답하기 어려워진다.

그러면 어떻게 할 것인가? 이러한 질문은 상황 자체에 대한 고려(어
느 쪽의 구조가 더 긴급한가? 더 긴급하게 구조할 수 있는 대상은 어느 쪽인가?
양쪽 모두 구조하는 일이 불가능할 때, 그에 대한 후회와 반성은 어떤 의식절
차로서 표현될 수 있는가?)로부터 궁극적으로 삶과 죽음, 그리고 사물의
존재방식과 존재의미에 대한 형이상학적·초월적 차원의 고민(삶의 비
극적 성격에 대한 의식으로 이어지는)으로 나아갈 수도 있다. 물론 그렇지
않을 수도 있지만, 그리고 오늘날에는 그렇지 않은 경우가 더 많다고
하겠지만, 어떤 사회에서나 도덕과 윤리규범의 테두리 안에서 여러 문
제를 고려하는 것이 인간의 심성이자 의무라고 할 수 있다.

앞서 설명한 실용학은 이론학에 대비해 더 이해할 만한 것으로 생각
할 수 있을 듯하다. 도덕적 실용학은 해야 할 일이 무엇인지 답을 찾는
것을 학문적 질문의 주된 동기로 삼는 데 반하여, 이론학은 사물 자체
의 인과관계 또는 그것의 존재방식을 묻는 질문을 학문적 탐구를 추동
(推動)하는 동기로 삼는다.

물론 이 두 질문방식이 반드시 분명하게 구분되는 것은 아니다. 앞에
서 예로 든 물에 빠진 아버지와 아들의 사례는 상황적 조건과 존재론적
실재에 대한 고민이라는 두 가지 질문을 궁극적으로 하나가 되게 만든
다고 할 수 있다. 높은 차원의 반성적 물음에서 두 가지 질문은 하나가
된다. 그럼에도 불구하고 두 질문방식이 학문의 방향과 범위를 다르게
만드는 결과를 가져옴은 틀림이 없다. 대체로 말하여 유교의 근본 질문

이 도덕 실용주의인 데 반해, 서양에서의 근본적 질문방식은 이론적이라 할 수 있다.

같은 인간 문제에 대한 질문이라도 질문의 두 가지 테두리는 여러 가지 다른 함축을 품고 있다. 일단 도덕 실용주의는 개인이나 사회나 도덕적 문제에 좀더 직접적인 관심을 갖게 한다. 그러나 이는 앞서 살펴본 바와 같이 공리적 계산으로 쉽게 변할 수 있다. 이는 도덕적·윤리적 질문의 범위를 상당히 좁히게 된다. 즉, 여기서의 질문은 윤리강령을 따르는 것이어서, 그 윤리를 이미 정해진 규정을 넘어 인간일반, 생명일반 그리고 존재일반으로 널리 확장하지 아니한다는 의미다. 너무 급한 평가이지만, 유교 윤리는 일단 인간의 삶을 다른 어떤 관점에서보다 깊이 윤리적으로 파악한다. 그러나 이를 인간 실존의 깊이로 끌어가지도, 보편화하지도 않는다.

여기에 대조하여 생각할 수 있는 것이 이론적 접근이다. 그것의 테두리는 널리 포용된 상황 자체다. 이 상황의 최종적 결정요인은 물질적 세계다. 그러므로 이론적 접근은 물질주의와 쉽게 일치한다. 또한 이러한 접근은 물질적 세계의 관점에서 인간의 윤리적 상황을 판단한다고 할 수 있다. 그러면서도 이미 시사한 바와 같은 다른 함의를 갖는다. 즉, 이론학은 그것이 인간의 주어진 환경 — 물질적 조건에 관계되는 만큼, 물질적 가치가 지배하는 오늘날의 세계에 더 잘 맞는다고 할 수 있다. 이에 대해 도덕윤리학은 인간의 도덕적·윤리적 가능성에 더 직접적인 관심을 가지면서, 오늘의 물질주의 세계에서 더욱 유리(遊離) 된 위치에 설 수 있다. 그리고 역설적으로 더 좁은 관점의 공리주의로 변형될 수 있다. 7

---

7 중국에서 유교가 — 가령 동중서(董仲舒)가 중심이 되어 국가 이데올로기가 되었을 때, 그것은 쉽게 법술(法術)의 정치 전략체제가 되는 것을 볼 수 있다.

오늘날 우리 사회는 한편으로 옛날과 마찬가지로 윤리도덕을 강조한다. 그러면서도 그 내실에서 논의와 사고의 중심을 차지한 것은, 개인적 인간관계에서나 정책 고안 및 토론에서나, 이익 확보를 위한 전략과 전술이다. 그런데 이익의 거래와 계산이 삶의 요령이라 하더라도, 전체적으로 윤리적 지향을 잃어버린 삶이 행복하고 만족스러울 수는 없다. 지금 시점에서 우리 사회에 필요한 것 중 하나는 인간 본유의 도덕적 감성, 인간존재의 정신적 차원을 회복하는 일이다. 그 중심에는 윤리학은 아니라도 윤리적 사고가 있다. 간단하게 생각하면 옛날의 윤리의식으로 돌아가는 것이 절실하다고 할 수도 있으나, 그전에 윤리의식의 위치를 확인하는 일이 필요하다. 이 글에서 시도하려는 바가 이것이다. 즉, 윤리적·도덕적 인간성의 물음에 대한 출발점을 다시 점검하는 일이다. 여기에 접근하는 방법 중 하나는 동·서양의 사고의 발원을 간략하게나마 되돌아보는 것이다.

필자는 다른 강연에서 도덕 실용학과 이론학을 영어로 각각 'moral pragmatics'과 'theoretics'로 표현하여 보았다. 이론학의 출발점에 놓여 있는 것은 '쎄오리아'(*theoria*) 이다. 가다머는 해석학에 관한 그의 저서에서 쎄오리아를 여러 가지로 설명한다. 쎄오리아는 고전 헬라어에서 '관조' 또는 '사변철학'의 '사변'(思辨) 을 의미한다. 즉, 플라톤의 철학적·형이상학적 대화록에서 볼 수 있는 사고방식이다. 플라톤은 독사(*doxa*: 교조적 견해) 에 대조하여 특별한 전제 없이 진실을 찾아내고, 그 진실이 이데아나 형상(形相) 에 나타나는 신적(神的) 세계에 근접하게 되는 경위를 설파하고자 하였다. 아리스토텔레스도 이러한 진실과 진리에 적어도 관심을 가졌는데, 다만 그는 이를 조금 더 경험적인 관점으로 가까이 가져가려 하였다.

이에 더하여, 가다머의 이야기 중에 흥미로운 부분은 이러한 학문적 탐구와 사고에 관련된 쎄오리아가 고대 헬라에서 빈번하던 축제(祝祭)에 참가하는 사람의 '관조적 참여'를 나타내는 개념이라는 설명이다. 이러한 축제 또는 축전(祝典)의 참여자는 현실적 삶으로부터 조금 떨어진 입장에서 배우나 선수 또는 관람자로서 참여한다. 특히 운동경기에서 볼 수 있듯이, 축제나 축전의 참여자는 일단 일종의 놀이에 참여하는 셈인데, 진정한 참여자는 놀이에 완전히 흡수되어야 한다.

참여자는 놀이에 끼어드는 것이지만, 놀이에 일치하여 놀이의 모습을 드러나게 하는 것 또한 참여자이다. 즉, 참여자로 인하여 놀이의 짜임새, 구조, 그 전체의 모습이 드러나는 것이다. 이는 주로 예술작품, 특히 연극과 같은 데에서 일어나는 일이지만, 사실 철학적 사고 또는 과학적 사고도 이와 비슷한 특징을 가진다고 할 수 있다. 거기서 드러나는 존재의 진리는 참여자 없이는 진리가 될 수 없지만, 참여자는 그가 드러나게 하는 진리에 스스로를 맡김으로써 참다운 참여자가 된다. 8

진리 해석의 절차, 진리가 나타나는 이러한 모습을 떠나서도 고전시대의 헬라인들의 학문적 관심은 존재론이었다고 할 수 있다. 즉, 그들에게 철학적 물음이란 '있는 것이 무엇인가?'라는 질문을 제기하는 것이었다. 반면 유교 조선인의 근본적 물음은 '무엇을 해야 하는가?'였다. 그렇다고 이 질문이 언제나 현실 상황에서 무엇을 해야 하는지만 문제 삼는 것은 아니었다. 그보다는 도덕적 인간으로서의 완성을 위하여 무엇을 해야 하는가 하는 문제였다. 물론 이러한 질문은 저절로 이러한 도덕적 당위(當爲)의 근원에 대한 물음으로도 이어졌고, 그러한

---

8 Hans Georg Gadamer, *Wahrheit und Methode*, Tübingen: J. C. Mohr, 1986, Ⅱ,
  1, "Spiel als Leitfaden der ontologischen Explikation".

도덕의 근거로서 인간적 수양을 요구하였다. 그런데 이때 수양 대상으로서의 인간은 도덕의 관점 — 심화된 도덕적 관점에서만 파악되는 인간이었다.

이러한 물음의 바탕 위에서 인간에게 요구되는 일은 스스로를 연마하는 것이었다. 수양의 이념은 인간 능력 전체의 단련과 고양을 주장하는 서구의 인간론, 즉 르네상스 시대의 '보편적 인간'(uomo universale), 괴테의 '전인'(der ganze Mensch), 훔볼트(Humboldt)가 내세운 '교양'(Bildung)의 이상 등과 어느 정도 비슷하다고 할 수 있다. 당초에 주례(周禮)가 말한 군자가 배우고 익혀야 하는 육예(六藝), 곧 예(藝)·악(樂)·사(射)·어(御)·서(書)·수(數)는 르네상스적 전인의 이상과 비슷한 자기수련의 이상이라 할 수 있다.

그러나 이는 현실이 되지 못하였고, 유교 조선에서는 특히 그러했다. 나아가 강조된 것은 도덕, 그중에도 윤리적 규범을 심신에 익히는 수양이었다. 이는 일단 개인적 인격수양에서 그러해야 한다는 뜻이었지만, 나아가 사회 전체의 기강에서 구현돼야 마땅한 것이었다. 그 인격이 사회적 모범이 되고, 관직에 나아가 나라와 임금에 봉사해야 했기 때문이다. 그러므로 유교의 이상은 도덕적·윤리적으로 완전한 인간이지, 서구 르네상스인의 박학다재(博學多才)형 인간, 가령 철학자이자 예술가, 건축가이고 체육인이었던 레온 바티스타 알베르티(Leon Battista Alberti)와 같은 사람을 모범으로 한 것이 아니었다.

도덕적·윤리적으로 완성된 인간의 원형을 살펴보기 위해 이퇴계(李退溪)의 《성학십도》(聖學十圖)를 이러한 관점으로 살펴보자. 말할 것도 없이, 한 시대와 문명의 원형을 한 사람의 사상가, 한 권의 저서를 통해 도출하는 것은 지나친 일이다. 그러나 단순화의 위험에도 불구하고 하나의 접근방법이 될 수 있음은 틀림없다. 특히 조선이 이데올로기

국가라고 한다면, 이를 대표하는 사상가를 통해 그 이데올로기의 내용을 압축하는 일은 지나친 단순화가 아닐 수 있다. 플라톤은 《국가》에서 통치의 책임자들을 'kidemonas'(수호자), 영어 번역으로는 'guardian'이라고 불렀다. 조선에서 이데올로기의 수호자는 지식인이었다. 퇴계는 적어도 사상적 깊이에서 그 대표적인 인물 중 하나다.

퇴계의 《성학십도》

잘 알려진 바와 같이, 《성학십도》는 17세의 나이로 왕위에 오른 선조(宣祖)를 위하여 퇴계가 준비한 학습서다. 임금의 교육을 위해 썼다는 저작 동기를 볼 때, 이 책이 임금에게 필요한 정치적 지혜 그리고 이와 연관된 정책을 설파하리라고 쉽게 유추할 수 있다. 그러나 책 전편(全篇)의 주제는 인격수양의 문제, 도덕적·윤리적 인간의 완성과 관련한 지혜 그리고 그 지혜를 습득하는 절차다.

이러한 내용은 임금에게만 해당되기보다 인간적 수양을 위해 모든 사람에게 해당된다고 할 수 있다. 마이클 칼튼(Michael Kalton) 교수는 이 책을 영어로 번역하며 제목을 *To Become a Sage: Ten Diagrams on Sage Learning*으로 옮겼다. 영어 제목으로 미루어 볼 때, 이 책은 선조 한 사람이나 임금만을 위한 교범(教範)이 아니라 현자(賢者)가 되는 일반적인 길을 가르치는 교범, 성(聖)을 넓게 해석한 전통적인 뜻을 받아들인다면, 성인(聖人)을 위한 교범이라고 볼 수 있다. 영어판에 따르면 이 책은 조선조에서만 29차례 인쇄됐다고 한다. 인쇄 횟수로만으로도, 이 책이 단순히 제왕을 위한 교본을 넘어 유교적 수학(修學)을 위한 일반 학습서였음을 짐작할 수 있다.

그리고 《성학십도》는 독창적 저서라기보다 선례를 모아 저술을 대신했다고도 볼 수 있는 책이다. 이 책이 여러 선례를 따른 것이라고 퇴계가 직접 책의 서문을 통해 밝히기도 했다. 그 모범 중 하나를 언급하자면 장구령(張九齡, 678~741)의 《천추금감록》(千秋金鑑錄)을 들 수 있다. 여기서 특히 '감'(鑑, 거울)에 주의해야 하는데, 이 글자는 거울에 스스로를 비추어 보듯이 참고하여 조심하라는 뜻을 가지며, 책 제목에서 쉽게 찾아볼 수 있다.

제목에 이 글자가 든 책 중 유명한 것 중 하나는 《자치통감》(資治通鑑)이라는 송대(宋代)의 편년사(編年史)다. 책의 제목은 '통치에 도움이 되는 거울'이라는 뜻이다. 사실 통치자를 위한 안내서는 이슬람이나 유럽의 전통에서도 발견할 수 있다. 마키아벨리의 《군주론》도 통치자 지침서라는 전통에 속한다고 할 수 있다. 이 중에서 어떤 책의 제목은 거울이라는 비유를 포함하는데, 중세 로마의 가톨릭 성직자 비테르보의 고드프리(Goffredo da Viterbo)가 쓴 *Speculum regum* (*Mirror of Kings*, 帝王監錄)이 그러한 전통에 속하는 지침서 중 하나다.

물론 퇴계가 이러한 전통을 의식했는지는 알 수 없지만, 적어도 착상 자체가 퇴계 자신만의 것은 아님을 유추해 볼 수 있다. 지금 우리의 목적에서 더 중요한 사실은 책의 내용 또한 반드시 퇴계가 창안한 바가 아니라는 점이다. 《성학십도》의 내용 대부분은 유교 경전을 중심으로 주자학의 여러 학자들, 즉 주자(朱子), 정호(程顥), 정이(程頤), 장재(張載), 진덕수(眞德秀), 주렴계(周濂溪), 진무경(陳茂卿), 권근(權近) 등의 저서나 논평에서 발췌한 내용에 퇴계 자신의 주석을 덧붙이기도 하는 식으로 구성된다.

그러므로 앞서 말한 바와 같이, 《성학십도》는 단일 저자의 저서이면서도 유학(儒學) 또는 성리학(性理學)의 집대성으로 간주될 수 있다는 이점을 갖는다. 《논어》에 "술이부작"(述而不作)이라는 말이 있고 공자도 "자신은 좋은 옛것을 전달할 뿐 자신의 창작을 원하지 않는다"며 겸허함을 표현한 일이 있다. 이처럼 퇴계의 저술방법은 《성학십도》로 하여금 이러한 겸허한 마음을 가지고 유학의 지혜를 집대성한 작품이 되게 하였다.

진리와 감성 그리고 인생역정

이제 《성학십도》 자체를 살펴보자. 물론 지금은 이 책을 완전히 해석하려는 것이 아니라 유학적 사고에 내재하는 에페스테메를 정리한다는 뜻에서 다른 관찰들을 섞어가며 부분적으로 책을 살펴보고자 한다. 이 성학(聖學) 지침서는 세 부분을 포함한다. 즉, 형이상학적 관점에서 또는 우주론적 관점에서 사람의 삶과 그 도덕적·윤리적 본성을 정위(定位)하는 세 영역인 ① 도덕 우주론, ② 도덕 심리학, 그리고 ③ 완전한 도덕성·윤리성에 이르는 방법을 포함한다고 할 수 있다.

전체적으로 볼 때, 퇴계의 중점적 의도는 도덕과 윤리의 심리적 근거를 밝히는 것이라 볼 수 있다. 그는 이러한 근거가 어떻게 도덕적·윤리적 삶을 추동하는 힘이 될 수 있는지 밝히려 한다. 이는 칸트의 인식론적 탐구, 혹은 앞서 비친 바 있는 플라톤의 진리의 근본에 대한 관심과 유사하다고 볼 수 있다. 또는 바른 인식에 이르는 방법을 확인하려는 데카르트의 기초적 관심과도 비슷하다고 할 수 있다. 데카르트를 예로 들자면, 그의 초미(焦眉)한 관심은 검토되지 아니한 모든 편입견 — 대체로 사회가 주입해 놓은 편견을 버리고 "뚜렷하고 확연한" 진리에 이르는 것이다.

그러나 《방법서설》(方法敍說, Discours de la methode)의 자전적 기술(記述)에서 알 수 있듯이 데카르트의 방법론적 탐구는 여러 경험, 그가 "삶의 책"이라고 부르는, 삶을 읽는 순례(巡禮)라는 넓은 테두리 안에서 수행되는 지적 작업이었다. 진리의 방법이란 좋은 삶에 대한 탐구의 한 부분이었던 것이다. 《방법서설》에서 데카르트는 자기가 도덕적 관행에 대해 보고 겪고 생각한 바를 말하면서, 프랑스나 독일 등 유럽 여러 지방의 도덕(여기에 더해, 그는 중국과 같은 지역의 도덕도 언급한다)은 특정 지역의 관습으로서 가설적으로만 받아들여질 수 있다고 말한다. 거기서 발견되는 사례나 증거는 자기 영혼의 중심을 통해 검증되어야 한다. 영혼은 근본적으로 이성의 담지자(擔持者)이다. 근본적으로 여러 다른 지역의 도덕과 윤리는 가설적으로 간주할 수밖에 없다.

진리탐구에서의 접근법과는 다르게, 퇴계에게 도덕과 윤리는 살 만한 가치가 있는 삶의 근본이다. 인간적 완성은 이를 떠나 존재할 수 없다. 여기서 중심에 있는 것이 마음, 즉 심(心)이다. 성리학 서적을 영어로 번역할 때, '심'은 흔히 'mind-heart'라는 복합어로 번역된다. mind는 마음이되, 지적 관점에서 파악된 마음이다. 반면 heart는 심정(心情) 또는 감정의 담지자이다. 사람이 세상을 대할 때 — 자기 자신과 사회관계, 사물의 세계를 대할 때 — 그 열림의 매개자는 이성적 능력과 감정적 민감성, 곧 지능과 감성이다. 동양에서 바라보는 인간과 세계의 접합점에는 이러한 인간의 전체적 열림의 능력이 서양적 인간관이나 진리관에서보다 명확히 존재한다. 그리하여 좋은 도덕적 삶에서도 이 모든 열림의 능력이 작용하여야 한다.

주목해야 할 것은 인간의 도덕적 완전함을 추구할 때, 인간 심성의 정서적 측면이 강조된다는 점이다. 이것은 데카르트가 감정(passions)을 진리나 도덕의 고찰에서 제외한 것과 대조된다. 데카르트에게 감정은 진리 추구에서 어디까지나 배제되어 마땅한 것이다. 그런데 조선 성리학 역사에서 유명한 사단칠정(四端七情) 논쟁은 지와 정, 두 기능이 어떻게 합치고 나뉘느냐 하는 문제와 관련 있다. 맹자가 지적한바 도덕의 감정에 출발이 되는 '측은지심'(惻隱之心)에서 '측은'이란 감성 상태라 할 수 있으며, 그것이 도덕적 판단의 촉매가 될 수 있다는 점에 우리는 주의해야 한다.

우주론과 윤리도덕의 근본

《성학십도》는 도덕과 윤리의 바탕으로서 우주적 근원을 이야기하면서 시작한다. 오늘날의 관점에서, 태극(太極), 음양(陰陽) 또는 오행(五行)과 같은 개념이 가질 수 있는 설득력은 극히 불확실하다. 그러나 구태여 다시 해석해 보면, 우주의 기초에 다섯 가지 기본입자가 있고, 이들이 하나로 합하기도, 여럿으로 나뉘기도 한다는 이야기다. 다섯이라는 수는 맞지 않는다고 하여도, 이러한 이합(離合)은 화학에서의 관찰을 크게 벗어나지 않는다고도 할 수 있다.

이 입자들의 조합과 분리가 음(陰)과 양(陽), 남(男)과 여(女)를 이룬다는 내용은 대체적으로 말하여, 현대적 관점에서 반드시 멀리 떨어신 것이 아닐지 모른다. 플러스(+)와 마이너스(-)는 물질작용에서 중요한 특징이다. 물질에 남녀의 성을 부여하는 것은 받아들이기 어려운 생각이지만 생물학적 세계, 생명의 세계에서 추론한 것이라고 한다면, 반드시 틀렸다고 할 수는 없을 것이다.

인간과 동물 그리고 식물을 통해서도 볼 수 있듯이 성(性)은 생명의 세계를 움직이는 중요한 요인이다. 많은 유교적 사고에서 성은 핵심적 위치에 있다. 이는 생명의 세계를 만드는 요인이다. 그러나 성은 에로스의 관계보다는 혈족관계의 근본으로서 논의된다. 이러한 특성을 가진 물질들이 합쳐지고 분리되어 많은 것이 창조되는데, 인간도 여기서 나온다. 인간의 지능이 그러한 요소들의 특별한 결합에서 나온다는 주장은 오늘의 상식에서도 그렇게 틀린 이야기가 아닐 것이다.

물질들에는 움직임〔動〕과 정지〔靜〕가 있는데, 도덕적 성품은 정(靜)에 가까운 데에서, 또는 움직임 중에 움직임이 중지된 상태, 즉 중정(中正)의 상태에서 이루어진다고 한다. 이런 고요한 상태에서 일어나는 것이 인(仁)과 의(義)와 선(善)과 같은 도덕적 품성이다. 전체적으로 인간의 도덕적 품성과 물질적 세계의 상태가 서로 화합, 대응한 상태가 물질적으로나 도덕적으로나 최선의 상태를 의미한다는 것은 그럴싸한 생각이다. 성인(聖人)은 이런 조화된 상태에서 저절로 나오게 된다.

이러한 상태는 물론 원초적 상태이기도 하지만, 심리적 단련을 통해서 이루어야 한다. 마음은 진리 또는 이(理)를 스스로 안에 지닌다. 그러나 역설적으로, 그러기 위해서는 마음을 비워야 한다. 즉, 허령(虛靈)하게 하여야 한다. 그러면서 그 안에 이(理)가 자리 잡게 하여야 한다. 그러나 심리의 관점에서, 성인에게서 볼 수 있는 기본적 윤리도덕의 태도는 경(敬)에서 찾을 수 있다. 이것은 이(理)를 지니게 된 마음이, 삶의 여러 움직임에 대하여 의리를 지킴으로써 나타나는 모습이라고 할 수 있다. "경의 태도를 가지면 욕심이 적어지고 사리는 밝아진다. 욕심을 적게 하고 또 적게 하여 아예 없게 하면 정(靜)할 때에는 허(許)하고 동(動)할 때에는 곧게 나가게 되어 성인(聖人)을 배울 수 있다."[9]

《성학십도》의 첫머리인 "태극도설"(太極圖說)은 물질세계를 말하고

---

9 尹絲淳 譯註,《退溪選集》, 玄岩社, 1982, 328쪽.

또 인간품성의 세계와의 그 상응을 설파한다. 물질이나 심성의 움직임을 정과 동 사이의 진동으로 설명하고 이를 선과 악에 대응해 이야기하지만, 그렇다고 세계를 반드시 선악으로 구분하여 보는 것이 아니다. 선악이 있더라도 이는 그에 따른 작용의 차이에서 일어나는 것일 뿐이다. 중요한 것은 사물 간 힘의 균형이다. 선악도 그에 따라 무게를 달리한다.

우주와 윤리도덕의 연속을 말한 다음, 두 번째 도설(圖說)은 사람의 마음 또는 현자의 길을 가고자 하는 사람의 마음에 있어야 할 윤리적 원리를 설명한다. 이 부분은 맨 먼저 가족이나 친척 사이라는 기본적 인간관계에 작용하는 윤리규범을 말하고, 뒤이어 이를 친구관계와 사회, 인간일반, 정치로 확대하여 설명한다.[10]

이는 모든 관계의 혈통이 같다는 전제에서 시작한다. 그리고 공동체적 감정에 기인한다. 또한 그 배경에는 우주에 존재하는 모든 것의 공동체적 조화가 있다. 우주 거주의 사실은 한편으로 우주의 광대함을, 다른 한편으로는 인간존재의 왜소함을 상기하게 한다. 그런데 이러한 우주적 배경에도 불구하고, 중심에 있는 것은 가족과 혈족의 관계다. 이 관계가 모든 것의 중심추(中心錘)가 된다. 우주도 이 관계에 대한 비유로 이해된다.

건(乾)을 부(父)라 하며, 곤(坤)을 모(母)라고 한다. 나는 매우 작은 존재로서 흔연 그 가운데에 자리하고 있다. 그러므로 천지 사이에 들어갈 것(塞)은 나의 몸(其體)이며, 천지를 이끄는 원리(帥)는 나의 성(性)이다. 모든 사람들(民)이 나의 동포이고, 모든 사물(萬物)이 나의 족속(與)이다. 임금(大君)은 내 부모의 종자(宗子)이며 대신은 그 종자의 가상(家相)이다.[11]

---

10 나중에 보듯 이는 국제관계와 외교관계에도 적용된다.
11 *Ibid*, 333쪽.

육체로서의 나는 우주의 미세한 일부분일 뿐이다. 그러나 나 가운데 작용하는 성(性), 곧 본성은 우주와 일체적 관계에 있다. 이 점에서 나는 만물, 만인(萬人)과 혈족적 관계에 있다. 다시 한 번 인간과 사물의 관계는 가족관계라는 비유로 이해된다. 이것은 통치체제에 있어서도 마찬가지다. 군신(君臣)의 관계도 혈족과 집안의 운영체제를 통해 이해된다.

윤리도덕은 위에서 보는 바와 같이 같은 근본에서 나온다. 모든 일에서 도리를 지키는 일은 효도의 중요성과 관계있다. 부귀(富貴)와 빈천(貧賤), 우척(憂戚)도 도리를 단련하기 위한 방편으로 생각해야 한다. 다른 사물이나 인간에 대한 동정심도 도리를 지키는 일의 일부이다. 그러나 이것이 모든 것을 포괄하는 겸애(兼愛)가 될 수는 없다. 모든 것은 하나이면서 차이를 갖는다. 그것은 이치에 있어서도 마찬가지다. 이일분수(理一分殊)가 근본이다. 인(仁)은 많은 것을 하나가 되게 한다. 그러나 의(義)는 이것이 다르게 나타남을 아는 것이다. 간단히 말하여 "어버이를 먼저 사랑한 다음에 다른 사람을 사랑하고 남들을 먼저 사랑한 다음에 사물을 사랑하는 것"이다.

모든 인간관계의 근본으로서의 효(孝)

인간과 우주가 하나의 근본을 가진다는 점은 모든 도덕·윤리·감정의 기본이지만, 앞서 본 바와 같이, 그것이 모든 인간과 사물에 균등하게 베풀어지는 것은 아니다. 유교에서 가장 넓은 공감과 동정적 감정의 근본은 인(仁)이지만, 이는 기독교의 이웃사랑 또는 불교의 자비심처럼 차별 없이 보편적으로 작용하지 않는다. 따라서 혈족과 친소에 따라서 차등을 띨 수밖에 없다.

　가족관계에서 우선하는 것은 효(孝), 그것도 아버지와의 특별한 관계다. 아버지를 높이는 관습은 잘 알려져 있지만 이는 부계사회에서 유래한 것이고, 퇴계가 이 점에 대해 특별히 설명하지는 않는다. 그러나 효가 특별한 의미를 갖는 것은 사실이다. 윤리라는 관점에서 사랑은 윤리적 규범이 되기에는 충분하지 않다고 할 수 있다. 윤리도덕은 의무가 되어야 한다. (칸트에게 있어서도 도덕은 의무이다.) 그것을 위해서는 사랑에 더하여 존경심이 필요하다. 존경은 권위의 존재로서의 아버지가 촉발할 수 있는 것이다.

　도덕의 감정은 존경과 두려움을 하나로 합하는 데에서 일어난다. 독일어 'Ehrfurcht'(외경)는 존경과 두려움을 하나로 합친 것이다. 환경철학자라고 할 수 있는 한스 요나스(Hans Jonas)는 환경을 대하는 바른 마음의 태도를 Ehrfrucht란 단어로 정의했다. 이는 또한 초월적인 것에 대한 예감을 가질 수 있는 인간 심성의 한 측면을 이야기한다.[12] 이 관점에서 아버지에 대한 효도는 존재론적 존중으로 연결될 수 있는 인간 심리의 동력을 가리킨다고 할 수 있다.

---

12 Hans Jonas, *The Imperative of Responsibility: In Search of an Ethics in the Technological Age* (《책임의 지상명령: 기술시대의 윤리학을 찾아서》, 1983) 참조.

일상적 삶과 몸과 마음의 수련

이러한 함축에도 불구하고 《성학십도》의 주요 관심사는 인간품성에 다가올 수 있는 초월적 존재, 또는 달리 말하여 신학적 문제가 될 수 있는 대상 또는 사안들에 미치지 않는다. 퇴계의 성찰은 그보다는 사람의 일상생활에서 일어날 수 있는 경외심에 이어질 수 있는 심리를 향했다.

유학은 전통적으로 정신이나 마음의 단련보다 신심을 아우르는 윤리훈련에 주의를 기울였다. 정신훈련에 못지않게 몸가짐에 주목했던 것이다. 몸의 훈련은 도덕적 훈련의 일부였다. 이는 '수심'(修心) 대신에 쓰는 '수신'(修身)이라는 말에서도 드러나고, 몸가짐으로서의 예의를 중시하는 데서도 드러난다. 《소학》(小學)이 가르치고자 한 것이 그러한데, 《성학십도》의 세 번째 도설인 "第三小學圖"는 제목이 보여주듯이 《소학》의 주제를 해설한다. 《소학》에서 일단 중요한 것은 바른 습관, 가령 일찍 일어나 머리를 빗고, 마당을 쓰는 것과 같은 나날의 습관을 기르는 일이다.

《성학십도》의 마지막이 "숙흥야매잠"(夙興夜寐箴)인 것도 많은 성인의 수학(修學)이 적절한 일상적 삶의 모습으로 끝난다는 사실을 함축한다. 이 도설은 하루의 일과가 어떻게 더 완전한 정신적 깨우침에 이르게 되는가, 이른 아침에서 시작하여 저녁이 될 때까지 그 경위가 어떠한지 설명한다. 핵심은 심신의 긴장을 이완하지 않는 것이다. (물론 동시에 편안함을 잃지 않아야 한다.) 이를 위해서는 잠을 잘 때까지도 몸의 자세를 바르게 갖는 일이 중요하다. 잠잘 때에 손을 가지런히 하고 발을 모으는 자세가 그런 것이다. 그러면서도 잡생각을 일으키지 않고 심신을 쉬게 하며, 야기(夜氣)로써 심신을 기르게 하여야 한다.

정신의 추구는 쉴 수가 없다. 그리하여 마음의 중심에 자리 잡으면서 삶의 세밀사까지 주의를 기울여야 한다. 그 제목에서도 알 수 있듯이, 주자가 《근사록》(近思錄)에서 보여준 대로, 가까이 있는 것을 생각하고 거기에 주의를 기울여야 한다. 유학은 이처럼 인간의 몸과 마음을 전체적으로 장악하고자 한다. 그것은 한편으로는 심신의 자연스러운 리듬과 일치함으로서 용이해진다. 그러면서 심신이 전체적으로 정신의 기율을 따르게 한다.

학습, 사고, 경(敬)

심신의 전체적 포괄을 목표로 하면서도, 퇴계가 주목하는 것은 그 모든 것의 중심에 있어야 할 마음의 단련, 곧 심각한 정신적 진리를 아는 것 외에 모든 몸 움직임에서 드러나는 마음의 자세다. 위에서 언급한 대로 머리를 빗고 마당을 쓸고 부모에게 아침인사를 올리고 사람을 응대(應對)하면서 예의바른 행동을 배우는 것이 우선이지만, 더 나아가 신체와 심성을 다 같이 동원해야 하는 육예(六藝)를 닦는 일도 필요하다. [13]

　가장 중요한 것은 물론 경서를 읽고, 이와 함께 '경'(敬)을 심신에 익히는 일이다. 좋은 스승의 지도하에 경서를 읽고 공부하는 일은 말할 것도 없이 중요하다. 공부는 단순한 암기가 아니다. 널리 공부하는 것, 곧 "박학"(博學)하되 "자세히 묻고"〔審問〕, "분명하게 가려서 말하고"〔明辯〕, "굳게 행동하는"〔篤行〕 것으로 나아가야 한다. 또한 유학에서 일정한 마음 상태에 이르는 것을 중요하게 이야기하지만, 이는 불교,

---

13 그러나 이미 이야기한 바와 같이 이것들을 어떻게 배우고 단련하여야 하는가에 대하여는 별 언급이 없다.

특히 선불교에 말하는바, 욕망이나 의구심을 버려 본래의 진실에 열려 있는 맑고 평온한 마음에 이르는 것이 아니라, 경을 지니는 마음을 갖는 것, 즉 지경(持敬)을 의미한다.

　지녀야 하는 마음의 상태로서 퇴계에게 특히 중요한 것은 이 경의 상태이다. 흔히 이를 영어로 'mindfulness'라고 번역하는데, 이 단어는 마음에 둔다, 어떤 것에 집중적으로 주의한다는 뜻을 가진다. 이것을 설명하는 비유를 통해서도 퇴계가 말하는 윤리의 현세적 성격을 짐작할 수 있다. 경의 마음을 갖는다는 말은 병마개를 막을 때에 조심하는 것처럼 조심스러운 마음을 갖는다는 의미다. 또는 다른 비유를 들건대, 말을 타고 달리면서 개미집을 피하여 이를 무너트리지 않으려는 마음과 같다고 이야기한다.

　심신을 단련하고 학문을 쌓는다는 것은 그 자체로도 의미가 있는 일이지만, 학문의 기능 중 하나는 이를 통해 널리 세상에 기여하는 것이다. 《대학》(大學)에 등장하며 널리 회자되기도 하는 "수신제가치국평천하"(修身齊家治國平天下)라는 공식이 이를 요약한다. 곧, 학문의 큰 뜻은 몸과 가정과 나라와 세상을 평안하게 하는 것이라는 뜻이다. 그러면서도 세상의 큰 질서를, 심신을 수양하고 가정을 편안하게 하는 일에 연결하는 데서 알 수 있듯이 윤리적·도덕적 사고는 일상적 삶에서 멀리 존재하지 않는다.

윤리 근본주의, 윤리에서 예의로: 윤리 근본주의의 부정적 효과

앞서 퇴계의 저서를 마음에 두되 그것만 해설하기보다 유교적 사고의 근본을 파헤쳐 보려 하였다. 이제는 좀더 자유롭게 유교적 사고의 틀을 검토해 보자. 출발은 퇴계가 강조하는 경(敬)이다.

적어도 퇴계에 따르면, 경은 유교적 윤리도덕의 중심개념이다. 그러나 일반적으로 중요한 것은 엄격한 윤리적·도덕적 행동이다. 경은 마음의 상태이지만, 도덕과 윤리는 대체로 관습을 통해 정형화된 바른 행동으로 고정되기 쉽다. '인의예지'(仁義禮智)는 중요한 윤리적 행동을 사자성어로 요약한 표현이지만, 이는 인간행동의 윤리적 가능성을 제한하고 관습화하는 말이 될 수 있다. 삼강오륜에 나오는 윤리적 명령, 즉 '부자유친'(父子有親), '부부유별'(夫婦有別), '장유유서'(長幼有序), '붕우유신'(朋友有信)도 이처럼 제한과 관습화라는 결과를 일으킬 수 있다.

너무 쉽게 공식화되는 윤리명령은 일정한 안무(按舞)에 따른 외면적 행동이 되어 피상화(皮相化)한다. 그리고 개인적으로나 공식적으로 안무된 행동이 곧 윤리와 일치한다고 생각되게 된다. 그리하여 도덕은 도덕주의가 된다. 그리고 인간의 자유로운 심성을 억압하고, 도덕 자체를 억압하는 수단이 된다.

'극기복례'(克己復禮)라는 말이 있다. 이것은 논어에 나오는 표현이다. 공자의 제자 안연(顏淵)이 공자에게 인(仁)이 무엇인가를 묻자, 공자가 극기복례, 자기를 이기고 예로 돌아가는 것이라고 대답했다는 데서 나왔다. 유교사상에서 인은 최고의 윤리적 가치를 의미한다. 경(敬)을 마음에 지님은 주의를 집중한다는 뜻이고 이는 자신을 누르고 어떤 계기의 가능성에 마음을 연다는 것을 의미할 수 있다. 이때 가능성은 사실적 가능성일 수도 있고 그것과 관련된 윤리적·도덕적 행동일 수도 있다. 그런데 공자는 그러한 내면적 과정을 생략하고 예절을 지키는 것이 인이라고 대답한 것이다.

예절은 사회적 삶을 원활하게 하는 인간 교류의 언어다. 이 언어의 교환은 사회를 인간화하는 데에 빼놓을 수 없는 윤활유다. 그러한 의미에서 예절은 인의 표현이 될 수 있다. 위의 문답에 비슷하게, "박학어문 약지이례"(博學於文 約之以禮)라는 말이 있다. 다른 해석도 가능하겠지만, '글을 널리 배우고도 이를 예로 줄이는 것'이 군자의 도리라는 뜻으로 해석할 수 있다. 학문보다는 예절이 인간 상호관계에 중요한 기능을 가짐을 의미한다고 할 수 있다. 이러한 관점에서 보면, 공자의 답변은 심오한 의미를 가진 것이라 할 수도 있다.

그러나 앞서 말한 대로, 윤리를 예로 바꾸는 일은 윤리도덕을 피상화하는 측면도 있다고 할 것이다. 윤리는 인간 내면에서 나오는 심오한 결의와 이에 따른 행동으로 실천된다. 그러나, 조금 전에 말한 바와 같이, 그것의 행동적 표현은 원활한 인간관계의 언어다. 지나치게 외면적 행동을 강조하면 인간의 내면적 진실성을 손상하는 결과를 낳는다. [14]

어떻든 심신의 일체성을 지나치게 강조하면서 외면적 표현에 지나친 가치를 부여하는 것은 자아의 진정성을 훼손하기 쉽다. 특히 의례화된 행동이 사회적 필수사항이 될 때, 더욱 그러하다고 할 것이다.

조금 샛길로 드는 셈이지만 중국 작가 가오싱젠(高行建)의 소설 《영산》(靈山)에 등장하는 삽화 하나를 여기서 요약하려 한다. 《영산》은 공산주의 치하의 중국을 그렸지만, 중국이라는 방대한 지역이 생각보

---

14 이러한 외면적 표현의 강조는 유교의 엄격주의, 유토피아주의와 병행한다고 할 수 있다. 많은 유토피아 이념에서 근본주의가 유토피아 이상 자체를 손상하는 결과를 낳는 모습을 볼 수 있다.

다 다원적 문화를 가졌음을 알게 한다. 이와 동시에 이 다원적 문화는 공산주의와의 기묘한 거래관계 속에서 존재한다. 《영산》의 주인공은 여러 지방을 여행하는 도중에 한 지역에서 오래된 비석을 보게 된다. 비석은 남편이 죽은 다음에 남편을 쫓아 죽은 부인을 기념하는 송덕비(頌德碑)다.

그런데 그는 남편이 죽은 뒤 시아버지가 며느리를 남편과 함께 생매장하였다는 진실을 알게 된다. 며느리가 세상이 말하는 이른바 열녀가 되게 하여 집안 전체가 지역 및 중앙정부의 칭찬을 받으려 한 것이다. 그 결과, 시아버지의 집안은 정부로부터 상금을 받고 신분상승의 기회를 더 많이 누리게 된다. 공산주의가 강화된 뒤 그 지역의 공산당 정부는 송덕비의 비문을 삭제하고 대신 사회주의 유대를 공고히 한 집단노동을 찬양하는 글을 새겨 넣는다. 지나치게 사회화되고 외면화된 덕성은 진실성을 상실하게 된다는 사실이 여기서도 드러난다.

《영산》의 주인공은 공산당 지도부와 갈등관계인데, 그 결과를 피하기 위하여 지방을 여행한다. 가오싱젠이 이런 삽화를 통해 말하고자 하는 바는 선전국(宣傳局)이 모든 예술표현을 관리하도록 하는 체제의 문제점이 아닌가 한다. 한국에도 송덕비·공덕비들이 있지만, 이들이 얼마나 진실한 것인지는 알 수 없다. 이렇듯 내실이 있는 윤리도덕도 외면적 공식이 될 때 그 진실성을 잃어버리게 된다. 사실 깊은 의미의 윤리와 그 외면화에 대한 비판은 아니지만, 근대화가 민족적 소명이 되기 시작하면서 허례허식(虛禮虛飾)이란 말이 자주 듣는 표어가 된 것은 이해할 만한 일이다.

근대화와 윤리도덕

지금까지 이야기한 것이 유학의 전부가 아닌 것은 말할 것도 없다. 국가체제와 관련해 유교에 대하여 말할 수 있는 것은 무수히 많을 것이다. 다만, 여기서 거론은 않겠지만, 윤리도덕에 대한 무한한 존중, 인간완성의 원형으로서 윤리적 인간을 강조하는 것과 함께, 부정적 요소로서 윤리도덕의 외면화를 언급하였을 뿐이다.

유학적 사고는 개인적으로나 사회적으로나 삶의 물질적 조건 경시, 국제관계 경시, 국가정책 내면화, 국제적 평화주의 등에 그 나름으로 의미가 있다. 또한 교조가 되는 유학적 사고에 대해서는, 인간과 인간적 삶의 조건에 대한 반성적 성찰의 폭을 보여주는 검토를 필요로 하는 사항이 무수히 많을 것이다. 그리고 그러한 비판적 검토는 상당히 이루어졌을 것이라고 생각한다. 그러나 더 중요한 사실은 근대화가 유교적 전통과 그 유토피아적 사고가 가지고 있던 수많은 인간이해를 송두리째 버리게 만들었다는 사실이다. 이 또한 비판적으로 검토되어야 하는 사안이다.

서두에 언급한 바와 같이, 17세기 이후 세계사의 흐름은 근대화였다. 그것은 물론 제국주의나 식민주의의 형태를 가진 국제적 세력 간의 충돌을 의미하기도 했지만, 우리의 삶을 전적으로 새롭게 개조하여야 한다는 의무를 부과하는 것이기도 했다. 근대화는 전통적 국가를 근대국가로 변혁하고 산업화와 민주화를 성취하도록 요구하였다. 또 종종 우리의 사고에서 잊히지만, 근대화는 내면적 사고의 틀을 개조하도록 요구한다. 그리고 그 나름의 에피스테메의 수립 또는 재수립을 요구한다.

그리하여 한 사회가 근대에 들어선다는 것은 사고와 개념 등에 있어서 새로운 에피스테메의 지평이 생겨나야 함을 의미한다. 그렇다고 하여 기존 세계관이 온전히 공리적 계산의 세계관으로 대체되어야 한다는 말은 아니다. 그보다도 강조해야 할 점은 윤리적 주체와 그 완성의 이상의 담지자가 되는 문명을 재수립하여야 한다는 사실이다. 근대적 주체는 도덕 실용의 주체라기보다는 이론적 주체다. 그러한 주체가 제기하는 문제의 영역은 윤리도덕을 통한 자아완성의 가능성보다 물질세계와 사회 속에 있다. 윤리적 족쇄(足鎖)에서 풀려난 자아는 자아 중심의 이해관계에 의하여 움직이고 성적 만족, 사회적 경쟁에서의 성공 그리고 물질적 부의 축적을 욕망한다.

이제 한국은 거대한 역사적 시련을 통하여 그러한 자아를 만족시킬 수 있는 근대국가의 틀을 갖출 수 있게 되었다. 그러나 인간의 자아는 물질적·사회적 욕망에도 불구하고 윤리적 관심을 완전히 떠나지 못한다. 그것은 감추어지고 억압되어 있을 뿐이다. 그러나 윤리적 독단론이 추구의 대상이 된다면 이는 참다운 만족의 자원이 될 수 없다. 새로운 주체, 새로운 자아의 의식은 단순히 일방적으로 건설된 윤리도덕이 아니라 사실의 세계를 포함한 것이어야 한다.

그것은 스스로와 스스로가 거주하는 세계를 포함한, 세계에 대한 존재론적 반성으로부터 나와야 할 것이다. 다시 말하여, 서두에 논의했듯이 인간이 물음을 제기하는 방법도 도덕적 실용주의를 넘어서 이론학을 포함해야 할 것이다. 이 이론학은 앞에서 설명한 바와 같이 주어진 현실에 대한 반성을 기본으로 하는 질문방식을 갖는 학문적 접근이다. 그것은 사고의 확장과 심화로서만 이루어낼 수 있다.

이제 우리의 사고는 도덕적 당위를 넘어 사물에 대한 반성, 인간존재의 내용에 대한 탐구를 포괄하면서, 거기서 윤리도덕이 차지하는 위치까지 성찰할 수 있어야 한다. 물론 지난 역사에서 탐구된 윤리적 인간의 문제 또한 깊은 존재론적 의미를 가진 것이라 할 것이다. 그러므로 유교적 인간이해에서도 도움을 받아야 한다. 도덕이 어디서 유래하든지 간에, 윤리도덕의 물음에 대한 탐구가 없이는 개인적 행복도 행복한 사회도 성립될 수 없다.

한국이 대체로 선진국 대열에 들어섰다는 점은 국제적으로 인정받는 사실이다. OECD 여러 국가 중에서 한국의 경제능력은 10위 또는 11위 라고 한다. 흔히 산업경제와 민주주의를 근대국가의 두 지주(支柱)라 고 부르는데, 경제성장에 이어 민주화에 있어서도 한국은 그 기본적인 구조를 확인할 수 있게 되었다고 할 수 있다.

그런데 놀라운 사실은, 사회신뢰도라는 지표에서 한국이 OECD 여 러 나라 중 최하위라는 사실이다. 프랑스의 철학자 장 발(Jean Wahl)은 "세계에 대한 신뢰"(la confiance au monde) 라는 표현을 한 일이 있다. 한 국인은 이러한 신뢰를 갖지 못한 것이다. 아무리 다른 여건이 만족할 만하더라도 자신이 사는 세계에 대한 근본적 믿음이 없이는 행복한 삶 을 누릴 수 없다. 이러한 상황은 사람들이, 스스로나 이웃이 윤리적· 도덕적으로 엄격한 기준에 따라 살지 않음을 의미한다.

이러한 윤리적 사고의 근본과 관련하여, 필요한 것은 좀더 넓은 윤리 적 사고에 대한 탐구이다. 그것은 단순히 도덕적·윤리적 인간의 이상 을 투영하는 것보다는 더 현실적인 탐구여야 한다. 오늘의 세계를 지배 하는 것은 유물주의적 현실이다. 그러나 참으로 깊은 윤리적 반성도 여 기에 발을 붙일 수 있어야 한다. 물질적 세계는 넓게는 인간이 거주하 는 세계이고 존재론적 근본으로 이어지는 삶의 조건이다.

위에서 우리는 도덕적 실용학에 대해 이론학(theoretics)을 언급한 바 있다. 그것은 학문적 물음의 근본으로서 인간이 세계 속의 존재라는 것 을 인정하고 이 사실에 대하여 또는 더 넓게 인간을 에워싸고 있는, 칼 야스퍼스(Karl Jaspers)의 용어를 빌리자면 "포괄자"(das Umgreifende), 곧 실존적 자아(Existenz)를 둘러싸고 있는 큰 범위의 세계, 즉 포괄자에 대하여, 생각할 수 있는 사고다. 그러면서 그것은 인간의 윤리적 도덕적 필요가 어떤 것인지 생각할 수 있는 사고인자(思考因子)를 갖는다. 또는 더 간단히 말해, 필요로 하는 윤리학은 그 물음의 지평 안에서. 존재론적 질문을 말하고 거기에 윤리도덕을 찾을 수 있어야 한다.

어떻게 하든 이것은 거대한 계획이 될 수밖에 없다. 그러나 적어도 좁은 범위 안에서는 오늘의 물질적 욕망의 세계, 그것이 구성하는 출구 없는 상황에서 어떤 사실적 윤리도덕이 있을 수 있는가를 간단히 생각해 볼 수는 있어야 한다. 여기서는 이것을 체계적으로 생각하기보다 간단한 예를 들어 넘겨보기만 하였다.

제 2 부 /

도전과 성취의 발자취

한국미래학회 세미나 ("사회개발의 방향과 과제", 1976. 4. 13~14, 속리산관광호텔)
맨 오른쪽 두 분이 김재익 박사 내외, 맨 앞 가운데 분이 이한빈 한국미래학회 초대 회장,
그 오른쪽이 정수창 두산그룹 회장, 바로 뒤가 이홍구 총리, 이 총리 왼쪽이 이헌조 LG 회장

1960년대: 한국 미래연구의 태동

1964년 2월　인스브루크 동계올림픽대회에서 이한빈(스위스 · 오스트리아 대사)과 최정호(한국일보 특파원) 첫 만남. 이후 두 사람은 거듭된 만남과 서신왕래를 통해 한국의 미래를 체계적으로 연구하는 지식인의 모임을 만들자는 생각을 싹틔우다.

1965년 12월　스위스 대사를 마지막으로 관직에서 물러나 학자 겸 교육자의 길로 들어선 이한빈은 한국의 미래를 그리기 위해 《작은 나라가 사는 길: 스위스의 경우》(이한빈, 동아출판사)를 출간.

1968년 5월　최정호와 이한빈 재회. 유럽에서 구상한 미래연구 모임을 시작하기로 결의, 회원 인선에 착수하다. 학회 창립발기인으로 권태준 · 김경동 · 이한빈 · 이헌조 · 전정구 · 최정호를 선정하다.

1968년 7월 6일　서울 아카데미하우스에서 현 한국미래학회가 '한국 2000년회'(가칭)라는 이름으로 발족. 창립회원 28명에 명예회원으로 박종홍 박사를 추대하다. 창립회원 중 2명(김호길은 미국, 송공섭은 프랑스)은 해외 체류로 불참하다.

창립총회는 전정구의 개회로 시작해 이한빈의 경과보고, 박종홍 명예회원의 격려사에 이어 주제발표는 최정호('구미에 있어서 미래문제연구의 동향'), 성기수('전자정보처리와 한국의 미래')가 하다.

뒤이어 김경동의 사회로 주제발표에 대한 토의와 함께 회 운영 문제에 대한 토의를 하다. 앞으로 매월 월례회를 개최해서 회 운영에 관한 중요한 결정을 내리고, 모든 회원들이 속한 연구 또는 직능 분야에서 미래문제에 관련된 현황과 동향을 성찰 · 정리 · 발표하기로 하다.

회의 자유로운 운영을 위해 법인체로 꾸미지 않으며, 회장을 두지 않고 2~3명의 간사가 중심이 되어 회를 운영하기로 하다. 초대 간사는 권태완·전정구·최정호.

1968년 8월 첫 월례회를 명동 은행집회소에서 개최. 은행집회소는 향후 수년 동안 월례회장으로 자리 잡게 되다. 첫 월례회 발표자는 김학소('우리나라 국토개발의 미래상'), 류동식('신학분야에서 본 미래문제'), 조가경('최근 북미에 있어서의 미래문제 연구의 동향').

1968년 10월 학회명칭 변경 여부를 놓고 논의 끝에 '한국미래학회'로 개칭하기로 결정. '한국 2000년회'라는 이름은 학회를 시한부처럼 보이게 한다는 개칭 적극론, 미래학이 학문이냐는 회의론 등이 대치한 난상토의 끝에, 새 명칭이 '미래학-회'가 아니라 '미래-학회'라는 의미론적 주석을 붙인 온건론이 가세하여 만장일치로 개칭을 결의하다.

1970년대: 산업화 시대의 빛과 그늘 조명

1970년 4월 1일 1968년 7월부터 1969년 말까지 월례회에서 발표된 논고들을 수합·정리해 학회지 〈미래를 묻는다〉(*An Enquiry into the Future*) 제1권(최정호 편, 서울대학교출판부)을 간행(학회지 제호는 황인정 회원의 제안). 30명의 회원이 기고한 315면의 창간호는 이내 일본 교토에서 개최된 국제미래학회(IFRC)에서도 소개되다.

1970년 4월 10~17일   오사카엑스포 70에 때맞추어 교토에서 국제미래학회 개최. 이한빈·최형섭·최정호 회원이 참석하여 한국미래학회를 소개하다〔일본미래학회가 우연히도 한국미래학회와 같은 날(1968. 7. 6)에 창립되었음을 알게 되다〕. 귀국 후 최정호가 국제미래학회 참가기를 〈한국일보〉에 게재하다.

1970년 8월   학회는 권태준·기우식·소흥렬·최정호·한배호·황인정을 연구원으로 위촉, KIST와의 협약에 따라 과학·기술에 관한 부분을 제외한 기타 모든 분야(정치·경제, 국토공간, 교육, 사회환경, 윤리 및 가치체계 등)의 예측연구를 맡아 다음해(1971) 2월에 마감. 이 프로젝트를 위해 각종 설문조사 참가자, 델파이실험 참가자를 합쳐 총 1,060명(과학기술 분야 200명, 기타 분야 860명)을 동원하다.

1970년 11월   초대 간사 권태완·전정구·최정호가 물러나고 길병민·김여수·이헌조가 간사로 새롭게 취임.

1970년 12월   학회지 〈미래를 묻는다〉 제2권 "방법론의 모색"(최정호 편, 서울대학교출판부) 발간.

1971년 4월   〈서기 2000년의 한국에 관한 조사 연구〉(*Korea in the Year 2000*, 한국과학기술연구소, 과학기술처)를 과학기술처에 제출. 보고서는 한국 최초로 델파이방법을 미래연구에 적용하다.

1971년 7월   세미나 "학자와 국가" 개최(미국공보원 후원, 아카데미하우스). 《'학자와 국가'에 관한 Seminar》(한국미래학회 편) 발간.

1971년 12월   학회지 〈미래를 묻는다〉 제3권(기우식 편, 서울대학교출판부) 발간.

1973년 12월   세미나 "발전과 갈등: 한국의 미래를 위한 국제환경, 사회환경" 사흘간 개최(독일 프리드리히 에버트 재단 지원, 온양시). W. 사라친 독일 대사의 인사에 이어 이한빈·함병춘·박준규·이상우·오갑환·D. 빌렌슈타인·한배호·최정호·정희섭·임희섭·박영기·김진현 등이 주제발표를 하다.

1974년 2월   특별간행물《발전과 갈등: 한국의 미래를 위한 국제환경, 사회환경》(최정호·한배호 공편, 상진문화사) 발간.

1975년 4월   세미나 "산업화와 인간화" 개최(주한독일문화원 후원, 코리아나호텔). 소홍렬·엄규백·임희섭·조순·차인석 등이 참여, 주제발표를 하다.

1975년 12월   학회지〈미래를 묻는다〉제4권(김형국 편, 천풍인쇄주식회사) 발간.

1976년 4월   세미나 "사회개발의 방향과 과제" 개최(속리산관광호텔).

1976년 12월   세미나 "1991년에 있어서 우리나라의 삶의 질" 개최(강원도 용평호텔).

1977년 3월   "한국적 도시화의 과거·현재·미래", "도시문제와 도시정책", "수도권 정책"을 주제로 도시문제 연구포럼 개최(전국경제인연합회 후원). 연구결과로 전경련 연구총서 제2권《산업사회와 도시》(전국경제인연합회 경제·기술조사센터 편) 발간.

1977년 4월   학회지〈미래를 묻는다〉제5권(김형국 편, 서울대학교출판부) 발간.

1978년 2월, 3월, 4월　세미나 시리즈 "경제성장을 넘어서", "가능한 미래의 전개", "바람직한 미래의 창조: 90년대를 어떻게 맞이할 것인가" 개최(전국경제인연합회 후원).

1978년 7월　창립 10주년 기념행사 개최(인천 올림포스호텔). 이한빈('한국인의 사관과 미래적 사고의 파급'), 최정호('한국 미래연구의 전개')가 기념강연을 하다.

1978년 11월　전국경제인연합회 후원 세미나 내용을 묶어 특별간행물 《90년대의 도전과 미래의 창조》(전국경제인연합회・한국미래학회 공저) 발간.

1978년 12월　창립 10주년 기념행사 발표논문을 편집해 학회지 〈미래를 묻는다〉 제6권(최상철 편, 서울대학교출판부) 발간.

1980년대: 기술혁신과 정보화 사회 구상

1980년　《국가발전 목표정립을 위한 연구 – 장기 국가목표 모색에 제기되는 기반적 문제의 탐색: 2010년의 한국》(한국미래학회・한국개발연구원 공편) 발간.

1980년 3월　세미나 "80년대의 국가발전 목표" 개최(속리신관굉호텔).

1980년 11월　세미나 "미래국가의 모습과 역할: 2010년의 한국", "경제기술의 변화와 이상국가", "인간화, 민중화를 위한 대안적 생활양식" 이틀간 개최(도고관광호텔).

1982년 2월　학회지 〈미래를 묻는다〉 제7권(김형국 편, 정민사) 발간.

1983년 3월　세미나 "미래의 한국: 서기 2000년 이후" 이틀간 개최 (도고관광호텔).

1983년 12월　세미나 "미래연구의 평가와 가능성" 이틀간 개최 (춘천세종호텔).

1984년 10월　대한상공회의소 창립 100주년 기념행사의 일환으로 "상공회의소 창립 100주년 기념세미나: 2010년의 한국" 개최.

1984년 11월　1983년 12월 춘천 세미나 발표논문을 중심으로 학회지 〈미래를 묻는다〉 제8권 (김형국 편, 서울대학교출판부) 발간.

1985년 4월　세미나 "과학기술의 자립: 한국의 경우" 개최 (수안보파크호텔). 유엔대학 (일본 소재) 이 발전도상국 대상으로 추진한 프로젝트 중 한국과학기술원이 담당한 한국사례 연구사업의 일환으로 진행되다.

1986년 11월　대한상공회의소 창립 102주년 기념세미나 "미래사회의 산업·기술·문화" 개최 (대한상공회의소 중회의실).

1987년 5월　세미나 "미래사회와 정보" 통신정책연구소와 공동 개최.

1987년 6월　1985년 4월 수안보 세미나와 1986년 11월 대한상공회의소 세미나 발표논문을 중심으로 학회지 〈미래를 묻는다〉 제9권 (강홍빈 편, 서울대학교출판부) 발간.

1987년 8월　세미나 "대학교육과 두 문화" 개최 (포항공대).

1988월 7월　창립 20주년 기념행사 개최 (아카데미하우스). 김태길이 "일의 윤리"라는 제목으로 기념강연을 하다. 이어진 총회에서는 이제 미래학회도 '성년' (만 20세) 이 됐으니 회장제를 실시하자는 제안 등을 수용, 회칙 일부를 개정하다. 초대 회장으로 이한빈을 호선하다.

1988년 8월   학회지 〈미래를 묻는다〉 제10권 "논총: 1968~1988"(최정호 편, 나남) 발간. 《미래를 되돌아본다 — 에세이: 전망의 회고》(김형국 편, 나남) 발간.

1989년 7월   《일의 미래, 미래의 일: 정보사회의 일》(최정호·김형국 공편, 나남) 발간.

1990년대: 전환기, 한국의 재발견

1990년 1월   제2대 회장에 최정호 취임.

1990년 3월   오명(전 체신부 장관) 회원이 대전엑스포(EXPO, 세계박람회) 조직위원장을 맡아 미래학회와 함께 엑스포를 홍보하는 국제심포지엄을 기획 및 준비하기로 결정.

1991년 9월 17~19일   국제심포지엄 "발전과 환경" 사흘간 개최(대전엑스포 93 조직위원회 주최, 한국미래학회 주관). J. 미클로슈코(체코슬로바키아 공화국 부수상), 이한빈(부총리)이 기조강연을 하다. J. P. 데 케야르(유엔 사무총장)가 축하 영상을 보내다.
심포지엄 분과토론에서는 ① 전통기술과 현대과학의 조화, ② 자원의 효율적 이용과 재활용이라는 두 주제를 다루다.

1991년 12월   《발전과 환경: 대전엑스포 제1회 주제심포지엄 보고서》(대전엑스포 93 조직위원회·한국미래학회 공편) 발간.

1992년 7월　"산과 한국인의 삶"이라는 주제로 월례발표회 시작. 21세기를 향하는 학회의 큰 연구주제인 변하는 것과 변하지 않는 것, 빨리 변하는 것과 더디 변하는 것, 미래의 변수와 상수를 탐구하는 프로젝트의 첫 기획으로서 진행하다.

1992년 9월　세미나 "학술진흥과 한국의 미래" 개최 (학술진흥재단 후원, 대한상공회의소 강당).

1993년 1월　"산과 한국인의 삶" 기획의 마지막 월례회를 이틀에 걸쳐 개최 (포항제철회관).

1993년 5월　세미나 "서남해안 개발과 신한국" 개최 (임광행 보해양조 (주) 회장 지원, 목포시). 김진현·김형국·이한빈·최정호가 발표하고 종합토론을 진행하다.

1993년 7월　창립 25주년 기념행사 개최.

1993년 7월　학회지 〈미래를 묻는다〉 제 11권 (최정호 편, 나남) 발간. 《산과 한국인의 삶》 (최정호 편, 나남) 발간.

1994년 5월　《물과 한국인의 삶》 (최정호 편, 나남) 발간.

1996년 2월　《일하며 생각하며: 이한빈 회고록》 (이한빈, 조선일보사) 발간.

1996년 2월　이한빈 박사 고희기념 《행정과 나라만들기》 (이한빈 박사 고희기념논집 간행위원회 편, 박영사) 발간.
앞서 학회 창립발기인이자 초대 회장인 이한빈 박사의 칠순을 맞아 기념문집 간행위원을 구성하고, 김형국 (편집책임)·권태완·김광웅·김진현·이헌조·전정구·최정호 7명을 위촉해 《한국의 미래와 미래학》, 《행정과 나라만들기》 등 총 2권을 덕산 이한빈 박사 고희기념으로 간행키로 하다.

1996년 6월   덕산 이한빈 박사 고희기념 《한국의 미래와 미래학》(덕산 이한빈 박사 고희기념논집 간행위원회 편, 나남) 발간.

1997년 5월   이헌조 회원의 연구비 지원으로 《커뮤니케이션의 유토피아?: 정보화와 한국인의 삶》(이헌조·최정호 공편, 나남) 발간.

1997년 9월   《멋과 한국인의 삶》(최정호 편, 나남) 발간.

1997년 10월   《하늘과 한국인의 삶》(최정호·이태원 공편, 나남) 발간.

1998년 3월   제 3대 회장에 김형국 취임.

1998년 7월   이홍구(주 영국대사) 회원 귀국 기념강연.

1998년 12월   창립 30주년 기념행사 개최(대한상공회의소). 최정호(연세대, '정명(正名)과 미래'), 박경리(작가, '우리 삶에서 토지라는 것: 소유에서 생명으로')가 기념강연을 하다.

1999년 6월   《땅과 한국인의 삶》(김형국 편, 나남) 발간(한국토지공사 지원).

1999년 10월   국제세미나 "보편윤리와 아시아 가치" 유네스코 한국위원회와 개최. 이한빈(명예회장)이 개막연설을 하고, 발표 및 토론 등에는 김경동·김우창·김원배·김병국·조형·전상인·정범모·함재봉 회원이 참여하다.

2000년대: 새천년의 비전 설계

2000년 10월 공개강좌 "미래는 어떻게 오는가" 하나은행과 개최.

2001년 6월 《불과 한국인의 삶》(김형국 편, 나남) 발간 (한국원자력재단 후원).

2002년 6월 《미래를 생각하는 사회학》(김경동, 나남) 발간.

2003년 6월 심포지엄 "중국의 오늘과 내일" 이틀간 개최 (원주 토지문화관). 신상진 (통일연구원, '중국의 국제관계: 패권주의인가, 협력적 파트너인가?'), 김성훈 (중앙대, '20년 세월의 체험적 중국경제 읽기'), 박경리 (작가, '나의 중국견문'), 권태준 (서울대, '중국은 나에게 무엇인가'), 최정호 (연세대, '국가주의적 발전과정'), 김일영 (성균관대, '노무현 시대의 한미관계와 주한미군') 이 발표하다.
단행본 《중국의 오늘과 내일》(김원배·장경섭·김형국 공편, 나남) 발간.

2004년 5월 심포지엄 "한국은 어디로 가야 하나" 이틀간 개최 (강원발전연구원 후원, 원주 토지문화관). 김진현 (전 서울시립대), 전재성 (서울대), 김병주 (서강대), 송호근 (서울대), 정범모 (한림대), 최정호 (울산대), 하영선 (서울대) 이 발표하다.

2004년 11월 《대한민국 어디로 가야 하나》(김진현·김형국·전상인 공편, 나남) 발간.

2005년 1월 덕산 이한빈 선생 추모문집 《나라가 먼저지 언제나 그렇지》(덕산추모사업회 편, 나남) 발간기념회 진행 (코엑스 컨벤션센터).

2005년 6월   연구발표회 "한국의 미래: 2030의 비전" 개최. 전상인(한림대, '총론'), 김선혁(고려대, '국내정치'), 정종호(서울대, '대외환경'), 우천식(KDI, '국제 및 국내경제'), 한준(연세대, '사회'), 김태종(KDI, '교육'), 정재승(KAIST, '과학기술')이 발표하다.

2006년 3월   제4대 회장에 전상인 취임.

2007년 4월   《같이 내일을 그리던 어제: 이한빈·최정호의 왕복 서한집》(김형국 편, 시그마프레스) 발간기념회 개최(코엑스 컨벤션홀).

2007년 6월 19일   〈이코노미스트〉(Economist)와 공동 기획한 "한국의 미래산업"이 〈이코노미스트〉 2007년 6월 19일자에 게재.

2007년 6월   심포지엄 "2007년의 선택과 한국의 미래" 개최(동아일보사 후원, 전국은행연합회 은행회관). 정진영(경희대), 김영호(성신여대), 이숙종(성균관대), 장훈(중앙대), 이홍규(정보통신대), 박성우(중앙대), 강석훈(성신여대), 신인석(중앙대), 홍종호(한양대), 한준(연세대), 김성호(연세대), 김태종(KDI 국제정책대학원)이 발표하다.

2007년 7월   《한국 2030》(전상인 편, 에코리브르) 발간.

2008년 1월   《배움과 한국인의 삶》(전상인·정범모·김형국 공편, 나남) 발간(정범모 회원 후원).

2008년 9~12월   국무총리실 건국 60주년기념사업추진기획단이 발주한 '현대사 아카이브(archive) 구축사업'이 전상인 회장의 총괄책임하에 완료. 한국 현대사 아카이브는 한국 현대의 성공적 근대화 경험을 체계적으로 담아낸 아카이브로서, 문서와 텍스트, 통계자료, 멀티미디어 등이 총망라된 메타데이터 시스템으로 성공적 근대화의 모형을 구축하다.

2008년 11월 심포지엄 "한국의 보수를 묻는다" 한반도선진화재단과 개최 (동아일보사 후원, 연세대 새천년관).

류석춘(연세대, '한국 보수, 무엇을 지키려 하는가?'), 강정인(서강대, '한국 보수의 비교사적 특징: 서구와의 비교'), 장덕진(서울대, '한국 보수, 그들은 누구인가?'), 김일영(성균관대, '한국 보수에게 미래는 있는가?'), 정진영(경희대, '한국 보수와 세계화 전략'), 김문조(고려대, '한국 보수와 사회통합'), 강석훈(성신여대, '한국 보수와 경제')이 발표하다.

2009년 3월 학회창립 40주년 기념 특별심포지엄 "제헌과 건국, 그리고 미래 한국의 헌법구상" 연세대 법학연구원과 함께 개최(조선일보사 후원, 연세대 모의법정).

함재학(연세대, '1948년 헌법과 한국 입헌주의의 역사'), 서호철(한국학중앙연구원, '신분에서 평등으로'), 신우철(중앙대, '대한민국 헌법의 민주주의 제도 수립'), 김성호(연세대, '1948년 건국헌법에 나타난 절충적 권력구조의 기원과 의의'), 전광석(연세대, '건국헌법의 복지국가 구상'), 정인섭(서울대, '국민의 탄생과 법적 경계'), 이근관(서울대, '1948년 이후 남북한 국가승계의 법적 검토'), 김일영(성균관대, '미래 한국의 헌법구상: 새로운 사회계약을 찾아서')이 발표하다.

2009년 11월 최정호 교수 희수기념문집 《글벗》 발간기념회 개최(서울프레스센터).

2010년대: 지속가능한 발전과 행복 추구

2010년 1월   창립 40주년 기념 특별심포지엄 발표논문을 모아 《제헌과 건국》(한국미래학회 편, 나남) 발간.

2012년 5월   제5대 회장에 김성호 취임.

2012년 11월   국토연구원과 공동 기획한 《강과 한국인의 삶》(전상인·박양호 공편, 나남) 발간.

2013년 2월   학회 최초의 대중강연 시리즈 "제1회 덕산(德山) 미래강좌" 개최(아산정책연구원 대강당). 이한빈의 강소국 이상을 현재에 맞게 재해석하고 널리 알리기 위해 기획하다. 최정호(울산대, '50년 전의 미래와 50년 후의 과거'), 김광웅(명지전문대, '덕산의 문명국의 비전: 하나가 되어야 하고, 또 커야 하고, 그리고 빛나야 한다'), 양승태(이화여대, '국민행복의 중강국 이상과 대한민국 국가이성의 문제')가 강연하다. 이후 덕산미래강좌는 같은 장소에서 개최되다.

2013년 3월   특별연구세미나 개최(아산정책연구원). 장하석〔케임브리지대, '예견(foresight)이란 무엇인가?'〕이 발표하다.

2013년 4월   제2회 덕산미래강좌 개최. 장훈(중앙대, '포스트워싱턴 시대의 한국 민주주의')이 발표하다. 김선혁(고려대)이 토론을 맡다.

2013년 6월   제3회 덕산미래강좌 개최. 김명섭(연세대, '한국의 분립과 6·25 전쟁의 지정학')이 발표하다. 김근식(경남대)이 토론을 맡다.

2013년 8월 　 제4회 덕산미래강좌 개최. 장하준(케임브리지대, '한국 복지국가의 미래: 역사에서 배우는 교훈')이 발표하다. 송의영(서강대)이 토론을 맡다.

2013년 8월 　 제1회 한국미래학회-KT포럼 진행(KT 후원). 유태열(KT 경제경영연구소장, '스마트폰이 가져온 변화와 미래')이 발표하다.

2013년 9월 　 제2회 한국미래학회-KT포럼 개최. 한준(연세대, '미래의 인구변화')이 발표하다.

2013년 11월 　 제5회 덕산미래강좌 개최. 임지현(한양대, '미래가 된 과거, 글로벌 공공영역과 기억의 공동체')이 발표하다. 박태균(서울대)이 토론을 맡다.

2013년 12월 　 제3회 한국미래학회-KT포럼 개최. 이철우(연세대, '당신은 코리안인가: 한인의 분류, 경계획정과 소속판정의 법과 정치')가 발표하다.

2014년 1월 　 제4회 한국미래학회-KT포럼 및 동계워크숍 개최(서산 정순왕후 생가). 서현(한양대, '전통건축과 공간의 미래')이 발표하다.

2014년 3월 　 제6회 덕산미래강좌 개최. 모종린(연세대, '이민강국 대한민국의 미래')이 발표하다. 박경태(성공회대)가 토론을 맡다.

2014년 4월 　 제5회 한국미래학회-KT포럼 개최. 유재훈(한국예탁결제원 대표, '탁류 속에 핀 꽃: 한국 자본시장의 발자취')이 발표하다.

2014년 5월 　 제7회 덕산미래강좌 개최. 함재봉(아산정책연구원, '인문학이란 무엇인가')이 발표하다. 이진우(포스텍)가 토론을 맡다.

2014년 9월　학술포럼 "발전과 행복" 한국행동과학연구소와 공동 주최 (아산정책연구원 대강당). 정범모(한국행동과학연구소, '발전과 행복'), 최정호(울산대, '기복사상과 현대사회'), 이훈구(연세대, '한국에서 행복하게 살아가기'), 김경동(KAIST, '사회의 발전과 행복: 사회학적 성찰'), 이정전(서울대, '발전, 행복, 그리고 지속가능성')이 발표하다.

2014년 10월　제8회 덕산미래강좌 개최. 전상인(서울대, '이 시대 지식인들에게 보내는 덕산의 편지')이 발표하다. 김호기(연세대), 송의영(서강대), 윤평중(한신대), 이선민(〈조선일보〉), 함인희(이화여대)가 집담회에 참석하다.

2015년 2월　학회원 중 연세대와 서울대 연구자들이 중심이 되어 수행한 연세대-서울대 공동지원 협력연구사업 "지속가능한 행복사회를 위한 대한민국의 미래 국가 개조" 연구주제 구체화 및 연구자 간 협력방안 토의를 위해 워크숍 개최(경주).

2015년 3월　학회 및 연세대-서울대 공동연구사업의 일환으로 제1회 덕산(德山) 포럼 개최. 이재열(서울대, '지속가능한 행복사회를 위한 대한민국의 국가개조')이 발표하다.

2015년 5월　제2회 덕산포럼 개최. 한준(연세대, '인구변화와 경제전망'), 김석호(서울대, '다문화·다인종사회로서 한국의 미래')가 발표하다.

2015년 5월　제3회 덕산포럼 개최. 모종린(연세대, '중앙중심 성장에서 지역중심 성장으로: 탈산업화 시대의 산업정책'), 안상훈(서울대, '한국의 복지국가 어디로 가야 하나)이 발표하다.

2015년 7월   제4회 덕산포럼 개최. 김성호(연세대, '미덕과 자질 그리고 시민교육'), 이철우(연세대, '공공분쟁: 왜 발생하고, 어떻게 전개되며, 어떻게 해결할 것인가?: 정치와 정책결정의 사법화'), 강원택(서울대, '한국사회의 변화와 정치개혁의 과제'), 전상인(서울대, '지속가능한 행복사회를 위한 공간정책의 재구상')이 발표하다.

2015년 9월   학술포럼 "발전과 행복" 한국행동과학연구소와 공동 주최(아산정책연구원 대강당). 서은국(연세대, '정서와 행복'), 함인희(이화여대, '가족과 행복: 문화와 위선을 넘어서'), 전상인(서울대, '주거와 행복: 아파트공화국의 미덕과 해악'), 김두환(덕성여대, '교육과 행복: 세계 최고의 교육열, 한국사회는 행복한가?')이 발표하다.

2015년 10월   제5회 덕산포럼 "미래학의 정체성과 미래" 개최. 서용석(KAIST·한국행정연구원, '한국 미래연구의 동향과 미래학의 정체성'), 이광형(KAIST·미래전략대학원, '한국 미래학의 과거와 미래')이 발표하다.

2016년 1월   제6회 덕산포럼 개최. 윤석민(서울대, '왜 미디어 공정성인가?')이 발표하다. 김정현(서강대)이 토론을 맡다.

2016년 2월   제7회 덕산포럼 겸 긴급좌담회 "한일 위안부 피해자 합의: 공공갈등의 과거와 미래" 개최(우당기념관). 김창록(경북대), 이근관(서울대), 전종익(서울대), 홍성필(연세대)이 참석하다.

2016년 4월   연세대-서울대 협력연구사업 일환으로 워크숍 개최(제주도).

2018년 3월   제8회 덕산포럼 개최. 미래학회와 연세대-서울대 협력연구사업이 종료됐지만 덕산포럼을 지속하기로 결정하다. 김석호(서울대, '공론화 경험과 한국의 민주주의')가 발표하다. 김지윤(아산정책연구원)이 토론, 박성희(이화여대)가 사회를 맡다.

2018년 5월   제9회 덕산포럼 개최. 김현미(연세대, '한국의 남성성과 성폭력')가 발표하다. 이택광(경희대), 정철승(법무법인 더펌)이 토론, 이철우(연세대)가 사회를 맡다.

2018년 7월   제10회 덕산포럼 개최. 인남식(국립외교원, '트럼프의 중동 정책과 이란 핵합의 파기의 배경 및 파장'), 김근식(경남대, '북미정상회담을 보는 엇갈린 시선과 북핵문제')이 발표하다. 이철우(연세대)가 사회를 맡다.

2018년 10월   제11회 덕산포럼 개최. 함재봉(아산정책연구원, '트럼프의 미국이 가는 길')이 발표하다. 김성호(연세대)가 사회를 맡다.

2018년 11월   한국미래학회 50년 편찬위원회 발족(위원장 김형국). 《작은 나라가 사는 길: 스위스의 경우》복간 및 속편 출간.

제 3 부

미래를 사유하고 창조하다

〈미래를 묻는다〉 시리즈

미래를 묻는다, 제1권

한국미래학회 | 1970년 | 서울대학교출판부 | 312면

차례

서문

한국의 길

박종홍

우리가 걸어가야 할 길은 이미 닦아 놓여 있는 길이 아니다. 뒤떨어졌다고 하여 그저 남의 발자취를 그대로 따라가기만 하면 될 그런 길이 아니다.

아무리 바빠도 한국사람 자신의 힘으로 방향을 찾고 터서 스스로 걸어가야 할 길이 한국의 길이다. 누가 대신 걸어 줄 수 없는 길이요, 언제까지나 남에게 의지하여 걸어갈 수 있는 길도 아니다. 그렇기에 그 길은 험난한 대신에 고귀한 뜻을 갖는 것이요, 그 길을 걷기 위하여 우리는 한국사람으로서 오늘에 태어난 것이다.

입으로 자주 독립을 외치면서 마음속으로는 은근히 남의 덕분에 살려 하며 남의 흉내나 내려 한다면 이 얼마나 모순된 딱한 태도가 아니랴. 남에게 의지하려는 미련을 버리지 못하는 한, 눈은 밖으로만 향하게 마련이요 나의 책임은 잊어버린 채, 모든 잘못이 남의 탓인 것만 같아 보임은 너무나 당연하다고 하겠다. 일본사람의 탓, 공산군의 탓, 자유당의 탓, 언제나 그 탓을 찾기에는 민감하다.

그러나 일본사람으로 하여금 제국주의의 마수를 뻗칠 수 있게 한 것은 우리 아닌 누구의 탓이며, 6 · 25 남침의 빈틈을 마련해 준 것은 우리 아닌 누구의 탓이었던가? 자유당이 그렇게까지도 상도를 일탈하였던 것, 또한 우리 아닌 누구의 탓이란 말인가? 탓을 찾으려거든 차라리 나 자신의 탓부터 찾는 것이 옳을 성싶다. 나 스스로는 팔짱을 끼고 앉아서 남이 잘해 주지 않는 것만 탓해 보았자 소용없는 일이다. 불평이 그칠 리 없고, 옳은 해결의 가망이 있을 리 없다.

낡은 세대니 젊은 세대니, 또 누구를 탓하자는 것인가? 탓할 때는 지났다. 낡았건 젊었건 서로 나의 탓임을 깨치자. 구세주의 강림을 기다리며 바라기만 할 것이 아니다. 그보다도 이 나라 백성 전부가 각자 구국의 책임자요, 당사자임을 명심하는 수밖에 없다. 살기 위하여서는 이 외에 다른 묘책이 있을 수 없다. 하찮은 유산의 상속을 얕잡아 헐고 깎음은 벌써 다른 힘에 의존하려는 약자의 심보인 것이요, 잘난 것 같으면서도 채 잘나지 못한 증거 같기만 하다.

남의 원조만 하더라도 그것이 옳게 되었느니 어쩌니 하는 것조차가 생각할수록 얼마나 부끄러운 일이냐. 그저 기적을 꿈꾸며 요행을 바랄 것이 아니요, 확고한 신념을 가지고 새로운 가능성을 찾아 살 길을 개척하여야 하겠다.

우리가 근대화에 있어서 뒤떨어졌음은 사실이다. 산업에 있어서 그렇고, 생활이 그렇고, 사고방식마저 그렇다. 해방 덕분에 우선 배운 것은 힘든 기본적인 자세를 가누는 일이었다기보다도, 그에 앞질러 지엽말단적인 현대식 유행의 껍데기 모방과 추종에 바빴다. 번지레한 외양만은 제법 현대 냄새를 풍긴다. 속살 없는 겉치장만은 그럴싸하다. 국제적으로 고립하여서는 살 수 없는 일이라, 같이 어울리자니 부득이한 일임직도 하나, 그럴수록 안팎이 고르지 못하여 어색하고 거북하기만 하다. 제대로 근대를 가져보지 못한 국민의 고민도 설움도 당연하다고나 할까.

더구나 현대의 템포 빠른 비약에 발걸음 맞추지 않고는 축에 섞일 수도 없으니, 노상 건성으로나마 속빈 모방마저 쉬운 일은 아니다. 정치·경제를 비롯하여 모든 문물제도의 그 어느 면에 있어서나 올바른 길을 찾기가 힘듦도 무리가 아니다. 그러나 이것은 그 어떤 후진국에 있어서도 일반적인 현상일 것이요, 이 애로를 어떻게 극복·타개하는가에 그 민족, 그 국민의 역량이 테스트되는 것이라고 하겠다.

과연 오늘의 이 시련을 힘차게 돌파하여 민족중흥의 새 역사를 창조하느냐 못하느냐는 오로지 우리에게 달렸다. 남을 탓하는 것은 과거를 돌아다보며 부질없이 아쉬워하거나 불평이나 털어놓는 소극적인 태도다. 그와 반대로 새로운 삶의 길을 개척함은 곧 앞날에의 계획이요 미래 도전이다. 현재 그대로 살 수 없기에 보다 나은 미래를 생각하는 것이요, 그 미래는 아직 오지 않은 가능성이기에 계획하며 창조하자는 것이다.

그리고 적어도 그러한 미래를 문제 삼을 수 있다는 것은 우리가 이미 자유로운 분위기 속에서 살고 있는 증거다. 모든 가능성을 합리적으로 예견하여 이에 대처함은 닥쳐올 사태로부터의 피습을 면하려는 데 그치는 것이 아니요, 사람이 하는 일인 만큼 비록 확률적인 모험을 수반한다 치더라도 선택과 계획, 나아가 창조가 인간의 값진 자유를 실현하는 기틀이 되겠기 때문이다. 만일 미래가 일의적으로 이미 결정되어 있는 것이라면 인제 새삼스레 문제로 삼아 보았자 소용없는 헛수고가 아니겠는가.

현세적이면서도 미래지향적인 점에 한국사상의 특색이 있기도 하다. 신라 화랑(花郎)의 설화가 미래불(未來佛)인 미륵의 신앙과 결부되어 전하는 예가 많거니와, 새로 발견된 화랑들의 수도하던 옛터 단석산(斷石山)의 바위에 새겨진 부처도 미륵상(彌勒像)이라고 한다. 오늘에 있어서 민족중흥의 새 역사를 창조하려는 우리의 염원은 미래지향적인 본래의 생활신조가 현대적으로 뜻 있게 살려진 것이라고 하겠다.

내일을 지향함은 새로운 가능성을 계획함이요, 이미 주어진 우리의 여건을 발판으로 비로소 구체적으로 실현되는 힘을 가지게 된다. 새로운 가능성과 주어진 여건의 창의적인 종합에서 다름 아닌 새 역사가 창조된다. 민족중흥은 근원적인 조상의 얼을 오늘의 새로운 가능성에 있어서 되살림이요, 새 역사의 창조는 새로운 가능성이 우리의 처지를 뜻 있게 살려 한국의 길을 트는 데서 시작된다.

그런데 세계정세는 차치하고라도 일본이 이미 전전(戰前)의 기세를 만회하였고 중공이 멀지 않아 열강과 어깨를 겨룰 과학의 나라가 되리라고 하지 않는가? 죽을힘을 다하여 인제 약진을 거듭한대도 시원치가 못할 위치에 놓여 있다. 남의 애쓰는 노력은 배우려 하지 않고 고작 무조건 깔보기나 함으로서 이겨내기나 할 것같이 착각함은 천만 잘못이다. 우선 남을 얕잡아보는 일부터 없어야 하겠다. 무엇보다도 같은 동포끼리 서로 믿기는커녕 깎고 헐면서 어떻게 세계 사람들로부터 믿음직하다는 말을 기대하겠는가?

내가 남을 믿지 못하면서 남보고 나만 믿으라고 할 수 없는 노릇이다. 정치도 문화도 백성의 마음속 깊이 꿰뚫고 내려가지 못한다면 그것은 결실을 기약할 수 없는 헛꽃일 뿐이다. 한국을 살리는 힘이 어디서 비행기나 배를 타고 내림(來臨)하는 것은 아니다. 결국은 아무리 보잘것없어도 이 땅에서 싹이 터야 하며 피와 땀방울로써 가꾼 것이어야 한다. 여기에 자주국방도 자립경제도 그 기반이 확립된다고 하겠다.

그러기에 다시 없이 높은 이상도 백성과 유리될 때 그것은 이상도 아무것도 아니다. 백성의 뜻이 향하는 곳, 거기에 무서운 힘의 원천이 용솟음치는 법이요, 백성은 이론은 모를망정 느끼기조차 못하고 있는 것은 아니다. 아니 무엇인지 뼈저리게 아파한다. 고귀한 정의감도 충천의 기개도 그것이 민의를 대신하여 일어설 때에만 뜻이 있는 것이요, 한국을 살리는 힘일 수도 있다.

우리는 버젓하게 자유 독립해 있는 민주국가의 국민이다. 나라의 주인은 우리들 자신이요, 따라서 주인으로서의 권리를 행사한다. 타의 불법한 간섭이나 침해로부터 나 자신의 권위를 수호한다. 맹목적 추종이 강요되는 것이 아니라, 나의 자각적인 판단과 선택에 의하여 나의 행동을 규제하는 자유가 보장되어 있다. 우리는 스스로 자유민임을 자랑으로 삼는다. 그러나 참으로 이상하게도 이해할 수 없는 일은, 그처럼 모든 것을 타의 간섭을 받지 않고 자력으로 해결하려는 그 자유를 무엇보다도 소중히 알고 자랑하며 거기에 삶의 보람까지 느끼려 하건만, 유독 사상에 관하여 스스로 생각하는 일만은 경원한다기보다도 오히려 귀찮아하며 그 노고로부터 벗어나려는 태도가 마치 시대적인 풍조같이 보이니, 이것은 웬 일이냐?

　말로는 우리 자신을 알아야 된다고 하면서 스스로 생각하는 일이 없이 남이 대신 생각해 준 덕택에 의존하여 손쉽게 지식으로 받아들이려는 자세는 암만 하여도 쉽사리 납득이 안 된다. 바쁜 세상에 생각이나 하고 있을 겨를이 없다고 할는지 모른다. 정치나 국방 내지 경제에 있어서만 필요한 자주독립이요, 사상적으로는 주인 노릇을 포기한 채, 남의 흉내나 내도 좋다는 법은 없을 것이다. 사상은 우리의 생활신조이기에 이것 없이 우리가 우리의 주인 노릇을 할 수 없다.

　우리가 과연 자유민으로서 자주 독립을 그 근원에서부터 원한다면 각자가 스스로 생각하는 노고를 용감하게 관철하여야 한다. 남의 생각을 그저 받아들이는 안이(安易)만을 일삼기에 앞서 나 자신의 힘으로 깨치고 알려는 노력을 다하여야 한다. 그때에 비로소 아는 것이 힘으로 된다.

　해방 후 한국이 걸어온 자취가 무엇인가? 이 맑은 하늘 밑에 그래도 우리의 국기를 우러러보며 해왔다는 흔적이 무엇인가? 조상을 빛내고 후손에게 물려줄 위훈을 세우는 일이 말같이 쉬울 리는 없다. 그러나 무어니 무어니 하여도 교육의 보급과 향상은 한국에 있어서의 하나의 기적이 아닐 수 없다. 경제적인 성장이나 그 무엇보다도 전반적으로 교육의 수준이 높아진 것만은 아무리 헐뜯기 좋아하는 사람들이라도 부인할 수 없을 것이다.

　그리고 1970년대를 향하면서 우리 자신을 알아야 하겠다는 자각이 현저하게 나타나기 시작하고 있다. 그저 남의 모방만으로 우리의 길을 틀 수 없다는 것을 절실히 깨치게 된 것이다. 그리고 우리도 하면 되리라는 신념이 힘차게 싹트고 있다. 청년들의 맑은 눈동자가 희망에 빛나고 있으며, 길가는 사람들의 윤기 도는 표정, 활기 띤 걸음걸이에 믿음직한 생기가 느껴진다.

1960년대의 한국은 새로운 비약에의 준비태세를 갖췄다. 천재일우
(千載一遇)의 기회다. 이 겨레에 반가운 소생의 맥박이 뛰기 시작한 것
이다. 불길은 당겨졌다. 쇠붙이는 벌겋게 달았을 때 두들겨야 한다. 인
제 또 무엇을 주저하랴. 과감한 전진이 있을 뿐이다.

그러나 그럴수록 우리는 다시금 우리의 내일을 세계적인 연관에서
예견하며 계획함에 있어서 보다 냉철한 태도로 객관적인 계산에 치밀하
여야 할 것이요, 더욱 진지하고 경건한 태도로 이 벅찬 역사창조의 시
련을 감당할 마음의 준비가 필요할 줄 안다. 그리함으로써만 이 겨레가
살게 되고 이 강산을 빛낼 수 있는 한국의 길이 내다보이며 또 개척할
수도 있을 것이다.

미래를 묻는다, 제2권

한국미래학회 | 1970년 | 서울대학교출판부 | 259면

차례

머리말

〈미래를 묻는다〉 제1권을 간행한 지 여덟 달도 채 못 되어서 다시 그 제2권을 세상에 내놓게 된 것을 기쁘게 생각한다. 한국미래학회의 발전을 위해서 학회의 안팎에서 그동안 여러 가지 형태로 참여, 후원해 주신 모든 분들께 우선 깊은 감사의 뜻을 올리려고 한다.

학회지 제1권을 내놓은 후 한국미래학회는 새로운 차원에서의 활동을 시도하였다. 그것은 우리끼리 우리 나름대로 우리의 미래를 그려 보자는 것이었다. '한국의 2000년상'에 대한 예측작업이 곧 그것이다.

우리에게 가장 긴요하다고 생각되었던 것은 그러한 예측작업을 가능케 하는 '방법론의 모색'이었다. 〈미래를 묻는다〉 제2권이 특히 '델파이 방법'을 중심으로 해서 여러 가지 방법론에 관한 내외의 논고들을 그 주된 내용으로 싣고 있음은 그 때문이다.

한편 한국미래학회는 지난 1970년 1년 동안 '교토(京都) 국제미래학회'에서의 자기소개를 비롯해서 이후 갖가지 국제회의에 회원들이 참가함으로써 대외교류의 길을 열어 놓았다. 이 책의 말미에 수록한 국제미래학회의 주제발표와 보고는 이 책의 서두에 수록한 "델파이 실험에 의한 한국의 2000년상"과 함께 '세계 속에서의 한국의 미래학'의 모습을 부각시켜 주는 것이라 믿는다.

학회지 제집의 편집이 착수되고 있을 무렵 한국미래학회는 이 책에 수록된 것과는 별도의 또 다른 '세기 2000의 한국의 미래상'을 그리는 작업을 시작하였다. 그것은 과학기술처의 위촉으로 한국미래학회가 한국과학기술연구소와 제휴해서 추진하고 있는 공동작업이다. 그 작업의 성과는 학회지 제 2권에선 일부러 다루지 않았으며, 이 책의 제 1부에 소개된 '델파이 실험'의 결과와 과학기술처 프로젝트와는 아무 관련이 없음을 여기에 밝혀 둔다.

어떤 의미에선 우리들의 미래는 끊임없이 새로이 질문돼야 하고, 끊임없이 다시 그려져야 하고, 끊임없이 고쳐 쓰여야 하리라고 생각된다. 미래를 묻는다는 것은 결코 단일회적인 자기완결적 작업임을 참칭할 수는 없는 것이다. 그렇기에 우리는 미래를 묻는 자세에 있어 겸허한 태도를 잊지 않을 것이며, 바로 그렇기에 우리는 아직은 어린 솜씨나마 그런대로 우리의 미래를 그려 보는 작업에 두려움도 갖지 않을 것이다.

"미래를 묻는다." 그것은 우리 한국미래학회의 끊임없는 자기수정·자기쇄신·자기발전의 노력에 얹히는 제목으로 남을 것이다.

미래를 묻는다, 제3권

한국미래학회 | 1971년 | 서울대학교출판부 | 241면

차례

머리말

기우식

한국미래학회의 일천한 연륜에도 불구하고 미래학보 2권에 이어 3권의 발간을 보게 되었다. 2권 발간 후 1971년 4월에는 〈서기 2000년의 한국에 관한 조사 연구〉가 나온 바 있다. 실로 한국에서는 처음으로 시도된 미래학보로서, 2000년에 한국의 사회상이 어떻게 될 것이냐는 것을 설문서와 델파이 방식에 의해 그려 본 것이다.

이번 3권에서는 먼저 "학자와 국가"란 제목 아래 국가발전에 있어 학자의 역할이 어떠했으며 어떠할 것인가에 관한 제 관계를 다루었다. 다음 "21세기 초두의 사명"에서는 일본미래학회 제2회 심포지엄에서 다뤘던 것을 그대로 전재(轉載) 했는데 앞으로 미래학 발전에 많은 도움이 되리라 생각한다. 그리고 마지막으로 각 분야에 걸친 논총을 수록했다. 이것은 현안의 여러 문제를 중심으로 다룬 것으로서 많은 도움이 될 줄 안다.

미래학은 아직 일천한 학문이기에 한국에서는 맹아기에 있다 하여도 과언은 아닐 것이다. 그러나 그에 대한 관심이 어느 때보다도 드높은 것은 미래에 대한 희망과 기대 때문일 것이다.

미래학회 회원 여러분의 성원은 말할 것도 없고 독자 여러분의 질책과 지도편달이 계속 있기를 바라는 바이다.

101

미래를 묻는다, 제4권

한국미래학회 | 1975년 | 천풍인쇄 | 190면

차례

미래를 묻는다, 제5권

한국미래학회 | 1977년 | 서울대학교출판부 | 264면

차례

머리말

김형국

한국미래학회 창립 10주년을 한해 앞두고 〈미래를 묻는다〉 제 5권을 간행한다. 10년에 가까운 한국미래학회의 역사는 여러 각도에서 평가될 수 있겠지만, 스스로 자부할 수 있는 일은 나라 발전의 미래 안목이 1960년대에 5개년 단위의 경제개발에서 1970년대 초에는 10개년 단위의 국토종합개발계획으로 확대되고, 1970년대 후반에는 15개년 장기 경제개발전망에 이른 것이 한국미래학회가 서기 2000년의 한국을 전망했던 일련의 연구와 무관하지 않을 것이라는 사실이다.

사회변화의 흐름을 투시하고 변화의 미래를 내다보며 거기서 나라 발전과 국민생활 향상의 가능성 모색에 관심을 기울여온 본 학회의 활동은 1970년대에 들어서 그 중요성이 고조되기 시작한 사회개발에 일관된 관심을 표명한 바 있다.

그 관심이 이 책의 제 1부 "사회개발의 방향과 과제"(1976년 3월 13,

14일 속리산에서 세미나 개최)에 정리되어 있다. 한편 급속한 변화를 안고 있는 미래는 인간이 생각하기보다 더 빨리 다가오고 있다는 경험에서 미루어 볼 때, 15년 앞의 미래는 바로 눈앞에 있는 미래라 할 수 있다. 제2부 "1991년에 있어서 우리나라의 삶의 질"(1976년 12월 4, 5일에 대관령에서 세미나 개최)은 지난 반세대를 음미하고 곧바로 다가올 반세대를 내다보는 작업의 조그만 결정(結晶)이다. 그리고 제3부는 회원 각자가 가진 미래문제의 관심사 가운데서 본지를 위해 특별히 기고해 준 것이며, 독일 사회학자 클라게스(Klages) 교수의 논문은 〈미래를 묻는다〉 제4권의 특집논문에 수록되었어야 할 것을 뒤늦게 싣는다.

한국미래학회의 앞날은 나라와 국민의 밝은 장래와 본 학회회원 및 이 분야에 관심 있는 각계 인사의 지혜롭고 알찬 미래에 달려 있다. 많은 성원과 비판이 학회발전에 밑거름이 될 것이다.

미래를 묻는다, 제6권

한국미래학회 | 1978년 | 서울대학교출판부 | 199면

차례

머리말

최상철

미래에 대한 물음은 "어떻게 될 것인가"라는 가능성에 대한 물음과 "어떻게 되어야 할 것인가"의 당위성에 대한 물음으로 크게 나눌 수 있다. 흔히 미래의 가능성에 대한 탐구는 냉철한 두뇌로써 접근하지 않으면 공허한 유토피아적 환상이나 디스토피아적 절망론에 사로잡힐 우려가 있고, 미래의 당위성에 관한 추구는 뜨거운 가슴이 뒷받침되지 않으면 한갓 망상적 기대에 머물지 모른다.

반만년 민족사를 통하여 가장 격변하는 시대 속에서 뜻을 같이하는 사람들이 모여 한국미래학회가 창립된 지 10년이란 연륜을 쌓았다. 그동안 학회가 짧은 역사 속에서도 우리나라 사회에 미친 영향과 공감은 대단한 것이었다고 자긍하면서도, 지난 10년간에 학회가 무엇을 했고 무엇을 해야 할 것이냐 하는 과제는 모든 회원들의 마음에 부담을 주고 있었다. 이러한 마음의 응혈을 털어놓기 위하여 1978년 7월 서해가 한눈에 보이는 인천 올림포스호텔에서 학회창립 10주년 기념행사를 가졌다. 학회창립이 북악을 등에 진 아카데미하우스에서 이루어졌다면 개방적 해양시대를 내다보는 시대적 전망 아래 인천을 택한 것도 그러한 이유에서다.

한편 그동안 한국사회도 발전을 거듭하여 고도의 경제성장을 이룩하는 등 급격한 양적 팽창과 질적 변화를 겪어왔다. 그러나 그 성장과 변화로부터 우리가 향유할 수 있는 과실은 무엇이었으며 지불해야 할 대가는 무엇인지 10년 후에 도래할 미래상을 점쳐 보고, 또 미래는 인간에게 다가오는 것이 아니라 인간이 가져오는 것이라는 신념에서, 바람직한 미래사회를 이 땅 위에 전개시키기 위해, 학회는 전국경제인연합회와 공동으로 1978년 봄 세 차례에 걸쳐 "90년대의 도전과 미래의 창조"에 관한 심포지엄을 개최한 바 있다.

이번 제6권은 한국미래학회의 지난 10년의 회고와 닥쳐올 10년 후의 한국사회의 전망을 함께 모아 본 것이다. 내일에 대한 확신과 인간의 갈구를 약속하는 예지를 모으는 작업, 즉 '미래의 탐구'가 견실하게 계속되기 위해, 본 학회 회원 및 사회의 관심 있는 주시와 비판이 가해지길 바란다.

미래를 묻는다, 제7권

한국미래학회 | 1982년 | 정민사 | 160면

차례

국가목표와 세대 간의 분업

이한빈

1. 국가목표의 다양성과 경합성

한 시대가 급격한 사회변동을 겪고 또 어떤 계기로 그런 변동을 수습하고자 하는 새로운 집단이 사회 표면에 나올 때마다 새로운 단계의 국가목표를 정립하여 내세우고 그것의 실천을 통해서 자체의 정당성을 획득하려는 시도가 되풀이되는 것을 우리는 보아왔다. 여기서 우리의 주의를 끄는 사실은 이럴 때마다 표출된 국가목표는 점점 더 다양성을 띠게 된다는 것과, 또 그런 여러 목표 사이에는 치열한 경합성이 게재된다는 것이다.

이것은 사회변동의 심화에 따라 과거부터 축적되었던 기대상승이 점점 더 누적되고, 또 이 과정에서 새로 표면화되는 각종 사회집단 간의 내재적 긴장이 현재적 갈등으로 나타난 결과라고 볼 수 있겠다. 여기에 대하여 우리나라의 경우에는 특히 남북 간의 정통성을 에워싼 치열한 대결이 가세하여 여러 다양한 국가목표 간 경합성을 더한다고 볼 수 있겠다.

이런 다양성과 경합성은 그런 목표들의 선택과 실천의 과정에 커다란 제약을 준다. 처음에 목표를 표방할 때에는 추상적 가치나 감동적 구호로 표현해도 되지만, 실제로 목표 간에 조정을 하고 시민들의 호응을 획득해 가면서 실천하는 과정에서는 어쩔 수 없이 구체적인 가치배분과 자원배분의 과정을 밟아야 하는데, 이 단계에서 내세운 목표들을 다 충족시키기는 불가능한 것이다. 최근 우리나라에서 정치를 주도하는 집단에 의하여 공적으로 제시된 정의와 복지의 목표들을 보더라도, 실제 자원배분의 척도로 볼 수 있는 예산배정의 결과에 있어서는 복지 면에서 표방된 목표에 충실할 정도의 배분이 얼마나 어려우냐 하는 것을 당사자나 국민 일반 모두가 알게 된 것이다.

표방한 목표는 일반적인 시대의 기대에 맞는 것이지만, 실제에 있어서도 이미 과거에 설정되고 자원의 배분을 받고 있는 여러 가지 기존 목표의 경직성 때문에 새로운 목표가 그것들과 크게 경합할 수밖에 없다. 이것은 과거의 요청이 미래의 요구를 제한하는 좋은 예라고 볼 수 있겠다. 가치선택의 측면에서 보면, 일반적인 사회적 여망으로는 이 시대가 사회복지를 실현해야 되는 단계임에도 불구하고 안보나 성장과 같은 기존의 국가목표의 경합성 때문에 새로 제시된 목표를 조기에 달성하기 어려운 현실을 우리는 눈앞에서 보고 있는 것이다.

이와 같이 국가목표의 다양성 그 자체가 현실의 요구에 부딪칠 때에 커다란 제약을 받게 되고, 이런 것이 단기간에 반복되는 경우에는 여기에 신뢰의 위기(crisis of confidence)가 조성된다. 열성적으로 내세웠던 바람직한 목표가 기대했던 시간 안에 달성되지 못할 때에 사회일반과 시민들 사이에 좌절감과 불만이 퍼져서 목표제창자에 대한 신뢰가 상실되는 것이다. 여기서 이론적으로 제기되는 문제는 이 국가목표의 다양성을 새로운 방향으로 지양하는 방법은 없겠는가, 즉 국가목표의 다양성을 합리적으로 정리해서 위기를 헤쳐 나가는 방법을 모색할 수는 없겠는가 하는 것이다.

2. 동시성에서 계시성으로의 전환

이론적으로 볼 때 경합하는 다양한 목표를 동시에 다 실현하지 못하는 데 대한 해결방법은 그것들을 어떤 시계열상에 놓고 단계적으로 해결하는 길밖에 없다. 그러자면 우리의 시야를 단기에서 장기로, 현재에서 미래로 확대시킬 수밖에 없다. 원래 국가목표란 어느 정도 장기성을 띤다. 어떤 눈앞의 관심을 넘어선, 상당한 시간을 두고 실현될 성질의 것의 표현이며 그것이 일단 정립되면 어떤 시계열상의 배열을 통해서 단계적으로 추구되는 것이 마땅할 것이다. 이것은 사회적인 우선순위에 대한 어느 정도의 사회적 합의 같은 것을 필요로 하는데 이것은 국가목표의 성질상 필연적으로 세대 간의 합의까지도 요청할 것이다.

우리나라의 경우를 예를 들어 생각해 보자. 현재 표출된 목표 중에 가장 중요한 것을 추려 본다면 민주, 복지, 통일과 같은 것이 장기적 국가목표에 해당된다는 데 대하여 이의를 제기할 사람은 없을 것이다. 또 이런 것을 예컨대 1980년대 안에 다 해결해 달라는 것은 아마도 국민의 추상적인 염원일는지 모른다. 그러나 책임 있는 엘리트집단이 10년 안에 이런 것을 다 이룩하겠다고 내세우는 것에는 적지 않은 문제가 있다. 책임성 있는 발상은 역시 어떠한 시폭(time frame)을 두고 그 안에서 단계적으로 해결하려고 시도하는 것이 합리적이겠다. 실제적인 면에 있어서 10년 안에 이런 것을 다 달성할 수 없다면 역시 한 세대, 즉 30년쯤 시간의 폭을 놓고 논의하는 것이 합리적이다.

특히 우리나라의 경우는 이와 같은 30년을 내다보는 시관(時觀)이 매우 의미가 있다. 지금으로부터 한 세대가 지나는 즈음은 2010년 때이다. 그것은 마침 1910년의 국치 100주년이 되는 시점이다. 이러한 특별한 시간적 일치는 우리 사회에 하나의 역사와의 대결 같은 내성적인 충동을 일으켜 마지않을 것이다. 그때에 가면 "우리는 그동안 무엇을 하는가?"라는 물음이 온 사회를 덮을 것이 틀림없다. 그 시점에 접근하면서 우리 사회 안에서는 "적어도 이런 정도의 목표는 그때까지 완성되어야 하지 않겠는가" 하는 염원과 결의가 어느 때보다도 팽배해지리라는 것을 내다보기 어렵지 않다.

우리가 30년이라는 전망적인 시폭을 가지는 순간, 우리는 눈앞에 미래와 역사의 만남을 목격한다. 곧 미래의 요구와 역사의 요청이 강렬하게 마주치는 것을 본다. 국가목표가 막연한 추상적 구호에 그치지 않으려면 때때로 이런 강력한 시간의 개입이 필요하다. 이런 시간의 '역사에로의 침입'은 역사에 대하여 하나의 명령을 발동시키며, 이런 '시간의 명령'이야말로 추상적 목표를 현실의 행위로 바꿔 놓는 계기가 되는 것이다. 그래서 오늘을 사는 우리에게는 저런 만인이 공감할 수 있는 국가목표들을 적어도 오는 30년 안에 기어코 달성해야 되겠다는 강력한 도의적 압력을 발동시켜 주는 것이다.

3. 분업의 전제로서의 세대 간의 합의

오는 세대 안에는 적어도 민주, 복지, 통일을 달성해 놔야 되겠다는 목표가 설정된다면 여기에는 반드시 세대 간의 합의 같은 것이 필요해진다. 여기에는 현재의 활동세대의 힘만 가지고는 이러한 거창한 일을 완전히 다할 수는 없다는 어떤 내의(內意) 같은 것이 함축된다. 예를 들어 민주나 복지 같은 목표는 어떻게 하든지 오는 10년이나 20년 안에 달성할 터이니, 통일의 목표는 지금 자라고 있는 청소년 세대가 활동 성기에 도달했을 때까지 미루어 달라고 부탁하는 하나의 기대와 같은 것이 거기에 함축되게 마련이다. 이와 같은 세대 간의 상호기대가 성립되자면 상당한 정도의 세대 간의 합의와 신뢰가 필요한 것은 더 말할 것도 없다. 젊은 세대의 입장에서 볼 때에 그런 엄청난 기대를 받고 그 짐을 기꺼이 감당하려면 그러한 기대를 거는 현 세대에 대해서 전폭적인 신뢰를 가질 수 있어야 할 것이다. 즉, 현 세대가 하는 일이 신뢰에 합당하다는 인식이 들어야 할 것이다. 그러자니 여기에는 현 세대와 다음 세대 사이에 국가목표에 대해서 상당한 정도의 합의가 이루어질 수 있는 메커니즘이 절대적으로 요청되는 것이다.

이러한 합의는 사회적으로, 정치적으로 상당한 의미를 가져온다. 즉, 현 세대가 차기 세대로부터 그러한 신뢰를 받을 수 있자면 아마 현 세대가 가지고 있는 문제 중에 민주와 복지의 문제는 젊은 세대에게 납득이 갈 만큼 합리적으로 해결해 놔야 할 것이다. 사회를 훨씬 더 민주화해서 국가목표들을 공개적으로 토론하고 상당한 정도로 국민생활의 평등을 가져와서 도시에 살거나 지방에 살거나 부지런히 일하는 사람들이 합당한 보수를 받을 수 있고 전국이 상당한 정도로 골고루 잘 사는 사회를 이루어 놔야 할 것이다. 복지사회의 실현을 위해서는 지역 간, 계층 간의 격차를 줄여 나가는 데 대하여 현 세대가 비상한 열정을 가지고 노력했다는 흔적을 보여야 할 것이다. 그것이 다음 세대에 대해서 통일의 문제를 해결해 달라고 할 도의적 근거가 될 것이다.

아직 오지 않은 미래에 대한 확증은 현재에 있어서의 행위의 도의성밖에 없다. 세대 간의 분업이나 합의라는 것도 그것이 시간을 격해서 이루어져야 하는 것이기 때문에 그것의 전제로서 현재에 있어서 마땅히 해야 될 일을 이루는 데 전심전력을 다해야 된다. 세대 간의 분업의 기초도 현재의 세대의 책임성 있는 행위밖에는 없다.

이런 합의를 이루자면 어떻게 해야 되겠는가? 미래에 대한 기대, 또는 미래 세대에 대한 기대가 올바르게 받아들여지자면 현재 활동세대가 상당한 정도의 도의를 가지고 현재 실현할 수 있는 목표, 예를 들어 1980년대 안에 민주주의의 확립, 1990년대까지의 복지사회의 건설 같은 것을 성실히 실천하겠다는 세대적 윤리가 절대적으로 요청된다. 이러한 세대 간의 윤리가 확립될 때에 비로소 다음 세대에 대해서 정정당당하게 통일의 목표를 달성해 달라고 부탁을 할 수 있는 근거가 마련되는 것이다. 이런 도의와 윤리, 이것은 아무리 강조해도 지나치게 강조할 수 없는 것이다.

이런 윤리의 출발점은 현 세대가 현재와 미래에 대하여 약속한 것을 구체적으로 지키는 것밖에는 없다. 즉, 정치적으로나 사회적으로 볼 때, 아버지가 아들에게, 스승이 제자에게, 통치자가 피치자에 대해서 약속한 것을 적은 것이나 큰 것이나 할 것 없이 그대로 지키는 풍토를 조성한다면 이것이야말로 세대 간의 윤리의 확립에 가장 중요한 첫걸음이 될 것이다. 현재에 있어서의 도의성 있는 행위만이 미래의 약속을 보장해 준다.

미래를 묻는다, 제8권

한국미래학회 | 1984년 | 서울대학교출판부 | 162면

차례

고 함병춘·김재익 회우에게

이한빈 · 이홍구

지난해 10월 9일 랭군에서 일어난 참사는 한국미래학회에서도 두 분의 귀중한 회원을 앗아갔다. 우리는 함병춘·김재익 두 회우를 졸지에 잃었다.

고 함병춘(咸炳春, 1932~1983) 형은 학문에의 집념과 나랏일에 대한 봉사에 모든 것을 불태우는 선비의 전통을 우리 세대에 구현한 대표적 인물이었다. 함 형은 하버드에서 법학 박사학위를 받았고 법학 교수로서 명성이 높았지만 그의 학문과 깊이는 법학의 테두리를 훨씬 넘어 광활하고 심오하였다. 법학에서도 법철학과 법사회학을 전공하였으나 근년에는 국제해양법회의의 한국수석대표로서 영해와 해양자원의 문제에 대한 우리의 입장을 이론화하는 데 크게 공헌하였다.

1964년 *Foreign Affairs*지에 미국 외교정책을 비판하는 획기적 논문을 기고한 함 형은 10년 후 가장 어려운 시기의 주미 대사로서 이론과 실제의 일관성을 지키려고 부단히 노력하고 고민하였다. 한국의 법과 법의식의 성격을 한국사의 전통에서 찾으려던 함 형은 남북조절위원회의 대표로서 민족통일의 과제를 대화로써 해결하려는 노력에도 적극 참여하였다. 대통령비서실장이란 무거운 짐을 지고 나서는 이 나라 정치의 안정과 민주화의 청사진을 마련하고자 조용하고 끈질긴 노력을 계속했다.

지난 20여 년에 걸친 함 형의 활약을 돌이켜볼 때 우리는 그를 르네상스인이라고 부르지 않을 수 없다. 함 형은 우리 미래학회가 2000년 회란 이름으로 창립될 때에 창립회원이었다. 그는 과거와 현재와 미래를 단순한 시간의 차원에서보다 인간이 만드는 역사의 차원에서 인식해야 된다는 것을 강조하였다. 그가 전통을 남달리 아낀 것은 복고적 감정에서가 아니다. 주체성에 입각한 미래의 창조는 역사를 바탕으로만 가능하다고 믿었기 때문이다. 함 형은 세계인이었다. 그러나 훌륭한 세계인이 되는 첫걸음은 참된 한국인이 되는 것임을 그는 우리에게 보여주었다.

고 김재익(金在益, 1938~1983) 형은 명철과 겸손을 겸비한 헌신적인 선비였다. 일찍이 독실한 천주교 가정에서 자라나서 서울대와 하와이대학을 거쳐 스탠포드대학에서 경제학을 연구하여 박사학위를 받았다. 그의 수리경제에 관한 견고한 전문지식의 저변에는 역사와 철학에 대한 넓은 교양과, 시와 단편에 대한 깊은 관심이 깔려 있었다.

1973년 미국 유학을 마치고 귀국하여 우리나라의 장기 경제기획에 참여한 이래 10년간 김 형은 계속하여 3차, 4차 및 5차 경제개발 5개년 계획 수립의 주역을 담당하여 치밀한 두뇌와 수도사적 정열을 나라의 미래에 대한 체계적 설계에 바칠 수 있었다.

1980년 청와대 경제수석비서관이 된 이후 김 형의 조용하지만 뚜렷한 업적은 널리 국제적 평가의 대상이 되었다. 랭군에서 불의에 타계하기 6주 전인 8월 24일자 *Asian Wall Street Journal*지는 "Key Korean Economist Prefers Quiet Role Behind the Scenes"라는 제하의 1면 톱기사로 김 형의 정책적 역할에 대하여 대서특필한 바도 있었다. 저렇듯 국제적 권위지들이 형을 가리켜서 행정수반을 위한 'Tutor'(太師)라고 평한 것은 결코 과언이 아니었음을 우리는 안다.

김 형은 그동안 우리 미래학회의 충실한 멤버였다. 성장에 못지않은 분배에 대한 그의 관심, 특히 교육, 기술, 주택, 노동, 윤리와 가치에 대한 깊은 통찰과 관심 … . 이런 것이 우리들과의 논의의 격조를 얼마나 높여 주었던가.

때마침 우리나라에서도 미래에 대한 사고가 두루 퍼지고, 우리 미래학회도 차츰 알찬 탁마의 열매를 맺으려고 할 즈음에, 두 분의 귀중한 회우를 잃은 것은 우리 모두에게 커다란 아픔이 아닐 수 없다.

바치는 글 2
_____

민중을 외치다 간 고 서남동 회우에게

류동식

1. 한국의 신학사조와 서남동

한국 개신교의 역사는 이제 꼭 100살을 맞이한 셈이다. 그리고 그 덩치만 하더라도 800만이라는 거구로 성장했다. 그러나 그 정신연령을 따지고 보면 그리 성숙한 편이 못 된다. 얼마 전까지만 해도 서구에서 성장한 기독교 사상들만 옳다는 생각에서 무조건 이것을 받아먹기만 했다. 우리를 구원하는 진리라면서도 이것을 우리가 소화하지 못하고 남이 소화한 것들을 받아먹으면서 정통 운운하며 살아왔다.

그러나 근자에 이르러, 특히 1960년대부터 한국의 기독교 신학계는 새로운 전환기를 맞이하게 되었다. 단순히 서구의 신학을 수입하고 이를 맹종해 오던 사상계가 이제는 자기의 위치와 독자성을 자각하기 시작했다. 그리하여 서구의 교회와 신학적 전통의 보호로부터 벗어나거나 이를 넘어서려는 성인다운 움직임이 감돌기 시작했다. 말하자면 우리 나름대로 기독교의 복음을 해석하려는 '한국신학'을 형성해 보려고 한 것이다.

한국신학 형성이라는 새로운 전기를 초래하게 된 데에는 두 가지의 현저한 계기가 작용하였다. 그 하나는 근래에 이르러 활발해진 한국학의 발전이요, 또 하나는 서구 현대신학의 영향이다. 20세기 후반기의 혁명적 문화발전을 계기로 서구의 신학사상은 오랜 교회적 전통을 벗어나서 혁신적인 새로운 신학을 모색하고 있었던 것이다. 이러한 흐름이 한국에도 전해 들어옴으로써 한국 신학계에 새로운 전환기를 초래하게 된 셈이다.

오늘날 새로운 전기를 맞이한 한국의 신학계는 또다시 두 유형으로 나누어 볼 수 있다. 하나는 기독교의 토착화론을 중심으로 한 흐름이요, 또 하나는 기독교의 세속화론을 중심으로 한 흐름이다. 토착화를 주장하는 사람들은 다분히 한국학에서 자극을 받아 한국의 문화적 전통을 중시하려는 이들이다. 곧, 그리스도를 맞이하는 한국인의 주체성을 강조한다. 그리고 어떻게 복음의 씨를 한국이라는 풍요한 문화적 토양에서 자라게 함으로써 한국인의 구원뿐 아니라 세계 기독교에도 공헌할 수 있겠는가 하는 선교학적 관심에 치중한다. 그리하여 한국신학 형성의 과제 달성을 위해 문화 특히 한국의 종교적 정신문화의 탐구와 정리라는 기초 작업에 힘을 기울이고 있다.

기독교의 세속화론을 주장하는 사람들은 급속도로 변해가는 한국의 사회적 현실을 응시한다. 그들에게 중요한 시각을 주는 것은 오늘날 서구의 혁명적 신학사상들이다. 그들의 중요한 관심은 역사와 복음의 새로운 이해이다. 그리고 급변하는 현대문명, 특히 기술의 발전과 도시화에 따르는 사회변동에 큰 관심을 갖는다. 말하자면 과거의 문화적 전통보다는 오늘의 사회적 상황과 새로운 문화적 전개를 내다보면서 한국에서의 생산적인 신학이 무엇이겠는가를 모색한다. 이러한 사상적 흐름의 대표적인 신학자가 서남동 교수였다.

서남동(徐南同, 1918~1984)은 전주 신흥학교를 졸업한 후 일본 동지사대학 문학부 신학과를 졸업했다(1941). 일제 말인 1943년부터 1951년까지 대구에서 만 9년에 걸쳐 목회를 했다. 제2차 세계대전, 해방, 6·25 등의 어려운 사회환경 속에서도 목회와 함께 연구생활을 계속했다. 그리하여 1952년에는 한국신학대학의 교수로 초빙을 받아 1961년에 연세대로 옮기기까지 약 9년간 재직했다. 그간 그는 캐나다 임마누엘신학교에서 2년간 유학하여 석사학위를 받았다(1957). 그러나 그가 본격적인 신학활동을 전개한 것은 연세대로 온 1960년대 이후의 일이다.

1970년대의 유신체제는 자유와 민주를 외치는 교수들을 추방했다. 그 첫 희생자 중 한 사람이 서남동 교수였으며, 그는 3년 가까이 영어의 몸이 되기도 했다. 그러나 그의 연구활동은 한 번도 중단된 일이 없었다. 이러한 역경에서 오히려 그는 창조적 사상운동을 전개했다. 그것이 바로 오늘의 한국신학으로 부각되고 있는 '민중신학' 운동이다. 그의 신학적 공헌을 높이 평가한 캐나다 임마누엘신학교는 지난 초여름 그에게 명예 신학 박사학위를 수여했다. 그는 이 학위를 받기 위한 미주 여행을 계기로 많은 강연 청탁을 받았다. 민중을 외치고 민중신학을 전하는 것을 하나의 선교적 사명이라 믿었던 그는 모든 요청들을 거절하지 아니하고 수락했다. 50일간 여행 중에 40회의 강연을 했다고 전해진다. 그러나 이것이 그의 백조의 노래가 되리라고는 아무도 예상하지 못한 일이었다. 귀국 즉시로 그는 돌아가신 것이다.

2. 서남동 교수의 사상 전개

서남동이 지녔던 1960년대의 중요한 과제는 역사의 해석 문제였다. 그가 '말씀' 일변도의 바르트 신학에 그리 흥미를 느끼지 아니하고 '상황과 문화'에 초점을 두었던 틸리히를 따르려 한 것도 이 때문이다. 서남동이 취했던 역사해석의 접근방법은 실존론적인 것과 세속화론적인 것이었다.

실존적인 역사해석을 위해서 중심 교재로 삼았던 것은 불트만(R. Bultmann)의 《역사와 종말론》(*History and Eschatology*)이다. 이 책은 서교수 자신의 번역으로 출판되었다.

그는 역사의 본질을 규명하여 객관적으로 확정된 과거의 사실이 아니라 "주관이라는 창문을 통해서 현재라는 시간에게 보이는 것"이라고 했다. "역사적 사건이란 과거의 객관적인 역사적 사실을 지금 역사가의 심중에서 재생(*reenact*)시키는 바의 것이다." 따라서 이러한 역사적 사건은 동시에 역사적 지식이며, 이러한 실존적 역사지식은 곧 자기이해이다. 그리스도의 역사적 사건을 내 마음속에 재연함으로써만 참된 역사지식에 도달할 수 있다고 본다. 성서는 역사적 예수의 현존적 방식이며, 성서의 현재적 전달인 오늘의 설교(*kerygma*)에서 역사적 예수는 새롭게 현재적 그리스도가 된다. 곧 역사적 지식인 "그리스도 사건"이 일어난다고 본다. 그런데 이러한 역사적 사건의 의미는 그 자체에서가 아니라 미래가 제시해 준다. 사람은 항상 "되어야 할 것으로 되어야 한다(R. Bultmann)." 사람의 삶은 미래에 있다.

서남동의 역사의식은 차츰 실존주의적인 데서부터 새로운 시대경륜(*new dispensation*)이라는 데로 옮겨갔다. 인류에 대한 하나님의 시대경륜을 학자들은 3단계로 나누어 본다. 신화적 사고시대 · 철학적 사고

시대·과학적 사고시대(A. Comte), 성부시대·성자시대·성령시대 (J. Floris), 이교시대·기독교시대·세속시대(K. Löwith), 부족문화· 성읍문화·기술문화(H. Cox) 등은 모두 문화사 발전을 3단계로 나누어 보고 있다. 그런데 이들이 공통적으로 지적한 바에 의하면, 현대는 새 로운 시대경륜 속에 들어와 있다는 것이며, 그 특성은 형이상학적 종교 가 아니라 과학기술이 문명과 역사를 좌우하는 세속시대라는 것이다.

곧 기독교 이후 시대(post-Christian era) 또는 종교 이후 시대(post-religious era)라는 것이며, 지금까지의 문화의 기초가 되었던 종교는 무 용지물이 되었고, 이제는 하나님 없이 사람들이 스스로의 운명과 역사 에 책임을 지고 기술문명을 구사해가는 성숙한 시대요, 세속화 시대라 는 말이다. 또한 이를 타락이 아니라 하나님의 시대경륜으로 본다. 그 리스도의 복음으로 하나님의 자녀가 된 인격의 독립과 주체성이 실현되 어가고 있다는 뜻이다. 따라서 "기독교의 형태변화를 요하는 제2의 종 교개혁을 단행하고, 제3시대인 새로운 시대경륜에 들어가서 제4의 인 간형을 소조(塑造)하자는 것", 이것이 현대 신학자들의 관심이요 서남 동의 관심이다. 여기에 현대의 세속화 신학의 전개가 있다.

지금까지의 신학은 형이상학 내지는 관념론의 지평에서 논의돼온 '말 씀의 신학'이었다. 그러나 오늘의 신학은 '역사의 신학'이요, 그 지평은 역사학, 사회학, 자연과학이다. 하나님의 계시는 단순한 말씀이 아니라 '역사로서의 계시'이다. "역사란 곧 보편사(universal history)다. 보편사 는 완료된 것이 아니고 미완료한 것이며, 장래를 향해 열려 있는 것이 다." 보편사는 역사 전체라는 뜻으로 파악되어야 한다. 따라서 보편사는 세속사와 종교적 구속사를 구분해 보려는 이원론적 역사 이해를 지양한 다. 하나님께서 자신을 계시하시는 것은 바로 이러한 보편사를 통해서 다. 그러므로 신학은 예수를 세계의 맥락 속에서 이해해야 한다. 그것은 세계를 하나님의 세계로, 역사를 그의 행동의 장으로 보기 때문이다.

그리스도는 우리들의 '이웃'으로 현존하신다. 그리스도는 모든 형태의 고난을 당한 자와 자기를 동일시하셨다. 그러므로 그들에 대한 것이 곧 그리스도에게 대한 것이다. 우리가 만일 이웃에 임재하신 그리스도를 만나지 못하면 영영 하나님을 만나지 못할 것이다.

신은 이웃이 되고(Rahner), 일은 신께 대한 찬송이 되었다(Teilhard). 이 신은 인간을 미래에서 부르시기 때문에 신을 향하는 인간의 자세는 제사의식에서 보이는 과거지향이 아니고, 예배정신에서 보이는 타계지향이 아니고, 세속활동에서 보이는 장래전진이다. 연구와 건설은 바로 신을 향하는 인간의 자세다. 신을 향한 자세는 앞을 향한 전진이다("現在的 그리스도").

제3유형의 새로운 신학은 역사적 존재론에 기반을 둔 소망과 행동의 신학이요, 미래를 향한 구원의 신학이다. 곧 열린 미래를 향해 새 것을 찾아가는 역사의 신학이요, 나그네의 신학이다. 나그네의 길에는 소망과 함께 시련이 뒤따르게 마련이다. 그는 60대를 보내면서 다음과 같은 자화상을 남겼다. "교리의 생애가 아쉽게 끝나고, 실존의 십자가를 처절하게 진 다음, 신의 죽음의 금요일과 세속화의 안식일이 경과되어야 부활의 새로운 삶은 시작되는 것이기 때문에 신학, 신학의 미래에 참여하려는 자의 시련은 참으로 겹겹이다." 이것은 70년대를 내다본 그의 고백이기도 하였다.

3. 민중신학의 제창

1970년대의 한국사회와 문화적 성격을 요약한다면 "유신체제 밑에 이루어진 급속도의 경제발전과 사회변동, 그리고 이에 따르는 온갖 부조리 현상과 정치·경제·사회·문화적으로 억압되고 소외된 민중의 부각"이라고 할 수 있을 것이다. 교회는 이러한 현실 속에서 선교해야 하는 것이다. 그리고 신학은 교회의 선교에 봉사해야 하는 학문이기 때문에 1970년대의 한국신학의 골격은 바로 이러한 현실과의 상관관계 속에서 형성되었다. 그것이 바로 1970년대에 나타난 '민중신학' 운동이며, 그 대표적인 제창자가 서남동 교수이다.

민중신학의 태동은 이미 1960년대의 세속화 신학 속에 있었다. 민중신학이란 한국에 토착화된 세속화 신학으로 볼 수 있기 때문이다. 그런데 이것이 구체적인 민중신학운동으로 전개되게 된 것은 1970년대의 유신체제와 교회와의 갈등 속에서였다. 1973년에 서남동 교수를 주동으로 한 교회의 지도자들은 "한국 그리스도인 선언"을 선포했다. 그 속에 선언된 신앙고백은 다음 세 항목으로 집약된다.

① 우리는 역사의 주인이시며 심판자이신 하나님 앞에서 이웃을 대신하여 고난을 겪고 있는 눌린 자들이 자유를 얻도록 기도하라는 명령을 받고 있다고 믿는다.

② 우리는 우리의 주님 예수 그리스도가 유대 땅에서 눌린 자들, 가난한 자들, 멸시받는 자들과 함께 사신 것처럼 우리도 그들과 운명을 같이 하면서 살아가야 한다고 믿는다.

③ 우리는 성령이 우리 성품을 변화시키며 새로운 사회와 역사를 창조하시는 데에 우리가 참여할 것을 요구한다고 믿는다.

이것은 유신체제하의 한국교회의 신앙고백이며, 한국적인 민중신학의 선언이었다. 그 후 이것이 조직적인 신학의 형태로 나타나게 되는 것은 1975년부터 발표된 서남동의 논문들에서였다. 1975년은 그가 대학에서 추방된 해이다. 민중신학은 신학자가 책상머리에 앉아서 만들어낸 관념론적인 신학이 아니다. 이것은 신학자 자신의 민중체험, 곧 억압과 소외의 한가운데 선 삶을 통해 형성되는 신학이다. 서남동 교수에 의해 전개된 민중신학의 골자는 다음 몇 가지로 요약될 수 있을 것이다.

첫째, 예수는 자기를 가난한 자, 눌린 자, 멸시받는 자, 병든 자와 동일화했다(〈마태복음〉, 25장). 곧 고난받고 억압당하는 민중과의 동일성을 확인하고 그 민중의 해방을 선포했다(〈누가복음〉, 4장 18절). 그러므로 "예수의 출현은 인간의 구원과 해방의 선포, 곧 투쟁이었다." 그리고 이 해방은 "개개인의 해방이라기보다는 공동체의 해방이고, 정신적·심령적 구원이라기보다는 역사적·정치적 구원이다." 따라서 그 해방은 사회적·정치적 해방일 수밖에 없다. 예수의 십자가 처형은 정치범으로서 당하신 사건이다. 그러므로 예수에 관한 역사적 연구는 종교사적(religio-historical) 각도에서만 볼 것이 아니라, 사회정치적(socio-political) 각도에서도 보아야 한다.

둘째, 이러한 예수의 복음을 이어받은 교회의 초기에는 혁명적 종말신앙인 천년왕국에 대한 기대가 있었다. 그러나 콘스탄틴 황제 이후 제도적 교회가 천년왕국의 자리를 차지하고, 기독교는 민중의 종교로부터 누르는 자와 부자의 종교로 변질되었다. 그 후 몇몇 지도자들, 특히 16세기의 토마스 뮌처(Thomas Münzer)의 철저한 종교개혁운동 등을 거쳐 오늘의 기독교는 "지금까지의 억압자의 이데올로기로부터 민중의 종교, 해방의 복음으로 복귀했다"고 본다. 오늘의 한국교회의 특성은 바로 이러한 교회사의 최전선에 서 있는 것이며, "민중의 소리를 듣고 민중의 소리를 대변하는 예언자적 교회의 모습"을 나타내기 시작한 것이다.

셋째, 민중신학의 조형이 될 전거는 다음 세 가지가 있다고 본다.

① 성서적 전거는 출애굽 사건과 예수의 십자가 사건이다. 이것은 모두 민중의 해방과 구원의 사건이었다. 그러나 모세에 의해 이루어진 출애굽의 사건, 곧 노예상태에 있던 이스라엘 민족의 해방은 한 번 있었던 정치·경제적 민중해방이었다. 여기에선 민중이 대상화된 것이며, 타력에 의해 구제된 것이다. 그러나 민중과 자기를 동일화한 예수의 십자가 사건은 주체화된 민중의 자력적인 해방이요, 따라서 영구적인 혁명의 사건이다. 그러므로 민중신학의 주제는 예수가 아니라 민중이다.

② 교회사적 전거로는 '성령의 제3시대론'을 든다. 성령은 하나님이 사람 앞에 임재하시는 현상이다. 따라서 성령의 시대는 모든 사람들이 직접적인 계시를 받고 스스로 역사에 책임 있게 참여하는 성숙한 시대이다. 그러므로 탈종교적인 성령의 제3시대를 맞이한 오늘의 참다운 혁명은 민중 자신이 깨어나서 자기의 힘으로 해방과 인간화를 이룩해야 한다. 그리고 성령의 시대란 양분화됐던 영혼의 구원과 사회 구원을 '동시적으로 동일체계'로 다루는 시대이다. 구속사와 일반사의 통일이며, '신과 혁명'의 통일의 시대이다.

③ 한국 민중운동사적 전거로는 동학혁명을 정점으로 하여, 3·1 운동과 4·19 혁명 등을 들 수 있다. 그뿐 아니라, 민중의 자기해방과 종교의식의 표출인 판소리와 탈춤, 그리고 민담 등에서 민중운동사의 내면적 혼을 읽어낸다.

결론적으로 서남동은 이렇게 말한다. "기독교의 민중사와 한국의 민중사가 한국 크리스천에게서 지금 합류되고 있다." 그러므로 "한국 민중신학의 과제는 기독교의 민중전통과 한국의 민중전통이 현재 한국교회의 '신의 선교'(*Missio Dei*) 활동에서 합류됨을 증언하는 것이다. 현재 눈앞에 전개되는 사실과 사건을 '하나님의 역사 개입', '성령의 역사', 출애굽의 사건으로 알고 거기에 동참하고 그것을 신학적으로 해명하는 일이다."

그는 이러한 민중신학의 과제 수행을 위해 몸 바쳐 일하다 갔다. '신의 선교'에 몸으로써 동참하려 했고, 신학연구와 후학교육을 잠시도 쉬지 아니했다. 그리고 마지막 날까지 민중의 한을 풀어 주려고 민중을 외치다 갔다.

그는 갔다. 그러나 그의 이 외침의 메아리는 계속 한국과 교회 안에 남아서 울려퍼져 나갈 것이다.

미래를 묻는다, 제9권

한국미래학회 | 1987년 | 서울대학교출판부 | 174면

차례

과학·기술의 자립을 위한 사회적 환경

황인정 · 이한빈

가. 서(序)

이 글은 한국에 있어서 과학기술(*science and technology*, S/T)의 자립을 위한 노력을 하는 과정에 중요한 영향을 미친 환경적 특색이 무엇이며, 또 향후 S/T의 발전과 자립을 위해서 개선해야 할 환경적 과제가 무엇인가를 검토하고자 한다.

S/T의 자립이란 국가 간의 상호협조 내지 상호의존 관계가 심화되어 가는 국제관계의 추세로 보아서 큰 의미가 없으며, 전쟁과 같은 극단적인 폐쇄국가의 상황하에서만 논의할 가치가 있다고 생각된다. 그러나 오늘날 S/T가 고도화하는 경향과 S/T의 위력이 점차 커져가는 경향을 감안하면 후진국의 선진국에 대한 일방적 기술의존화 추세는 결국 국제관계의 종속성의 한 요인으로 작용하게 되는 경향도 있다. 따라서 S/T의 자립은 비록 국제적 상호의존 관계가 높은 개방체제하에서도 그의 이념적 함축을 간과할 수 없을 것이다.

S/T의 자립은 보는 관점에 따라서 달리 정의된다. 결과만을 놓고 보면 S/T의 수입을 위해서 지불하는 권리금 지출보다 S/T의 수출에서 벌어들이는 권리금 수입이 크든지 같든지 하는 단계라고 이해되고, 또 국제수지가 균형 또는 흑자상태가 되어서 필요한 S/T를 해외로부터 수입

해서 이용할 수 있는 상태로도 이해된다. 그 이외 또한 S/T의 수요, 즉 국내수요와 해외진출 기업 등의 S/T 수요를 국내에서 조달 가능한 S/T 로서 충당하게 되는 상태라고 할 수 있다. 그러나 이렇게 국내 S/T의 수급상태로 본 S/T의 자립은 후진국에서는 기대하기 어렵다. 선진국에 서는 일반적으로 S/T의 공급역량에 따라서 수요가 결정되기 때문에 난이도로 본 S/T 수요수준은 공급수준과 비슷하다고 볼 수 있다. 그러나 후진국의 경우는 특히 개방경제하에서 선진국의 자극 내지 과시효과 (*demonstration effect*) 때문에 S/T 수요가 경쟁적으로 또 급격히 일어나게 된다. 한편 S/T 공급능력은 한계가 있기 때문에 S/T 자립을 실현하기 어렵게 되며, 해외 S/T에 의존하지 않는 한 그 수급 간 간격(*gap*)을 메울 수가 없는 경향이 지배적이다.

따라서 후진국은 부분적으로 해외 S/T의 도입이나 국내화(*endogenization*)로써 S/T의 자립도를 제고할 수 있다. 그러나 외국 S/T의 도입은 금전적 대가만으로 손쉽게 구할 수 있는 것도 아니고, 기술수준이 높아질수록 더욱 어려워진다. 따라서 외국 S/T를 도입하는 경우 부당하게 손해를 보지 않고 올바로 흥정하고 실제로 국내에서 이를 수용할 수 있는 S/T 개발능력이 있어야 한다. 따라서 S/T의 자립이란 궁극적으로는 S/T의 국내 개발역량 내지 S/T 국내 공급역량에 달려 있다고 할 수 있다.

이러한 S/T 국내 개발역량은 S/T 분야의 전문교육기관(대학)의 수와 교육제도, 전문연구인력의 양적·질적 수준, 연구시설과 장비, 연구비 지급상태 등으로 측정될 수 있다. 그러나 S/T 자립은 이러한 S/T 공급능력의 요소만을 갖추는 것으로 이루어지는 것이 아니다. 그것은 일차적으로 이러한 요소가 지속적으로 확충될 수 있게 하고 또 이들 요소가 각기 최대한 활용되고 그 기능과 역할을 다할 수 있도록 조장하고

자극하고 통제하는 조직 및 관리체제를 포함한 여러 가지 환경적 요인
에 의하여 결정된다고도 할 수 있다.

나. S/T 개발을 위한 환경적 작용

S/T 개발의 주체는 S/T 전문가인 개인이나 그들을 조직화하고 있는 기
관이라 할 수 있다. 따라서 S/T의 국내 개발역량을 확충함으로써 S/T
의 자립을 실현하고자 함에는 이들 전문인력을 포함한 국내 S/T원(源)
을 발굴하고, 육성·보호하고, 활용하고 또 그들의 공공(功貢)을 신인
(recognize)해 주는 분위기와 여건이 조성되어야 할 것이다. 이제 지난
20~30년 동안 우리의 경험을 분석함으로써 어떤 환경적 요인이 S/T
개발에 긍정적 작용을 하는가 검토해 보기로 하겠다.

(1) 정치·행정적 환경

국가의 가용자원의 배분에 결정적 영향력을 행사하는 정치지도자의
의지(leadership commitment)는 S/T 개발에 중대한 영향을 미친다. 이
의지는 정부의 공식절차를 통한 기관형성(institution building) 내지 예
산배정에 미치는 영향은 말할 것도 없지만, 공식·비공식의 언행 속에
서 자주 쓰이는 심볼(symbol, 예컨대 '기술입국' 같은 구호), 또 그가 주
관하는 큰 행사(예컨대 기술진흥확대회의) 등에 나타난다. 이러한 정치
지도자의 의지는 정부에 의한 공식화된 사업선정, 지원시책, 법제상
지원사항, 행정조치 등에 영향을 끼쳐서 S/T 개발에 유리하도록 도움
을 주게 된다.

　지난 1960년대와 1970년대에 채택된 구체적 지원시책으로 미루어 보
면 그동안의 S/T 개발을 위한 정치·행정적 환경이 어느 정도 긍정적인

지 알 수 있을 것이다. 우선 S/T 공급역량의 확충을 위하여 설립된 연구기관은 〈표-1〉과 같다. 그중에서도 특기할 것은 1966년에 설립된 한국과학기술연구소(KIST)와 1971년에 설립된 한국과학원(KAIS)이라 할 수 있다. 사실 KIST는 공공 과학기술연구기관의 설립과 운영에 있어서 효시가 되었으며, 1970년대 S/T 분야의 많은 공공 연구기관이 KIST로부터 파생되었고 이를 모방했다. KIST의 설립이 1970년대 우리 과학기술 진흥에 큰 공헌을 하였던 점은 아무도 부정할 수 없을 것이다.

〈표 1〉 정부지원 연구기관 현황

기관명	연구분야	연간 예산(1983) (100만 달러)
Korea Advanced Institute of Science and Technology(KAIST)	Integrated Industrial Technology, Graduate Education	40.8
Korea Advanced Energy Research Institute(KAERI)	Nuclear Technology, Nuclear Safety	27.9
Korea Standards Research Institute(KSRI)	Industrial Standards	5.9
Korea Institute of Machinery and Metals(KIMM)	Machinery, Metals, Shipbuilding, Fine Instruments	17.2
Korea Institute of Energy and Resources(KIER)	Energy Technology & Economics, Geological Survey, Mining & Minerals	18.7
Korea Research Institute of Chemical Technology(KRICT)	Chemical Technology, Fine Chemicals	10.9
Korea Institute of Electronics Technology(KIET)	Computers, Semiconductors	12.5
Korea Electrotechnology and Telecommunications Research Institute(KETRI)	Electrotechnology, Telecommunications	21.6
Korea Ginseng and Tobacco Research Institute(KGTRI)	Ginseng & Tobacco, Biotechnology	8.3
Korea Institute for Industrial Economics and Technology(KIET)	Information Services, Industrial Economics	5.2

주: 이 기관들은 정부가 자금을 지원하지만 자율적으로 운영된다.

〈표 2〉 과학기술투자 현황

(단위: 100만 원)

연도	연구개발비				GNP(10억)		연구원 수	
		정부지원	개인지원	정부:개인		연구개발비/ GNP		인구 천 명당
1972	12,028	7,952	4,062	66 : 34	3,860.00	0.31	5,599	0.17
1973	15,628	8,271	7,356	53 : 47	4,928.67	0.32	6,065	0.18
1974	28,182	25,051	13,130	66 : 34	6,779.11	0.56	7,595	0.22
1975	42,663	28,458	14,204	67 : 33	9,792.85	0.44	10,275	0.29
1976	60,900	39,461	21,438	65 : 35	13,272.59	0.46	11,661	0.33
1977	108,285	51,705	56,580	48 : 52	17,021.37	0.64	12,771	0.35
1978	152,418	74,447	77,971	49 : 51	22,917.60	0.67	14,749	0.40
1979	173,038	94,790	79,247	54 : 46	29,072.08	0.60	15,711	0.42
1980	211,726	109,281	102,445	52 : 48	34,321.55	0.62	18,434	0.48
1981	293,131	127,906	165,225	44 : 56	42,397.12	0.69	20,718	0.54
1982	457,688	188,941	268,747	41 : 59	48,088.76	0.95	28,448	0.72

자료: 과학기술처.

한편 고급두뇌의 양성을 위한 KAIS의 설립 이외, 국제 과학기술 정보의 흡수·보급을 위하여 1962년에 설립된 한국과학기술정보센터 (KORSTIC) 등은 정부가 중심이 된 기관형성의 대표적인 것들이었으며, 1970년대에 걸쳐서 착실한 성장을 거듭해왔다. 그러나 1980년 KAIS와 KIST의 통합과 또 KORSTIC와 국제경제연구원과의 통합은 사실상 많은 어려움을 안겨다 주게 되었다.

정부는 기관형성 이외에도 S/T 개발을 위한 연구개발비 투자를 확대해왔다. 그리하여 GNP 대비 연구개발비는 1972년 0.3%에서 1982년에는 0.95% 수준으로 증가되었고, 특히 1970년대 중반부터 급격히 증가하였다(〈표-2〉 참조). 그러나 이와 같은 연구기관과 그에 지급되는 연구개발비의 관리는 지나친 관료주의적 통제 때문에 효율적 관리에 다소 애로가 있다. 정부행정이 본질적으로 정치적 내지 행정적 회계책임

(*accountability*) 때문에 위험부담이 큰 장기적 사업을 기피하는 경향이 있는 것은 어쩔 수 없다 치더라도, 연구비 배분 및 연구기관 운용에 있어서 관료주의적 간섭과 통제는 지양되어야 할 것이다.

정치·행정적 환경의 다른 측면은 각종 법제상의 지원을 들 수 있다. 예컨대 과학기술진흥법(1967), 기술개발촉진법(1972), 토목기술촉진법(1973), 국가기술사자격법(1973) 등 일련의 과학기술진흥을 위한 법적 뒷받침을 간과할 수 없을 것이다. KAIST 등록학생에 대한 병역면제 특전규정, 기타 특허권의 보장에 관련된 법제정비 등도 또한 S/T 개발을 위한 법적 지원사항으로 지적할 수 있다.

정치적 지원으로 가장 중요한 것은 1967년 과학기술처(MOST)의 설립을 들 수 있다. 1961년 경제기획원의 설립과 더불어 기술협력국으로 출발했던 정부의 과학기술정책 기능이 각료급 수준의 정책기관인 MOST로 승격·독립함으로써 한국의 과학기술정책, 특히 고급기술의 도입 및 국내 전문가에 의한 연구개발을 위해 주요한 역할을 하게 되었다.

지난 20~30년의 경험을 분석하면 S/T의 국내 개발을 위한 정치·행정적 환경이 가장 유익했던 때는 KIST 및 MOST의 설립을 전후한 1960년대 중반부터 약 15년간이었던 것 같다. 그러나 1980년대에 들어서면서부터 각 전문분야별로 확산되고 발전된 S/T 연구개발을 국가전체로서 효율적으로 관리해내지 못하게 되었다. S/T의 발달은 본질적으로 그 연구기능의 세분화(*differentiation*)를 요청하게 되고 따라서 전문화를 더욱 촉진하게 되는 성향이 있음에도 불구하고, 관료적 차원에서 이를 통제·조정하고자 하여 통합한 것은 그 흐름의 맥을 자르는 듯한 결과를 가져오게 되었다. 특히 MOST의 참신하고 쇄신적 업무수행은 정부 내의 가장 비관료적 기관으로 S/T 개발을 지원해왔으나 그동안 MOST가 정부 내의 행정관료 조직으로 장기간 루틴화되어감에 따라 1980년대에 와서는 연구활동 및 연구비 지급의 중복과 마찰을 피하기 위한 조정의 필요성을 이유로, 오히려 관료적 통제 위주로 운영해가는 경향이 생겼다.

연구는 본질적으로 창조적 중첩성(creative overlapping)을 피할 수 없는 사실이며, 또 그것이 최소한의 비용임을 감안하여 관용하고 인내하는 자세가 필요하다. 특히 성격적 쇄신형 조직(innovative organization)인 연구기관을 통제 본위의 관료조직(bureaucratic organization)인 정부부처가 통제·조정할 때는 세심한 주의와 신중을 요한다는 사실을 염두에 두어야 할 것이다.

정부에 의한 과학기술도시(Science Town)의 구상과 추진은 정부의 S/T 개발을 위한 적극적 지원의 일면으로 높이 평가할 만하다. 그러나 S/T 개발을 위한 물리적 내지 사회적 환경과 여건은 완벽한 정도의 체제설계(system design)를 요하는 것이다.

한국에서 S/T 자립을 위한 국내 연구개발사업을 추진하는 데 있어서 정치·행정적 환경은 대단히 긍정적으로 기여하다고 할 수 있다. 쇄신적인 국제수준급의 전문연구기관들의 설립, 법적·제도적 조치, 연구개발비의 적극적 지원, S/T 정책을 전담하는 행정기관의 설치, 정치지도자의 강력한 의지 등 대단히 고무적인 환경적 조건이 갖추어졌다. 사실 우리 역사상 일찍이 볼 수 없었던 지원여건이었다. 그러나 S/T 개발 지원행정의 관료화 추세로 인하여 1980년대에 와서 여러 가지 시행착오를 거듭하고 있는 점은 장차 S/T의 선진화를 위해서 시정되어야 할 과제라고 할 수 있다.

(2) 기업환경

기업환경은 S/T의 국내 개발에 어느 정도로 긍정적으로 영향을 미치고 있는가? 1960년대와 1970년대에 기업은 대체로 그 이윤동기를 경영외적 요인으로 충족해왔다. 그 당시 기업의 이윤은 경제개발을 촉진하기 위한 각종 지원시책에 따른 이권의 활용이 더 효과적이고 능률적이었다. 따라서 기업은 기술혁신을 통한 생산성의 향상은 오히려 외면하는 경향이 두드러졌다. 그러나 1980년대에 와서 한국경제의 개방화가 심화되고 기업의 국제경쟁력이 더 이상 저렴한 노임에만 의존할 수 없게 됨에 따라서 기술개발에 대한 관심이 점차 고조되어 간다고 할 수 있다. 대외경쟁력을 높일 생산성 향상은 전문기술의 축적과 경영개선 내지 경영 내부에서나 노사 간의 상호협조 체제를 통해서 가능할 것으로 인식되고 있다.

이와 같이 긍정적 기업풍토에도 불구하고 아직도 S/T의 기업 내 개발을 위해서 미흡한 요건들이 있다. 우선 S/T 전문인사들이 연구활동을 지원·육성·활용하는 본연의 자세보다는 이를 단기적 소모품으로 생각하여 짧은 시일 내에 기업으로서 승부를 걸어 보려는 경향이 있는데, 이는 기업환경의 한계성을 말해 준다. 또한 기업경영진에서는 기술개발 투자의 장기 회임기간에 대한 인내심이 부족하거나 그들의 공헌을 옳게 인정해 주지 못하는 경우가 많다. 최근 일부 기업들은 승진, 수당 또는 경제적 급여에 있어서 또 기업 내 특수지위를 설정함으로써 S/T 개발에 공헌한 인사들을 인정해 주려는 노력을 하고 있으나[예컨대 포항제철의 경우 '기성'(技聖) 제의 설치], 여기에 대한 사회적 인식이 미흡하여 그 효과가 충분치 못함도 이해할 만하다.

보편화되고 있는 기업활동의 관료화 경향으로 미루어 보면 기업 내에서 창조와 쇄신을 존중하는 분위기가 좀더 성숙되어야만 국내 S/T의 개발을 촉진할 수 있을 것이다.

지난 1960년대와 1970년대의 S/T 개발을 위한 기업환경은 정치·행정적 환경의 긍정적 영향에도 불구하고 바람직한 분위기를 조성하지 못했다. 그것은 기업인이 S/T 개발의 중요성을 인식하지 못해서가 아니라, 기업이윤이 생산 내지 경영외적 요인에 크게 의존할 뿐 아니라 또 원하는 S/T를 외국으로부터 값싸고 손쉽게 수입할 수 있었기 때문이다. 그러나 1980년대 국내외 여건과 기업경영진의 각성으로 인하여 S/T의 기업 내 수용과 개발의 중요성을 인식하고 호의적 분위기를 마련하려는 각종 노력이 이루어지고 있다.

(3) 사회·문화적 환경

우리의 사회·문화적 전통은 S/T 개발에 긍정적이지 못하다. 역사적으로 S/T의 존재와 그 인식은 오직 선비제도의 그늘에서 제대로 이루어지지 못하였다. 그러나 지난 40년간의 사회변동 속에서 '사농공상'(士農工商)의 가치체계가 서서히 변하기 시작하였다. 아직도 선비사상 내지 관료주의 사상이 지배적인 우리의 문화적 전통 속에서 S/T에 대한 기업 내부의 인식이나 정책적 지원과는 관계없이 S/T에 대한 사회적 인식의 정도는 S/T의 자립을 위해서는 미흡하다고 할 수 있다.

하지만 해방 이후 '사'(士)의 변신이 결과적으로 '상'(商)과 '공'(工)의 사회적 역할을 인식하기에 이르렀다. 관(官)·국(軍)·학(學)의 3가지 지배적 형태를 취하는 '사'가 사회발전과 더불어 언론과 종교라는 새로운 사회적 기관(social institution)으로 분화하는 것과 아울러, 1950년대 말부터 1960년대 말에 이르기까지 대기업의 부상 또한 새로운 사회적 기관으로 등장하게 되었다. 특히 1950년대까지 관·학이 주도하던 '사'의 정치적·사회적 역할을 1960년대에 군에 의한 '사'의 역할이 대치하게 됨에 따라서 정치적 정통성 (*political legitimacy*) 을 합리화해 가는 과정에서 '상'의 지위와 역할에 대한 사회적 인식 (*social recognition*) 을 새롭게 하기에 이르렀다고 할 수 있다.

이러한 지난 40년간의 경험으로 미루어 보면 가치체계의 변화는 사회제도 내지 사회적 기관의 형성·발전의 결과로서 일어난 것이라 할 수 있다. 즉, 사회변동의 과정에서 한 시대의 특수기능을 담당하기 위해서 불가피하게 생성·발전하는 사회적 기관과 제도에 의해 사회적 가치체계가 서서히 바뀌었다고 할 수 있다. 그것은 바로 1960년대와 1970년대에 걸쳐서 S/T 분야의 각종 기관의 가시적 탄생과 역할에 따라서 '공'에 대한 사회적 인식을 새롭게 하기 시작한 경우에도 마찬가지다. 1960년대 후반과 1970년대 전반에 걸쳐서 형성된 MOST, KIST, KAIS 등의 기관은 그의 사회적 기능, 특히 S/T 개발이란 서비스의 제공뿐만 아니라 '공'에 대한 사회적 인식을 새롭게 하고 그만큼 우리의 기존 가치체계 변화를 유도하기에 이르렀다고 할 수 있다.

그동안 공업화 내지 경제개발이 심화됨에 따라서 산업계, 특히 대기업의 사회적·정치적 지위가 확고해졌으며, 아울러 '상'의 위치는 정변에도 관계없이 점차 굳어져 가고 있다. 그러나 '공'의 경우는 아직도 '사'의 강력한 지배하에 있으며, 정치변동에 따라서 그 인식의 기초가 흔들리고 있다. 우선 S/T 연구를 담당하는 기관형성이 충분히 정착하지 못하였고, 그것이 새로운 사회적 제도로서 뿌리를 내리지 못한 단계에서 이를 육성하고 보호해야 할 '사'의 집단이 정변에 의하여 그 정책지원의 기조 (*orientation*) 가 흔들리기 때문이었다. 여기에 최근 S/T 분야의 전문가들이 연구소보다는 '학' 또는 '상' 쪽으로 이동해가서 같은 전문가이면서도 사회적으로 다른 기능을 수행하게 되는 경향이 바로 새로이 인식되기 시작한 '공'의 위치를 그만큼 불안하게 하고 있다고 할 수 있다.

따라서 S/T의 자립을 위한 사회·문화적 환경 중 가장 기초적인 요인은 바로 사회 전체로서 S/T를 인정해 주는 가치체계가 확립되는 일이다. 직업을 통해서 수행하는 사회적 역할이 굳이 '관'이나 '학'이 아니고 '공'이 기여하는 사회적 기능을 인정하는 분위기와 가치체계의 형성이 바로 S/T 자립의 사회환경적 기본전제가 된다고 할 수 있다.

이제 우리가 선진기술의 자립을 위해서는 선진기술에 대한 건전한 수요를 유발하고 또 새로운 기술이 뿌리를 내리고 우리 사회에서 확산될 수 있는 터전이 마련돼야 할 것이다. 이렇게 S/T 자립의 보완적 가치체계로는 ① 합리주의, ② 적당주의가 아닌 완벽주의 정신, ③ 미래지향적 사고, ④ 창조와 쇄신을 존중하는 사회 분위기, 및 ⑤ 미흡한 경우라도 자기 것을 아끼고 소중히 생각하는 주체사상 등을 들 수 있다. 즉, S/T 개발의 주역을 담당하는 '공'에 대한 가치 재인식은 물론, '공'의 역할과 그 효과가 사회적으로 더욱 육성·보호·확산될 수 있는 보완적 가치체계 등 일련의 'S/T 팸퍼링 컬처'(S/T pampering culture)가 형성되어야 할 것이다.

이러한 맥락에서 교육적 환경은 S/T 자립을 위해서 특기할 만하다. 그것은 이러한 S/T 팸퍼링 컬처의 육성을 위한 개인과 사회의 가치체계를 형식적 차원뿐만 아니라 실질적으로 관습화하는 데 있어서 가장 유효하기 때문이다. 한편 S/T 자립을 위해서 필요한 양의 전문가군을 양성하여 보급하는 장치로서, 또 창의력 있는 S/T 전문가의 육성을 위한 과정으로서 S/T 교육의 질은 재검토되어야 할 것이다. 특히 S/T 분야의 교육이 우수학생들의 지망대상이 되도록 갖가지 유인제도를 마련함으로써 법과나 의과보다 최첨단 S/T 분야 연구와 학군에 우수인력이 몰려오도록 해야 할 것이다. 또한 창의성을 육성하기 위하여 획일주의적인 암기위주의 교육방법을 지양하고, S/T 분야의 교육기자재와 시설을 개선해야 할 것이다.

이와 아울러 두뇌개발을 위한 가정과 학교에서의 각종 프로그램의 개발은 유전·영양·교육 차원에서 다함께 고려되어야 할 것이다.

(4) 조직 내 환경

S/T의 공급은 그의 수요와는 달리, 특히 선진형 S/T를 개발하는 경우에, 전문가들 사이에 '팀워크'가 요청된다. 그것은 비단 사람뿐만 아니라 시설과 이론에서도 간학문적 접근(interdisciplinary approach)을 요한다. 따라서 S/T 개발에 있어서 조직의 역할이 큰 몫을 담당한다. 대체로 개인의 창의력과 창조적 노력은 그가 소속된 조직의 특성에 따라서도 크게 좌우된다. 우선 연구기관은 조직유형으로 보아서 관료형 조직(bureaucratic organization)보다 쇄신형 조직(innovative organization)이라야 할 것이다.

연구에 관련된 상호작용의 유형이나, 또 의사소통이나 정보의 흐름은 계층적이기보다 비계층적 붕우형으로 되는 것이 바람직한 것으로 보고 있다. 또한 조직 내(intra-organizational)에서 인정되는 지위는 형식적인 것보다 실질적인 능력에 따라서, 또 그 권한도 이에 비례하는 것이 바람직하다. 각종 보수나 보상도 자리보다 공헌이나 업적에 따라서 결정할 것이며, 통제 위주의 관리보다는 자율적 분위기 속에서 시간과 돈과 시설을 비교적 자유로이 활용할 수 있도록 이른바 자유유동자원(free-floating resource)을 많이 제공해 주는 조직이라야 할 것이다. 또한 조직 내에서 지위의 승격보다는 차라리 경제적 보수나 사회적 인식이 더 중요시되는 조직의 분위기가 형성되어야 할 것이다.

전문가들이 헌신적으로 일하는 데 있어 1차적 조직 내 환경도 중요하지만, 이와 아울러 타 기관과의 관계형성에 있어서도 상호 관용하고 협조하는 분위기가 필요하다. S/T 분야 내 정보교환의 원활화는 상호 자극이 될 것이며, 경쟁 속에서 조화를 이루어 나가는 데 불가피한 전제가 될 것이다. 물론 불필요한 중복은 자제할 것이나 창조적 중첩성(*creative overlapping*)에 대해서 상호이해와 관용이 요청된다.

이러한 맥락에서 보면 정부기관의 비전문적 관료에 의한 불필요한 감독과 통제는 지양되어야 할 것이다. 특히 재정, 인사, 경영, 연구제목, 방법과 연구범위 등에 대한 관료에 의한 조정업무는 S/T 자립을 위해서 헌신해야 할 그 분야 전문가들의 창조적 노력을 그만큼 제약할 가능성이 있다. 즉, 관료조직에 의한 쇄신형 조직의 통제는 각종 S/T 전문연구기관이 하나의 사회적 제도로서 성장하고 뿌리를 내리는 데 크게 도움이 되지 못할 것이다. 그것은 또 그만큼 S/T 육성과 개발의 핵심적 과제인 가치체계의 정립에도 긍정적으로 기여하지 못하는 결과를 가져올 것이다.

다. 결 론

지난 1960년대와 1970년대의 급속한 경제개발은 우리 사회의 역사발전에 주동적 역할을 해왔다고 평가된다. 그러나 이를 가능하게 했던 국내외 여건의 변화로 인하여 앞으로 경제개발 내지 국가발전은 S/T의 개발 내지 자립도 제고에 의하여 크게 좌우될 것으로 보인다. 특히 2000년대까지 우리의 산업발전이 노동집약기술이 아닌 지식집약기술에 의존해야 하는 경향을 감안하면, S/T 분야의 개발을 위해서는 적어도 100년 앞을 내다보고 투자할 수 있는 분위기가 (개인과 가정, 학교와 직장, 회사와 정부할 것 없이) 형성되어야 할 것이다.

S/T 개발이 자원절약에 기여할 것이고 또 궁극적으로 가치창출을 통해 인류복지를 향상시킬 수 있다고 생각하면, S/T의 개발과 자립은 한국적 복지국가의 실현과 인류평화에도˙기여할 것으로 기대된다.

이제 S/T 개발과 자립을 위해서 어떻게 접근해 갈 것인가? 우리의 주어진 사회구조적·문화적 맥락 속에서 S/T 자립을 위해서 무엇을 어떻게 극복해가야 할 것인가? 이것은 정치행정적·사회문화적·기업환경적·조직관리상의 여러 가지 환경적 제약조건을 어떻게 대응할 것이냐는 국가 S/T 개발체제 관리 차원의 과제라고 할 수 있다. 이는 ① S/T 개발에 직접 참여하고 책임을 지고 있는 개인들(전문가들) 스스로가 헌신적으로 노력하도록 하는 것이며, ② 그들이 소속된 기관이 그들의 창조적 노력을 저해하지 않는 조직 내 환경을 마련하고 유지하기 위해서 본질적으로 관료화되어 가는 조직을 탈관료화하는 것이며, ③ S/T의 개발과 자립이 궁극적으로 역사발전에 있어 가장 중요한 가치창출의 과제이며, 따라서 S/T 전문인사들을 사회전체가 인정하도록 해주는 것이라 할 수 있다.

이와 아울러 S/T 자립을 위한 환경의 관리에 있어 가장 중요한 우리의 경험은 바로 '사농공상'의 전통적 가치체계가 정치·경제적 이유 때문에 '사'의 변신과 더불어 서서히 변했으며, 특히 '상'·'공'의 새로운 가치인식이 다소나마 긍정적인 방향으로 일어나고 있는 점이다. 이러한 S/T 개발을 위한 사회 가치체계의 변화는 ㄱ 자체를 목표로 하였다 하기보다는, 오히려 경제개발을 촉진하는 과정과 결과로서 나타난 현상으로 이해될 수 있다. 따라서 다른 개도국에서 S/T 팸퍼링 컬처를 형성키 위한 가치변화를 시도함에 있어서 시사하는 바 크다고 하겠다.

특히 우리의 경험 중 1960년대 중반부터 실시해온 각종 S/T 지원시책, KIST와 같은 전문연구기관의 형성 등은 그것이 S/T 자립을 위해서 직접적으로 공헌했으며, 간접적으로 환경적 요소를 개선하는 데 크게 도움이 되었던 점에서 그들에게 큰 교훈이 될 것이다.

그러나 이제 우리의 S/T 자립을 위한 환경적 요건은 1980년대에 들어서 낙관하고만 있을 수 없는 요소가 많다. 그것은 앞서 지적한 개인·조직·사회의 세 차원에서 S/T 개발에 긍정적으로 작용할 수 있는 환경적 요건을 갖추어 가는 일이다. 이를 위해서 교육의 개혁을 역설한 바 있으나 그 효과는 장기간을 소요할 것이다. 따라서 S/T 개발을 위한 환경을 유리하게 개편하기 위해서는 정치적 결단에 의한 일련의 제도적 혁신을 요한다. 뿐만 아니라 정치과정을 더욱 분권화함으로써 관료집중적 관리체제를 지양하고 자율적이고 창의적인 노력이 이뤄지도록 유도되어야 할 것이다. 넓은 의미의 민주화와 분권화가 곧 개인과 기업과 기관의 창의와 능률을 조장하고, 그만큼 S/T의 자립의 길을 단축하는 결과를 가져온다고 할 수 있다.

미래를 묻는다, 제10권, 논총: 1968-1988

한국미래학회 | 1988년 | 나남 | 378면

차례

책머리에 붙여

최정호

이 책은 한국미래학회가 그의 스무 돌 잔치를 자축하기 위해서 내놓은 두 권의 기념 책자 중의 한 권이다.

이제 두 연대의 '과거'를 업게 된 미래학회가 《미래를 되돌아본다》라는 표제 밑에 엮어 낸 다른 한 권의 책자는 그리움과 추억의 영역도 안게 된 학회의 20년 역사에 대한 회원들의 사사로운 정감을 담은 신작 수필들을 모은 책이다. 그에 대해서 〈미래를 묻는다〉고 하는 이미 귀에 익은 제호 밑에 낸 이 책은 지난 20년 동안 회원들이 학회의 안팎에서 미래문제에 관하여 이미 발표했던 구고(舊稿) 가운데서 자선(自選)한 한 편씩을 엮어 모은 일종의 기념논총(記念論叢)이다.

학회의 기관지로서 발행한 〈미래를 묻는다〉는 이로써 딴은 10권째가 되지만, 그러한 통권(通卷)의 사슬에서 풀어 단행본으로 내놓는 이 기념 책자에도 같은 제호를 얹힌 까닭은 물론 이 기회에 학회의 기관지를 선전하자는 저의가 있기 때문이다. 그러나 그와 함께 밝혀 두고 싶은 것은 이 학회기관지의 창간 편집인으로서 이 제호에 걸었던 뜻을 다시 한 번 같이 되새겨 보려 함이 또 다른 동기이다.

그것은 '미래'란 끊임없이 새로이 물어져야 되고 끊임없이 다시 그려져야 되고 끊임없이 고쳐 쓰여야 된다는 생각이었다. 미래를 묻는다는 것은 결코 단 한 번만의 자기완결적인 작업임을 참칭할 수가 없다는 뜻이다. 그렇기에 〈미래를 묻는다〉는 한국미래학회가 끊임없는 자기수정·자기쇄신·자기발전의 노력을 위해 스스로를 채찍질하려는 뜻을 담은 제호였던 것이다.

어떻게 보면 미래를 묻는 그러한 겸허하면서도 전향적·쇄신적 자세가 회원들이 보내준 글 가운데서 학회의 제1년대에 발표되었던 구고는 거의 배제하고 대부분이 최근의 논문들만을 보내주신 이유가 아닌가 풀이된다. 그럼으로 해서 국외의 적지 않은 분들이 궁금히 여기는 미래학회 초창기의 활동성과를 이번에 세상에 다시 알릴 기회를 놓치고 말았음은 편집자로서 아쉬움으로 남는다.

그 대신 이번 기념논총에 수록된 글들을 훑어보면 학회 초기의 발표논문에서 대종을 이뤘던 '산업화'와 관련된 주제는 두드러지게 후퇴하고 정보화·민주화 혹은 '문화화' 등의 주제가 새로운 시각에서 논의된 내용이 큰 흐름을 이루고 있음을 보게 된다. '과거'를 정리하고 기념하는 유의 이런 기념논총에도 어쩔 수 없이 현재의 맥박과 미래의 입김 같은 것을 느끼게 되는 것만 같다.

장절의 체계와 그 표제, 그리고 논문의 분류와 배열순서 등은 전적으로 편집자의 자의와 편의에 따른 것이다. 더러는 논문의 소속에 억지의 부회(附會)도 있으리라 믿고 그 점 필자들에게 미리 양해를 구한다.

모든 회원들이 다 글을 보내 주신 것은 아니다. 해외여행, 주거이전 등으로 청탁서가 엉뚱하게 전달되지 않은 경우도 있었을지 모른다. 더

러는 학회 초창기에 활발한 발표활동을 해주신 회원들 가운데서 글을 보내 주지 않으신 분들도 있다. 그러나 말에 있어서와 마찬가지로 글에 있어서도 침묵의 권리는 발표의 권리와 함께 존중되어야 한다는 소신에서 강권은 삼갔다. 그러나 그럴수록 그러한 모든 회원들과 다함께 학회 창립 20주년을 축하하고 이 기념논총 출간의 기쁨을 같이 나누고자 하는 생각은 더해진다.

이 논총의 편집과정에는 권태준(權泰埈) 박사, 김형국 박사, 이홍구 (李洪九) 박사 등이 동참하여 도와주었다. 그 세 분 회원들과 함께 특히 이 책의 출판을 쾌히 맡아 주신 나남출판사의 소상호(趙相浩) 사장께 이 자리를 빌려 감사의 뜻을 전한다.

미래를 묻는다, 제11권

한국미래학회 | 1993년 | 나남 | 378면

차례

미래의 대변자

이한빈

한국에서 미래학회의 아이디어는 1960년대 중반 유럽과 태평양을 잇는 몇몇 지성인의 머릿속에서 잉태된 것이었다.

나는 1962년부터 1965년 여름까지 근 4년을 스위스 알프스 속에서 살았다. 내게 있어 이 기간은 자신에 대해 깊이 성찰하고 우리나라의 미래에 대해서 길게 생각해 볼 수 있는 값진 시간이었다. 보기에 따라서는 유배지나 다름없는 곳에서 가장 귀한 것은 세상만사에 대해서 허물없이 얘기를 나눌 수 있는 대화의 상대였다. 이때에 외교 실무를 초월해서 자유분방하게 시와 역사를 더불어 논할 수 있는 대화의 상대가 있었는데 그 사람이 바로 당시 베를린에서 박사 공부를 하고 있던 최정호 씨였다.

베를린과 베른은 지리적으로는 거리가 있었지만 최정호 씨는 〈한국일보〉 특파원을 겸하고 있는 관계도 있어서 가끔 스위스에 있는 나를 찾아 주었다. 어느 주말에는 융프라우 정상을 바라보면서 로마에서 오페라 공부를 하던 김신환(金辛煥) 씨의 우렁찬 테너를 들으며 향수를 함께 달랜 일도 기억난다. 최 박사는 또 내가 겸임대사의 일로 비엔나, 브뤼셀, 바티칸 같은 데를 여행할 때에도 나의 동정에 대하여 특별한 관심을 가지고 학문과 예술의 측면에서 조력해 주기도 했다.

때마침 유럽에서는 1960년대 초부터 미래학의 움직임이 서서히 일고 있었다. 프랑스에서는 베르트랑 드 주브넬(Bertrand de Jouvenel)을 중심으로 'Futuribles'라는 미래학 그룹이 태동하고 있었고,[1] 한편 독일, 오스트리아, 스위스 등 독일 문화권에서는 비엔나 대학의 로버트 융크를 중심으로 *Futurum*이라는 제호의 미래학 잡지가 나오고 있었다. 이런 시대적 배경도 작용하여, 내가 1965년 여름에 귀국할 때까지 최정호 씨와 나 사이에는 어렴풋이 한국에도 이제는 미래학회를 하나 만들어야 하지 않겠느냐 하는 생각이 떠오르게 되었다. 이렇게 미래학회에 대한 아이디어는 멀리 알프스의 여울 속에서 조용히 잉태되었던 것이다.

1965년은 내게는 생애의 커다란 전환기였다. 15년간 그 속에서 잔뼈가 굵은 관계를 떠나 학계로 투신하려던 때였다. 그해 5월에 귀국한 직후 나는 가족을 서울에 두고 1년 기약으로 하와이를 갔다. 여름 두 달은 먼저 버클리로 가서 미국 비교행정학회의 "Time Dimension of Development Administration"이라는 주제의 교수세미나에 바쳤다. 버클리에 머무는 동안, 주산물은 앞으로 쓸 책의 이론적 기초인 시관론(時觀論, *Typology of Time Orientations*)의 틀을 만든 것이었지만, 여기에 빼놓을 수 없는 귀중한 부산물이 있었다. 그것은 앞으로 만들 미래학회에서 크게 공헌할 권태완, 김호길 박사 등 자연과학 분야의 탁월한 창립회원을 만난 일이었다.

그해 가을부터 하와이로 와서 신설된 동서문화센터(East West Center)에서 선임연구원(Senior Scholar)으로 있으면서 본격적으로 책(*Time, Change and Administration*)을 쓰게 되었는데, 이때에도 김경동, 황인정, 이동희, 한영환, 이상우, 박웅서, 안충영 등 쟁쟁한 사회과학 분야의 미래학회 창립회원들과의 학문적 만남을 새롭게 할 수 있었던 것은 매우 다

---

1 베르트랑 드 주브넬이 편집한 *Futuribles: Studies in Conjecture* (Droz Geneva, 1963) 속에서도 눈에 띄는 글로는 주브넬의 "On the Evolution of Forms of Government", 맥스 벨로프(Max Beloff)의 글 "British Constitutional Evelution", 린 서보이즈(Rene Servoise)의 "Whither Black Africa?" 등이었다.

행한 일이었다. 하와이 체재 중에도, 독일의 최정호 씨로부터는 계속해서 문통이 있었다. 유럽에서는 바야흐로 미래학의 붐이 일어나고 있는데, 다음해에 우리 둘이 다 귀국하게 되면 꼭 한국에서도 빨리 미래학회를 창설하자는 우정 어린 독촉이 이어졌다.

1년 후 나는 책의 저술을 마치고 다시 귀국해 1966년 가을학기부터 서울대 행정대학원 원장 일을 맡게 되었다. 이때 나는 미국 버클리와 하와이에서 개발했던 "발전형 시관론"(Developmentalist Time Orientation)을 가지고 국내외 여러 학회에서 발표할 기회도 갖고, 또 행정대학원 안에 '도시 및 지역계획학회'를 창설하면서 이제는 본격적으로 프로페셔널 플래너들을 양성할 수 있는 기회까지 가졌다. 후일 정말 미래학회를 만들 때, 이 언저리에서 많은 회원이 생긴 것은 자연스러운 일이었다. 이때에는 최정호 박사도 독일서 학위를 마치고 귀국하여 이제는 더 기다릴 필요가 없게 되었다.

때마침 1960년대 후반에 들어오면서 미래학에 관한 국제적 환경도 많이 달라졌다. 1960년대 초까지만 해도 유럽에서 산발적으로 대두하던 미래학의 조류가 이제는 미국에서도 불이 붙었다. 대표적인 것으로 1967년 여름 미국예술과학아카데미(American Academy of Arts and Sciences)의 계간지 Daedalus에는 다니엘 벨을 필두로 하여 40여 명의 저명한 학자들이 공동으로 집필한 미래학 논문집이 세계의 이목을 끌었다.[2] 같은 해에 허먼 칸(Herman Kahn)의 The Year 2000도 출간되어 일대 붐을 일으켰다.

---

2 "Toward the Year 2000: Work in Progress"라는 제목이 붙은 이 특집은 다니엘 벨(Daniel Bell)을 비롯하여 허먼 칸(Herman Kahn), 하비 퍼로프(Harvey Perloff), 다니엘 모이니한(Daniel Moynihan), 사무엘 헌팅턴(Samuel Huntington), 이딜 드 솔라 풀(Ithiel de Sola Pool) 등 쟁쟁한 학자들이 집필했다.

이런 경로를 거쳐서 마침내 1968년 7월 6일 수유리에 있는 아카데미 하우스에서 우리 미래학회는 탄생하였다. 처음에는 '한국 2000년회'라는 이름으로 시작하였다가 얼마 안 되어 "미래학회는 2000년을 넘어서도 존재해야 되지 않겠느냐"는 회원들의 중론에 따라 '한국미래학회'로 개칭했던 것이다. 초창기부터 참여한 회원들, 그리고 초기에 학회를 운영하는 데 주도적 역할을 한 회원 중에는 다음의 인사들이 포함되었다.

최정호, 권태완, 전정구, 이헌조, 김진현, 정범모, 이동희, 오재식, 김경동, 황인정, 한영환, 기우식, 권태준, 이상주, 이홍구, 함병춘, 이상우, 안충영, 조 형, 류동식, 서남동, 조가경, 소흥렬, 신유길, 김여수, 김지수, 강석희, 최형섭, 윤창구, 최남석, 김호길, 오 명, 김용선, 안영옥, 이종욱, 이병호, 최영박, 엄규백, 서정욱, 최상철, 김안제, 김광웅, 김형국, 강홍빈, 안문석

특기할 만한 일은 당시 일세의 존경을 받던 원로 철학자 박종홍(朴鍾鴻) 교수께서 생전에 명예회원으로 적극적으로 동참해 주신 일이었다. 일찍이 그분께서 일세의 시대정신을 계도하실 때 쓰신 "한국의 길"이라는 글이 〈미래를 묻는다〉 제1권의 권두를 빛내게 된 것도 결코 우연한 일이 아니었다.

미래학회는 발족 이래 보이지 않는 철학과 문화(Kultur) 속에서 운영되었다. 그래서 4반세기 세월이 흐르는 동안 몇 가지 특색이 나타났다.

첫째로, 한국미래학회는 처음부터 전학제적(pan-disciplinary)인 지성적 모임으로서의 성격이 뚜렷했다. 인문사회과학도만 아니라 자연과학도들도 다수 참여하여 미래를 예측(forecast)하고 감식(monitor)하는 데서 학문적으로 균형적인 사고와 의견교환을 전개했는데 이것은 매우 효

과적인 구성이었다. 이것이 의미하는 지적 개방성은 다른 학회에서 보기에 돋보이고 그들의 기여가 높이 평가되었다.

둘째로, 한국미래학회는 처음부터 가치지향적(value-oriented) 경향을 농후하게 지녔다. 이것은 아마도 창립회원 중에 철학의 배경을 가진 회원들이 상당수 있었다는 사실과 무관하지 않았다. 개발연대였던 60년대의 한국에서 탄생한 미래학회로서 이런 특색은 퍽 다행한 것이었다. 이 땅에서 경제발전의 열기가 비등하던 시기에 하마터면 경제일변도로 빠질 수도 있었을 것이다. 흔히 다른 나라의 미래학이 빠지기 쉬웠던 단순한 경제적-기술적(techno-economic) 자원에서 맴도는 위험성을 극복한 것은 매우 다행한 일이었다. 우리 미래학회는 처음부터 이런 차원을 넘어서, 더욱 고차원적 가치의 영역(realm of values)을 추구하면서 '삶의 질'에 관심을 두었다.[3]

한 가지 좋은 예로, 1978년 우리 미래학회가 전국경제인연합회와 공동 주최로 "90년대의 도전과 미래의 창조"라는 주제의 세미나를 개최했을 때에도, 당시 관변(官邊) 연구소는 단순한 미래의 경제 예측에 머물러 있을 때, 우리는 과감히 "경제시장을 넘어서: 발전목표의 새 차원을 모색하여"라는 주제를 내걸고, "바람직한 미래의 창조"를 위하여 "새로운 사회"와 "새로운 인간상"을 모색하고, "삶의 양식과 심미성"을 추구해 마지아니하였다.[4]

셋째로, 우리 미래학회는 참된 의미에서의 비판적(critical) 입장에 서서 미래감식(future monitoring)에 힘썼다. 우리는 우리 사회의 현실적

---

3 우리는 1975년에 간행한 〈미래를 묻는다〉 제4권에서 벌써 "산업사회에서의 삶의 질"을 다루었고, 1977년에 나온 〈미래를 묻는다〉 제7권에서는 "1991년에 있어서의 우리나라의 삶의 질"을 다루었다.

4 한국미래학회·전국경제인연합회, 《90년대의 도전과 미래의 창조》, 1978.

문제와 미래에 예견되는 문제들을 회피하지 않고, 그것들을 파헤치고 그에 대한 해결책을 미리 모색하는 입장을 취해왔다. 이런 의미에서 우리는 아직 아무도 대변해 주려고 하지 않는 미래세대의 이해(vested interests of the future)를 대변하려고 노력해왔다. 그래서 우리는 1970년 대에 벌써 '사회갈등' 문제를 다루었고 1980년대에 들어와서는 미래의 '일' 문제에 관심을 기울였다.[5]

끝으로, 한국미래학회는 정치에는 항상 초월적인 입장을 견지해왔다. 이 땅에 군사문화가 풍미하던 시기에 탄생하여 정치에 휘말리지 않는다는 것은 결코 쉬운 일이 아니었다.

창립 이래 20년 동안은 회장이 없는 학회로 유지했다. 아마도 1960년 대 이래 우리나라에서 회장이 없는 학회는 미래학회 하나밖에 없었을 것이다. 그저 3명의 간사들이 순번으로 책임지는 형식으로 운영해왔다. 그동안 집권층의 그늘 밑에서 마치 미래를 선점(preempt)이나 하려는 듯, 2000년을 겨냥해서 결사(結社)도 만들고 월간잡지까지 펴낸 야심적인 집단이 우후죽순처럼 생겼다가 역사의 파도에 다 밀려나간 것을 우리는 목도했다.

그러나 우리 한국미래학회는 조용하게 그러나 꾸준히 창의성과 신축성을 견지하면서 25년을 생존해왔다. 이제 몇 년 남지 않은 2000년을 바라보면서 비전과 희망을 갖고 미래의 통일한국과 세계를 조망할 수 있게 된 것을 고맙게 생각한다.

---

5 한국미래학회, 《발전과 갈등》, 1974 및 최정호·김형국 공편, 《일의 미래, 미래의 일》, 나남, 1989 참조.

〈한국인의 삶〉 시리즈

산과 한국인의 삶

최정호 (편) | 1993년 | 나남 | 616면

차례

서론

산과 한국인의 삶*

최정호

1.

30년 전의 옛 일이지만 아직도 기억에 생생한 착각의 경험이 있다. 서베를린에서 살고 있던 1963년 여름, 나는 처음으로 모차르트의 고향 잘츠부르크에 음악제를 구경하러 간 일이 있었다. 비행기로 서독으로 나와 갈아탄 기차가 뮌헨을 지날 무렵 나는 잠이 들어 버렸다.

얼마를 졸았을까 …. 갑자기 시끄러운 소리에 눈이 떠 창밖을 내다보니 오랜 객지생활에 몽매간에도 잊지 못하던 고향에 내가 어느새 돌아와 있었다. 아아, 이 그립고 그리웠던 고국의 산천이여! 그러나 눈물이 쏟아질 것만 같던 귀향의 감격도 불과 일순. "파스포트 빗테!"(여권 보여주세요) 하는 오스트리아 국경경찰의 말소리에 나는 모든 것이 허망한 착각이었음을 깨달았다.

하지만 내가 도대체 왜 그런 엉뚱한 착각을 했던 것일까? 이유는 오직 하나, 산이 거기 있었기 때문이었다. 오랫동안, 참으로 오랫동안 보지 못했던 산을 갑자기 눈앞에 보았기 때문이었다.

그것은 '착각의 순간'이자 동시에 나를 깨우쳐 준 '진리의 순간'이기도 하였다. 산을 보고 한국이라 느꼈다는 사실에서 '한국이 곧 산의 나라'임을 비로소 깨달았다는 것이다.

키케로의 말이라 전해지는 고대 그리스 사람의 얘기가 있다. 폭풍우에 배가 난파해서 낯선 해변에 표류한 철학자가 바닷가의 모래밭에 그

---

* 이 졸문을 고 김일남(金日男) 선생의 추념에 바치고자 한다. 김일남 선생은 1948년 서울대 철학과를 졸업한 뒤 두 가지 일을 평생의 사업으로 삼으셨다. 헐벗은 국토에 나무를 심는 일과 신생 조국을 위해 사람을 기르는 일이 그것이었다. 정부수립 이후, 6·25 전쟁 와중에도, 그리고 황폐한 전후의 복구기간 중에도 그는 매년 봄, 한 해도 거르지 않고 산에 나무를 심는 민간운동을 솔선하셨다. 한편 수복 직후의 서울에서 무일푼으로 신생숙(新生塾)을 열었던 것은 사람을 기르겠다는 그의 뜻을 펴기 위해서였다. 미래학회의 명예회원이셨던 고 박종홍(朴鍾鴻) 선생께서 "… 헐벗은 산이여! 타다 남은 폐허여! 주인의 우렁찬 모습을 보라. 그가 부딪치는 곳마다 신생(新生)의 새싹이 트고 있다"는 말로 맺은 글 "선구(先驅)와 지도(指導)"(〈문리대학보〉 창간호 권두논문, 1952. 12)는 김일남 신생숙장(新生塾長)을 생각해서 쓰신 글이라고 생전에 밝히신 바 있다. 미래학회 회원으로는 금성사 이헌조 부회장과 필자가 숙생활을 같이한 바 있다.

려진 기하학 도형을 보고 같이 표류해온 사람들에게 "기운을 내자, 여기 사람의 흔적이 있다!"고 외쳤다는 것이다. 기하학 도형에서 사람의 흔적을 보듯, 독(獨)·오(墺) 국경에서 오스트리아 알프스의 산을 본 순간 나는 거기서 한국의 흔적을 보았던 것이다.

유럽은 지도로 보면 유라시아 대륙의 꼬리에 돌출한 조그마한 반도처럼 보이지만 유럽도 대륙은 대륙이다. 나는 베를린에서 사는 동안 산을 구경한 일이 없었다. 시내에는 다만 제 2차 세계대전 때 폭격으로 부서진 건물의 와륵을 한군데 모아서 생긴 인조(人造)산이 하나 있을 뿐이다. 시(市)의 서쪽에는 있는 32m²의 그뤼네발트 큰 숲속의 전망대에 올라가 보면 사방에 푸른 지평선만 보일 정도로 묘망한 대평원이 전개된다. 어느 방향을 둘러보아도 산의 흔적은 찾아볼 수가 없는 것이다.

그와는 대조적으로 한국에선 어디를 가 보아도 지평선이란 없다. 하늘과 땅이 닿는 자리에는 먼 곳이든 가까운 곳이든 반드시 산의 능선이 스카이라인을 긋고 있는 것이 한국의 자연공간이요 한국적인 자연풍경이다.

산이 없는 풍경이란 한국의 현실세계에도 없을 뿐만 아니라 한국인의 심상(心象)세계, 의식세계에도 없다. 서양말의 풍경(landscape, Landschaft)은 '토지'나 '경지'와 같은 평면적인 '땅'에서 나오고 그러한 풍경을 그린 그림을 '풍경화'라고 한다. 그러나 한국의 풍경은 입체적인 '강산'(江山)이고 '산천'(山川)이요, 그것을 그린 그림도 '산수화'라 일컫는다. 산이 있다는 것은 한국의 자연공간의 본질이요, 도망칠 수 없는 필연의 구성요인이 되고 있다.

겸재(謙齋)의 옛날부터 청전(靑田)의 현대에 이르기까지 산을 그리는 것이 한국의 진경화(眞景畵)이다. 모든 한국사람들이 산과 더불어 살아왔고, 살고 있으며 많은 한국사람은 그러한 산을 그린 산수화와 더불어 살아오고 있다. 산은 한국적 자연의 공간적 테두리이자 한국적 자연의 얼굴을 결정하는 매듭이다. 두메마을에도, 산기슭 고을에도, 또는 분지를 이룬 넓은 대처에도 한국의 해는 동산에서 뜨고 서산에 진다. 산은 한국인의 나날의 삶에 하루가 열리고 하루가 닫히는 매듭을 지어주는 시간적 테두리이기도 하다.

그뿐만이 아니다. 더 장기적인 전망에서 본다면 산은 사사로운 일상적 시간, 해가 뜨고 해가 지는 나날의 시간만이 아니라, 한 시대가 가고 한 시대가 오는 역사의 시간, 이 땅의 도도한 역사의 흐름을 매듭지어주는 테두리가 되고 있다. 고려조를 거쳐 조선조 초기까지 울창했던 산림이 임진왜란을 겪은 조선조 중기부터 황폐화되기 시작했다는 먼 역사는 젖혀 두더라도, 가까운 우리들의 20세기 100년 동안만 해도 산은 우리들의 뒤바뀐 역사에 따라 그 모습을 달리해왔다.

헐벗고 척박한 산은 일본제국주의의 침략과 착취에 시달린 시대의 조선 땅의 모습이었다. 서울에서 대구로 달리는 경부선 철도 연변에 마마에 걸린 듯 폭탄과 포탄으로 곰보자국투성이가 된 산은 6·25 전쟁을 치르던 '비극의 시대'의 분단한국의 모습이었다. 그러나 세계가 "한강의 기적", "제2차 세계대전 후의 제3의 경제기적"이라 일컫던 1970년대의 고도성장기에는 외국신문이 특집으로 보도할 정도로 한국의 산은 녹화된 모습을 보여주었다. 1990년을 전후해서 그 녹화된 산이 골프장 허가 남발로 다시 기계독 걸린 머리처럼 도처에 상처를 까발리고 있는 꼴불견은 조급한 향락과 과소비에 휘청거리는 한국적 세기말 데카당스의 모습이라 해도 좋을 것이다.

산은 한국적인 자연의 얼굴만이 아니라 그 문화의 얼굴, 그 역사의 얼굴을 보여주고 있는 것이다.

2.

칼 마리아 폰 베버의 오페라 〈마탄의 사수〉(Der Freischütz)의 참된 주
인공은 사냥꾼 막스도 산림관의 딸 아가테도 아니라 바로 보헤미아의
숲이라고 말한 독일 평론가가 있다. 그와 마찬가지로 벤자민 브리튼의
오페라 〈피터 그라임스〉(Peter Grimes)에서도 본래적 주인공은 어부 피
터 그라임스나 여교사 엘렌 오워드가 아니라 바로 바다라고 한 평론가
도 있다. 이 3막의 오페라에는 "새벽의 바다", "주일 아침의 바다", "달
밤의 바다" 그리고 "폭풍우의 바다"라 표제가 붙은 간주곡이 따로 삽입
되어 있다.[1]

　독일인의 삶에서 숲, 영국인의 삶에서 바다와 같은 것이 한국인의 삶
에서는 산이다. 산이 한국의 자연과 역사의 자연스런 주인공이 된다고
해도 좋을 것이다.

　독일인의 삶과 그 문화에 있어 숲이 갖는 의미가 무엇이냐 하는 것은
그들의 철학·문학·음악을 통해서 잘 알려지고 있다. 헤겔 철학에서
도 숲은 "나무만 보고 숲을 보지 못한다"는 《법철학》 서문의 유명한 격
언을 통해 모습을 드러낸다. 하이데거 철학에서 그의 존재론의 주요 개
념인 "무(無)의 밝은 빈터"(Lichtung)라는 말은 "벌채한 산림의 공지"라
는 말에서 나온 표현이다. 뿐만 아니라 하이데거는 전후에 내놓은 그의
책에 《임도》(林道, Holzwege), 《숲길》(Der Feldweg)이란 제목을 얹히
고도 있다. 얼마나 많은 독일의 시인들이 숲을 노래하고 숲을 그려 왔
는지는 이루 헤아릴 길이 없다. 시인 하이네도 "나는 푸른 숲에 가고 싶
다"고 노래하였다. 리하르트 바그너는 게르만의 숲속 깊이 잠든 게르만

---

1 최정호, 《세계의 무대》(theatrum mundi) 3판, 서울: 일지사, 1986, 159~164쪽 참조.

민족의 신화를 다시 불러일으켜 그 많은 오페라를 작곡하였다.

한국에서는 산이 역사 기록의 출발점인 단군신화에서부터 등장한다. 하늘과 땅을 잇는 다리로서의 산은 한국의 지리적 원형이자 천·지·인 (天·地·人)의 삼재(三才) 사상이라 일컫는 한국인 의식의 원형을 상징하는 형자(形姿)로서 한국 역사의 원초에서부터 삼위태백(三危太伯) 의 이름으로 나타나고 있다. 산 경험의 구원론적(救援論的)인 '기층성' 과 '태고성'을 강조하는 어느 종교철학자는 '산 있음'이 빚는 문화적 특성에서 우리나라 사람들의 '우리다운 모습'을 보기도 한다(鄭鎭洪).

우리나라 고전시가 가운데서도 빼어나게 아름다운 고려가요, "살어리 살어리랏다, 청산에 살어리랏다"로 시작되는 〈청산별곡〉(青山別曲). 그로부터 얼마나 많은 한국의 시가와 시조, 그리고 소설이 산을 다루고 산을 노래하고 산과 더불어 살아왔는지 우리는 알고 있다(金禹昌; 柳宗鎬). 그뿐만 아니라 산은 우리나라 그림에서도 중심적 자리를 차지하고 있다. 대부분의 한국화는 곧 "산 그림"이었던 것이다(李成美). 한편 한국의 산은 얼른 보기에 그와는 무관한 것처럼 보인 한국 고전음악의 형성에도 깊은 내면적인 구조연관을 갖고 있는 것으로 밝혀지고 있다(韓明熙).

자연을 정복과 지배의 대상으로 본 서양사람들에게 산은 오르는 봉우리, 등반하는 정상, '어택'의 목표이다. 그러나 산속에서 태어나 산에서 나온 많은 한국사람들은 산에 오른다고 하지 않고 "산에 들어간다" 또는 "입산(入山)한다"고 말한다(崔一男). 산이 "밭이며 집이며 일터"라고 하는 강원도 산골에서 태어난 어떤 작가는 "산은 어머니이고 우리는 그곳에 들어가 산다. 그 품에 안겨서 행복하고 산을 떠나면 모든 곳은 '객지'가 된다"고 적고 있다(韓水山). 산은 한국인에게는 그들의 의식에 대하여 대상으로 존재하는 것이 아니다. 그들의 주관에 대하여 객관으로 존재하는 것이 아니다. 그렇기에 어느 시인은 숫제 "나도 산이었다"(高銀) 라고 노래해 버린다.

이렇듯 한국인에게 있어서는 '나 있음'과 '산 있음'이 하나요 '산 경험'과 '삶 경험'을 떼어서 생각할 수 없는 것이 "산과 한국인의 삶"을 생각해 보는 출발점에서의 인식이다.

3.

그러나 왜 지금, 그것도 하필 다른 곳도 아닌 미래학회에서 산을 주제로 다루려 하는 것일까. 산은 미래의 주제라기보다 차라리 과거의 주제 아닌가. 산은 변화를 예상하는, 그럼으로써 예측을 추구하는, 상상의 세계. 자유의 영역이라기보다 변화를 거부하는, 그럼으로써 예측이 필요 없는 사실의 세계, 필연의 영역은 아닌가. 산은 지혜로운 사람의 움직이는 세계, "지자동"(知者動) 의 세계가 아니라 어진 사람의 고요한 세계, "인자정"(仁者靜) 의 세계는 아닌가?[2]

미래는 변화의 시간차원으로 이해되고 있다. 지금 이곳에 있는 것이 미래에는 다른 곳으로 가 있을 수도 있고, 다른 것이 될 수도 있고, 아예 사라져 없어질 수도 있다. 또 미래에는 지금 이곳에는 없는 것이 다른 곳으로부터 옮겨올 수도 있고, 어느 곳에도 없는 것이 새로 생겨날 수도 있다. 미래란 바로 그처럼 변화를 몰고 오는 시간이 조화를 부리는 차원이라 예상되는 것이다. 그러나 그렇다고 해서 지금 이곳에 있는 모든 것이 미래에 반드시 변화하는 것은 아니다. 미래의 시간에도 변화

---

2 孔子, 《論語》, "知者樂山 仁者樂水, 知者動, 仁者靜, 知者樂, 仁者壽".

하는 것과 변화하지 않는 것이 있다. 또 변화하는 것 가운데도 빨리 변화하는 것이 있는가 하면 더디게 변화하는 것도 있다.

국파산하재(國破山河在). 나라는 부서져도 산과 강은 남아 있다는 두보(杜甫)의 명구는 역사의 무상함과 자연의 영원함을 노래하면서 바로 변화의 시차성(時差性)을 우리에게 시사해 주는 시구이기도 하다. 인간의 조화는 어지럽게 변해도 그를 감싸 주는 자연의 무대는 쉽게 변하지 않는다는 뜻이다.

지난 한 세대 동안 우리는 격변의 현대사를 살아왔다. 세계가 당목하며 주시한 변화와 성장과 발전의 당대사를 우리는 창조하며 살아온 것이다. 미래학은 바로 그러한 변화의 소용돌이 속에서, 그러한 변화의 추이와 향방을 성찰하고 예측하기 위해서 탄생하였다.

우리는 어느덧 그 과정에서 무릇 변화란 좋은 것으로 여기게 되었다. 변화는 곧 개화요 근대화였으며, 변화는 곧 발전이요 무엇보다도 개발이었다. 개발로서의 변화를 긍정적인 것으로 보는 가치관이 우리 사회에 점차 보편화되었고 그러한 변화의 대행자(agent), 대변자(advocate)가 우리 사회의 지도자로 받아들여지게 되었던 것이다.

개발은 그러나 사물을 자연스런 움직임에 내맡겨 둔다거나 그러한 움직임을 그저 지켜본다는 것은 아니다. 그것은 사물을 의도적으로 바꿔 놓는 것, 뜯어고치는 것이다. 그것은 낳는 것이 아니라 만드는 것, 키우는 것이 아니라 꾸미는 것, 육성·조장의 프로세스가 아니라 공학적 조작(engineering)의 프로세스를 의미한다. 토목공학, 사회공학, 교육공학, 생명공학에 이르기까지, 개발의 연대는 또한 공학적 사고, 공학적 접근 방법이 패권을 누린 연대이기도 했다.

우리는 이러한 개발공학이 우리나라를 '절대 빈곤의 늪'에서 탈출케 하는 데 성공하고 우리 겨레의 '5천 년 가난의 한'을 불식해 준 업적을 평가하는 데에 있어 누구 뒤에도 처지지 않는다. 그러나 우리는 바로 그러한 성공적인 개발의 고지(*vantage ground*)에 서게 되었기 때문에, 이제 지난날의 변화가 결과한 부정적인 측면에 대해서도 조명하고 그의 시정과 극복을 전망할 수 있는 여유가 생겼다고 할 수 있다.

'산업화' 또는 '공업화'를 지향한 개발이 가져온 가장 부담스런 대가가 국내적 차원에서나 국제적 차원에서나 생태학적 환경의 파괴라는 것은 잘 알려진 대로이다. 자연환경이 훼손되면서 예전에는 이 땅위의 삶에 당연한 것처럼 전제되어 있던 것들, 공짜(*gratis*)로 주어져 있던 것들 (맑은 햇빛, 맑은 공기, 깨끗한 물, 깨끗한 흙), 우리 지구자연의 기본적인 원소들(*elements*), 이 지구자연의 무릇 목숨 있는 것들에 목숨을 있게 하고 목숨을 잇게 해주는 본원적 요소들이 오염되고 부식되고 희소화하고, 그럼으로써 이제는 그런 것들을 돈을 주고 사야 하고, 때로는 돈을 주고도 사기 어려운 귀한 것이 되어가고 있는 것이다.

잿빛의 산업도시가 내뿜는 각종 공해물질로 푸른빛의 자연환경의 죽어가고 있다. "환경은 외국에서 수입할 수 있는 공산품이 아닌 생물체의 집합이고 그러한 환경이 파괴되면 그 영향은 최종적으로 우리 인간에게 미친다"는 데에 문제의 심각성이 있다(李景幸). 선진국에서는, 특히 숲을 그들 삶의 근원으로 생각하고 있는 독일에서조차 산성비 때문에 "숲이 죽어 간다"는 불길한 경종이 오래전부터 울리고 있다. 후진국에서는 후진국대로 가난을 핑계로 해마다 엄청난 규모의 벌채로 숲이 사라져 가고 있다.

다행히 한국에서는 지난 한 세대 동안 국민경제의 산업화와 국토자연의 녹화가 동시에 성취된, 참으로 기적이란 이름에 값하는 성공적 개발이 성취되었다. 유엔의 식량농업기구(FAO)는 한국을 독일·영국·뉴질랜드와 함께 세계 4대 조림국으로 꼽았다. 그 가운데서도 한국은 전국규모의 산림 황폐화로부터 다시 산림을 복구한 유일한 나라로서 세계 초유의 성공사례라는 높은 평가를 국제기구로부터 받고 있다(吳浩成). 우리들은 우리들의 당대에 산업국가의 초석을 다졌을 뿐만 아니라 역시 우리들의 당대에 산림국가의 지반을 마련한 두 가지의 역사를 동시에 이룩한 것이다.

게다가 그 산림의 의의가 이제는 예전과 판이하게 달라져 버렸다. 오늘날의 산림이 우리들의 삶에 갖는 위상과 가치는 전근대적, 전산업화 시대에 1차적 산품을 채집하는 한갓 목가적인 농경사회의 그것은 물론 아니다. 그렇다고 해서 산림을 개발의 응달지역으로 소외해 버린 산업화 시대의 그것도 이미 아니다. 산림은 이제 우리나라에서나 바깥 세계에서나 탈근대적(postmodern), 후기 산업화 시대의 환경론의 맥락에서 그 위상과 가치가 재조명되지 않으면 안 될 것이다.

산을 단순히 상품자원으로 그의 시장적 편익을 따지는 경제학의 시각에서만이 아니라 이제는 그에 못지않게 산을 환경자원·관광자원·문화자원으로서의 그의 비시장적 편익까지 아울러 헤아려 생각해 보는 생태학(ecology)의 시각에서도 다시 성찰해 보아야 될 것이다.

그것은 산을 생각함에 있어서, 특히 앞으로는 산림학이나 산림청의 테두리를 벗어나서 다차원적·다시각적·다학문적 접근을 요청하고 있다고 볼 수 있다. 다학제적(multi-disciplinary) 연구집단인 미래학회가 바로 그러한 접근방법을 요구하는 '산'의 주제를 다룰 수 있는 가장 적실한 담론의 포럼을 마련할 수 있으리라 자부하는 까닭이다.

4.

전근대적 농경사회에서 국가경영의 중요한 요체가 된 치산치수(治山治水)의 문제를 탈근대적 후기산업사회에서 새로운 문맥, 또 다른 시각에서 논의하기 위한 첫 작업으로 미래학회는 먼저 "산과 한국인의 삶"을 다룬다.

공간으로서의 산, 국토로서의 산이 안고 있는 다양한 모습, 다양한 자원, 다양한 함축이 범(汎) 학문적인, 미래학회의 접근과 성찰을 우리에게 요구한다. 그뿐만이 아니다. 시간으로서의 산, 역사로서의 산이 안고 있는 관성, 영구성, 또는 보수성, 그것이 갖는 '유산'으로서의 강제성, 구속성이 다시 장기적 · 장기전망적 미래학의 접근과 성찰을 우리에게 요구하고 있다

산의 움직이지 않는 보수적 · 영구적 타성은 산의 과거지향성이자 동시에 산의 미래지향성이라고 볼 수 있다. 산은 우리들의 선대가 우리들에게 넘겨준 틀림없는 '과거의 유산'이요, 그와 마찬가지로 산은 우리들이 우리들의 후손에게 물려줄 틀림없는 '미래에의 유산'이다. 그런 의미에서 산은 오늘날 우리가 소유하고 있고 우리가 계획하고 있고 우리가 추진하고 있는 다른 무엇보다도 확실하게 "미래를 싣고 있는 현실"(faits porteurs d'avenir) [3]이라고 해도 좋을 것이다.

산의 시간은 유장하다. 사람이 사는 역사의 시간과 나무가 사는 산림의 시간은 차원이 다르다. 바위가 부서져 산에 흙이 1cm 높이로 쌓이는데 몇만 년이라는 지구물리학적 시간이 소요된다고 한다. 그 토양 위에

---

3 프랑스 정부 1985년 그룹의 피에르 마세의 말이다. Pierre Massé, *La Documentation Française: Réflections pour 1985*, Paris, 1970, p. 5.

서 한 그루의 나무가 '동량재'로 쓸 만큼 자라나려면 100년은 지나야 한다. "할아버지가 나무를 심으면 자식 대는 기르고 손자 대가 되어야 비로소 그를 베어 수익을 올린다"는 말이 거기서 나온다. 더욱이 유럽의 고급 참나무 숲은 300년 이상을 기른 것이라 알려지고 있다(崔珉休).

우리나라 사람들이 소비하는 식품 가운데서 가장 자급도가 낮은 것이 식용유지(油脂)이다. 그런데 해안선이 긴 우리나라 바닷가의 야산에 동백나무를 계획식수 한다면 식용유지 가운데서도 뛰어나게 질이 좋은 동백유를 확보함으로써 현재의 식용유지 자급도 11.7%를 30%까지는 절로 끌어올릴 수 있을 것으로 전망된다. 다만 거기에는 동백나무가 자라서 열매를 맺을 때까지 20~30년을 기다리는 '시간의 투자'가 필요하다. 오늘날 말레이시아가 세계 최대의 팜유(椰子油) 생산국이 된 것도 아프리카에서 기름야자수를 옮겨 심고 40년 동안 집중 투자한 결과라 알려지고 있다(權泰完). 산을 보고 나무를 심을 때는 한 정권의 임기를 초월해서 참으로 미래를 생각하는 시각이 필요하고 그러한 사고와 시간의 투자가 필요한 것이다.

일차적 산림녹화는 성공적으로 이루어 놓았다. 그러나 '녹화'의 내실을 더욱 구체적으로 산림의 단위면적당 입목축적(立木蓄積)이나 수목의 수령 등으로 따져 본다면, 선진국과 대비해 볼 때 우리나라의 실적은 아직도 걸음마의 단계를 벗어나지 못하는 것이 현실이다. 단위면적당 우리나라의 평균 입목축적량(38.4m³)은 산림대국인 독일(298m³)은 그만두고 그 절반 수준에도 못 미치는 일본(124m³)을 따라가기 위해서도, 일본의 나무가 성장을 중지한다고 가정을 하더라도, 우리는 앞으로 80년간 더 나무를 키워야 한다는 계산도 있다(吳浩成).

산의 나무가 질과 양의 면에서 다 같이 부족하기 때문에 우리는 전국토의 3분의 2가 산으로 구성되어 있음에도 불구하고 목재의 95%를 외국으로부터의 수입에 의존하고 있다는 통계도 있다. 뿐만 아니라 공업 부문에서 배출한 탄소의 오직 18%만을 산림이 흡수해 줌으로써 우리 국토에서 우리 국민이 생존하는 데에 필요한 '깨끗한 숨쉴 공기'까지도 해외 의존도가 82%나 되는 '산소 적자국'이란 지적도 있다(崔珉休).

대부분의 사람이 절대빈곤의 늪에서 벗어난 산업화 이후의 사회에서 갈수록 소리 높이 논의되고 추구되고 있는 '삶의 질'이란 무엇인가? 앞으로 우리들의 '삶의 질'은 다른 무엇보다 맑은 햇빛, 맑은 공기, 깨끗한 물, 깨끗한 흙에서 살 수 있는 생태학적 '환경의 질'에 의해 일차적으로 결정될 것이다. 그리고 그러한 환경의 질을 결정하는 원소들을 공급해 주는 보고가 곧 산림이다. 따라서 미래의 한국인의 삶은 국토의 생태학적 환경의 질에 의해서 결정되고, 국토환경의 질은 다시 우리들이 오늘 어떻게 산림을 가꾸느냐 하는 노력 여하에 따라서 좌우된다고 할 수 있다.

산은 그러나 단순히 삶의 생태학적 환경으로서 우리들의 인체의 건강에 생리적인 순기능을 하는 원소들을 공급해 주는 데서 그 인자(仁者)의 덕을 그치는 것이 아니다. 산은, 특히 국토공간의 대부분이 산으로 이루어진 한국의 경우에는 가시적인 공간의 아름다움을 결정하는 심미적(審美的) 환경이기도 하다. 산이 헐벗고 메마를 때 그를 보는 사람들의 마음도 쓸쓸해진다. 산이 푸르고 기름질 때 그를 보는 사람들의 마음도 넉넉해진다. 관산(觀山), 유산(遊山) 또는 요산(樂山)이란 말이 가리키는 것처럼 산은 멀리 바라보기도 하고, 들어가 노닐기도 하고 그러면서 즐기는 곳이기도 하다. 따라서 그러한 산이 갖는 관광자원으로서의 아름다움은 사람의 심성을 순화시키는 심리적·정서적 순기능을 할 수도 있다.

프랑스의 미래학자들은 "미(美)는 사회공간 전체를 정복하는 경향을 갖는다"(l'esthétique tendra á conquerir l'espace social tout entier)[4]고 한다. 국토의 4분의 3을 점하고, 모든 한국사람이 살고 있는 주거공간의 스카이라인을 긋고 있는 산의 경관이 아름다운 것이라면, 혹은 추한 것이라면 그 아름답고 추함은 한국인의 자연공간, 한국인의 사회공간만이 아니라 한국인의 심성공간 전체를 정복하게 되리라 해서 지나친 말이 되지 않을 것이다.

요컨대 한국인의 삶에 있어 산의 미래는 한국인이 삶을 살아가는 환경의 미래요, 바로 그 삶의 질의 미래라고 해도 좋을 것이다.

5.

산을 그러나 '보존'하고만 있을 수 없는 것이 우리나라의 실정이다. 국토 면적의 3분의 2가 산이라 함은 산지를 빼놓고 이용할 수 있는 평지의 면적이 전체 국토의 겨우 3분의 1밖에 되지 않는다는 뜻이다.

서기 2000년에 가서 비록 인구의 증가율은 서서히 완화된다고 하더라도 생활·복지수준이 그보다 훨씬 빨리 향상된다면 쾌적한 주거를 위한 용지수요, 여가·문화활동을 위한 용지수요, 그리고 그에 못지않게 산업활동을 위한 용지수요는 급격하게 계속 팽창해갈 것으로 전망된다. 산지를 제외하면 이미 현재도 포화 상태에 있는 평지만으로는 다가오는 21세기의 용지공급은 거의 무망하다고 볼 수밖에 없다.

따라서 산은 우리들에게 삶의 질에 결정적인 중요성을 갖는 맑은 공기·깨끗한 물을 공급해 주는 원천으로서 그의 생태학적 환경이 '보존'되어야 할 뿐만 아니라, 동시에 비좁은 국토에 세계 3위의 고밀도 인구를 품은 우리들에게 삶의 보금자리·삶의 터전을 공급해 줄 수 있는 여

---

4 *Ibid*, p. 85.

백으로서 국민생활의 이용후생을 위하여 '개발'되지 않으면 안 된다.

통계에 의하면 향후 30년 동안 우리나라의 주택·공업용지·도로·공항·항만 등 공공시설 건설을 위한 토지수요는 줄잡아 4,500m²로, 그중 앞으로 10년 동안에만도 1,300m²의 토지가 필요하다는 계산이 나온다. 그럴 경우 산지는 21세기의 풍요로운 복지국가를 건설하기 위한 토지수요에 대처할 수 있는 새로운 프런티어가 되지 않을 수 없을 것이다(朴良浩).

그러나 산을 우리들의 이용후생의 대상으로 삼는다고 하더라도 소수 특권층의 고급별장이나 호화로운 골프장 건설을 위해 막무가내로 벌채되는 맹목적 개발로 모처럼 녹화된 산을 다시 황폐화시켜서는 안 될 것이다. 그와 마찬가지로 산과 삼림을 보존한다고 해서 일체의 산지의 이용·개발을 죄악시하는 낭만적 '결벽주의'도 비좁은 국토의 고밀도사회에 사는 많은 사람들의 현실적인 삶의 질을 외면하는 또 다른 맹목적인 처사라 하지 않을 수 없을 것이다. 그것은 그야말로 나무는 보고 사람은 보지 못하는 소아병적 '녹색주의'라고 할 것이다.

활용할 다른 땅이 없는 우리나라는 앞으로 '숙명적으로 산지를 활용해야 할 처지'에 있다. 따라서 "산을 개발할 것인가 보존할 것인가", 또는 "산지를 이용해야 할 것인가, 아니해야 할 것인가" 하고 묻는다는 것은 그릇된 양자택일을 강요하는 것이다.

문제는 산지의 개발이나 이용을 하느냐 안 하느냐에 있는 것이 아니라, 다만 '어떻게' 개발하고 '어떻게' 이용하느냐 하는 데에 있다. 그러기 위해선 어떻게 "산과 구릉을 효율적이면서도 인간적·자연적으로 활용"하느냐, 어떻게 "산과 인간의 조화를 존중하는 겸허하고 부드러운 철학과 자세에 어울리도록" 이용하느냐(金璟東), 그러기 위해서는 설계에서도, 어떻게 "건축물 하나의 관점을 떠나서, 환경 속의 구조물로서, 에너지 소비의 인자로서"(金鍾星) 건축을 보느냐 하는 새로운 발상, 새로운 창의, 새로운 방법론의 개발이 중요한 것이다.

산을 살리고 최소한의 손질만으로 자연과 인간이 조화롭게 공존하는 주거지역을 건설한다는 꿈은 남프랑스의 해안, 스위스 알프스 산록의 소도시가 이미 아름다운 성공적 모범을 보여주고 있다. 후발 산업국가이기 때문에 그 이점을 살려 선진 산업국가에서는 볼 수 없는 환경과 중화학공업이 조화된 포항·광양의 제철소를 건설한 한국인의 창의가 우리나라의 산지나 야산에 자연과 인간이 조화를 이루는 21세기의 산림도시를 건설하지 못한다는 법은 없다.

또 다른 시각과 전망도 가능하다. 삼각형의 어느 2변의 화(和)도 다른 1변보다 크다는 단순한 진실은, 산이 많은 한국의 국토면적은 그 산을 효율적으로 이용만 한다면 산이 없는 평지만으로 된 국토보다 그 면적이 훨씬 넓다는 것을 알려준다. 산이 있기 때문에 우리는 평지로 된 국토보다 적어도 조림용지의 면적이 크고 환경자원·관광자원을 개발할 수 있는 국토면적이 이미 넓게 확보되었다고 볼 수도 있다. 뿐만 아니라 일본에서는 산속으로 굴을 파고 들어가서 연중 실온의 변화가 없는 보관창고를 짓고 산굴 속에 지하 콘서트홀을 지음으로써 지중(地中)도시 건설까지 계획하고 있다는 보도도 있었다.[5]

30년 전에 처음 찾아가 본 모차르트의 고향 잘츠부르크의 장려한 새 축제극장은 바로 묀히스베르크(僧岩山이란 뜻, 서양에도 우리나라와 같이 '중바위'가 있다는 것은 기이한 일이다)의 바위산을 뚫고 지은 건물이다. 게다가 '소금의 도시' 잘츠부르크는 소금을 캐는 소금광산의 갱도(坑道)를 관광객에게 개방·개발해서 문자 그대로 짭짤한 관광수입도

---

5 〈朝日新聞〉, 1992. 10. 17.

올리고 있다.

결국 산속에 굴을 파서 창고를 짓고 음악당·극장·미술관을 짓는다면 산이 많은 우리나라의 국토는 그때 삼각형의 2변만이 아니라 3변의 화(和)로까지 확대될 가능성도 갖는다. 지나친 낙관론이라 할 것인가.

'서부'가 없는 우리나라의 국토에 아직도 개척정신에 손짓을 하는 프런티어가 있다면 그것이 산이다.

산은 우리들의 미래이다.

산을 생각한다는 것은 우리들의 미래를 생각한다는 것이다.

산을 생각한다는 것은 우리나라를 생각한다는 것이다.

우리나라가 산이기 때문이다.

산이 곧 우리이기 때문이다.

산의 삶이 곧 우리의 삶이기 때문이다.

물과 한국인의 삶

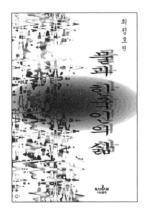

최정호 (편) | 1994년 | 나남 | 564면

차례

시작을 위하여 … 시

우리나라의 물

고 은

아뢰옵건대
우리 백두산께서
물을 그득히 이고 계시옵니다

바다 건너
우리 한라산께서도
물은 이고 계시옵니다
어느 나라에
이런 산이 계시옵니까
오로지 여기이옵니다
여기이옵니다
그토록 거룩하올 산이시라
산에 손 비벼
몇천 년 세월이시옵니다

아흐 산 정수리
하늘과 마주하옵신
천지께서
백록담께서
그토록 거룩하올 물이시라
한자락 구름인들
고개 숙여 삼가하시옵니다

그럴진대
다른 산들께서도
태백
지리
묘향
설악께서도

금강 1만 2천 봉께서도
다른 산들께서도
산과 산 사이
그 엄한 골짜기마다
흐르는 물이시옵니다
지새는 달 아래
어느 소리 계시오면
그 소리 겹겹으로
울려가는 메아리이시옵니다

그 물 흘러 흘러
한줄기 시내이시다
이윽고 꽃다지 열려
가람이시옵니다
어찌 이로써 다하심이리오
가람 다하여
세 바다 활짝 열리시어
파도소리
파도소리 무궁하시옵니다

그 바다 까마아득히
그 바다 넘어
까마아득히
거기까지가
우리 겨레이시옵니다

거기까지가
우리 물이시옵고
온세상 물이시옵니다
본디 사람이
물로써 태어나심이오
만물이 물로써
으뜸을 삼으심이오라

이로부터 물로 돌아가
물 위의 세상
물 아래 세상 함께
거기 온전히 계시올
임 마중하실 때이시옵니다

백두산께서
물을 이고 계시옵듯이
한라산께서
물을 이고 계시옵듯이
우리나라 사람과 뭇 목숨들
그 하나하나께서도
푸르러 푸르러
물 마중 임 마중 하실 때이시옵니다.

하늘과 한국인의 삶

최정호 · 이태원 (공편) | 1997년 | 나남 | 562면

차례

IV. 하늘과 인간생활

V. 하늘과 우주시대

서론

하늘과 한국인의 삶

박양호

1. 하늘과 문명의 이행

인간 생활에서 하늘처럼 정신적으로나 물리적으로나 광범위하게 인식되고 활용되는 대상도 드물 것이다. 인간이 농경시대를 거쳐 산업화 시대 그리고 정보화 시대로 이행하면서 하늘을 대하고 이용하는 인간의 심성과 영역도 엄청나게 변하고 있다.

농경시대에 하늘은 인간이 먹을 양식의 근원이 되는 농업의 호황을 결정짓는 원초적 틀이었다. 햇볕, 공기, 비가 곡식이 여물어 가는 과정에서 필수요소인데 이들 요소가 모두 하늘에서 만들어지는 것이니 하늘이야말로 농경시대의 신(神)적인 존재다. 이로 말미암아 농경시대에 풍년을 기원하는 의식으로서의 제천(祭天) 의식, 즉 하늘에 경건하게 제사를 올리는 예식은 농경시대를 지배한 하늘 공경의 전형이 되었다.

농경시대를 거쳐 산업화 시대에 하늘은 산업과 인간 이동의 고속화를 위한 주된 공간이 되었다. 산업혁명 이후 급속히 늘어난 공장에서 내뿜는 연기는 하늘을 시커멓게 물들게 하였다. 검정 하늘은 초기 산업화의 결과였다. 나라마다 공장굴뚝에서 나오는 시커먼 연기를 자랑스럽게 여기는 현상이 초기의 산업화 시대를 풍미했다. 우리나라에서도 1960년대 이래 산업화 과정에서 울산의 대규모 공장에서 나오는 매연을 경제성장의 상징으로 여기던 때가 있었고, "전국에 공장이 들어서 굴뚝에서 내뿜는 연기가 하늘을 뒤덮는 것을 목표"로 한 적도 있었다. 이와 같이 하늘의 검은 색깔이 산업화의 상징이 되었는데, 그러나 환경보전에 대한 인식이 급속히 확산된 이즈음에는 검정색 대신에 하늘이 지니는 자연 그 자체의 색깔이야말로 제대로 된 발전, 환경친화적이고 지속가능한 발전의 상징이라 여기게 되었다.

산업화 시대에는 또한 하늘을 날고자 하는 인간의 꿈이 실현된 시대이기도 하다. 땅에서, 강에서, 바다에서 길이 이루어졌으나 하늘로 길이 뚫리게 된 것이다. 비행기의 출현은 하늘의 정복을 이루었다는 인간의 축배로 이어졌다. 교과서로만 배웠던 나라로, 미지의 세계로 날아가서 일하고 관광하는 일들이 하늘의 길을 이용하는 비행기의 일반화 덕분이다.

산업화 시대를 지나 이제 정보화 시대로 접어들면서 하늘은 또 하나의 혁신적 공간 역할을 하기 시작했다. 정보이동의 길이 하늘에서 이뤄지고 있다. 인공위성을 통한 고도통신수단의 발달로 하늘은 세계 각국에서 만들어지는 정보가 날아가는 정보통신의 이동통로가 되고 있다. 오늘날 정보통신망을 지배하려는 국가 간 경쟁이 결국 하늘을 지배하려는 경쟁으로 인식되는 것은 '하늘 = 정보통신공간'이 되고 있기 때문이다. 정보화 시대의 하늘은 보다 넓은 영역으로 확대되고 있다. 우주 자체에 대한 신비를 벗기기 위해, 그리고 정보통신망의 경쟁에서 영역확대의 혁신을 이룩하기 위해 하늘의 영역은 우주의 차원으로 넓어지고 있다. 이른바 우주화 시대가 열리고 있다.

2. 하늘과 한국인의 심성: 외경과 친근

농경사회, 산업사회, 정보화 사회를 이행하면서 하늘의 역할이 달라지면서 하늘을 보고, 인식하고, 연구하고, 활용하는 인간의 삶이 엄청나게 달라졌다. 무엇보다도 한국인에게 하늘은 신성한 존재로 인식되어 왔다. 먹어야 살아갈 수 있는 인간에게 먹을 것을 주는 것이 하늘이었다. 햇빛과 비를 적절히 주면서 곡식을 여물게 하는 신비한 일을 하늘이 하지 않으면 농경시대의 인간은 존재하지 못했을 것이다. 식량을 주는 하늘이 고마웠고 하늘이 계속 존재하길 바랐다. 하늘에 대한 고마움과 하늘이 영원히 존재하길 기원하는 그 마음은 하나의 큰 축제와 제사로 나타났다.

　제천의식은 우리 선조들이 늘상 품어온 하늘에 대한 의지의 발로였으며 하늘에 대한 고마움을 표시하는 경건한 예식이었다. 바르고 깨끗한 마음으로 주민의 대표자가 하늘에 제사를 지냈을 뿐만 아니라 노래하며 춤추는 축제행사가 함께 융합된 것은 하늘과 인간의 어울림, 친근관계를 기원했던 인간의 바람 때문이었으리라. 부여의 영고, 고구려의 동맹, 예의 무천, 삼한의 시월제는 제천과 축제가 결합된 경건하고도 즐거운 국가적 이벤트다. 하늘을 향한 지고의 이벤트에서 만인이 한데 어울릴 수 있었고, 음식을 먹고, 춤을 추고, 노래하고, 죄인을 풀어 주고, 수렵으로 잡은 동물을 하늘에 바쳤다. 하늘을 향한 예배와 놀이가 섞여서 하나가 된 큰 이벤트를 통하여 하늘을 우러르고 하늘과 친근하고 싶은 한국인의 삶의 내면을 발견할 수 있다.

하늘을 경건과 친근의 대상으로 여기면서 하늘은 인간만사의 주재자로서, 그리고 재판관으로서의 준엄한 존재로 인식되어 갔다. "하늘 무서운 줄 알라", "천벌 받는다", "하늘이 돕는다"란 사고는 하늘을 벌을 주고 상을 주는 고도의 신성한 존재로 여기는 데서 싹튼 것이다. 힘없고 가난한 농부에게 제비를 보내어 상을 준 것을 하늘이 하는 일로 여기고, 욕심 많은 놀부를 징벌한 것을 모두 하늘이 한 일로 여기고 있다. 억울하고도 억울한 일을 당했는데도 인간이 막아 주지 못할 때 하늘에 의지하고 하늘이 억울함을 풀어 주기를 원했던 것도 하늘을 지고의 재판관으로 여긴 때문이다.

천운과 천명. 우리의 선조들은 왕의 운은 하늘과 닿아 있고 하늘의 명령에 따라 왕좌에 오른다고 믿었다. 이러한 천운과 천명의 사고는 오늘날 우리 한국인의 가슴에 면면히 이어져 오고 있다. 대통령 선거 때마다 하늘은 누구를 돕느니, 하늘의 운이 누구에게 있느니, 천운을 누가 타고났느니 하는 여론이 일부에서 형성되어 일반에게까지 전달되고, 이를 중요하게 생각하는 이들이 있는가 하면 가십거리로만 여기는 이들도 많다.

이러한 천운사상이 나라의 대표인 대통령을 뽑을 때마다 등장하는 자체가 하늘과 인간사의 관계에서 비롯되고 하늘의 주재자로서의 역할을 느끼게 하는 일면이다. 대통령에 뽑히면 천명을 받았다고 하는 것은 하늘의 주재성을 말해 주는 것으로, 이는 중국의 천자사상에서 영향을 받았다. 천명사상은 일반 백성의 일상생활에도 널리 퍼진 사상이다. 공자는 이르기를 "군자는 세 가지 두려워하는 것이 있나니, 천명을 두려워하며, 대인을 두려워하며, 성인의 말씀을 두려워한다"고 하였다.

천명을 군자가 가장 첫 번째로 두려워할 것임을 일렀는데 오십이 지천명(五十而 知天命)에서 말하듯이 인간의 궁하고 통함이 모두 하늘이 명한 바임을 아는 것은 인간이 만사를 겪어 본 아주 성숙된 나이에 이르러서야 알 수 있다고 하여 천명이 일반 백성 누구에게나 연결되어 있음을 알려 주고 있다.

하늘에 대한 외경과 친근감은 오늘날 한국 현대시에도 면면히 이어지고 있다. 하늘이라는 초월적 존재를 향한 인간의 도덕적이고 깊은 마음이 윤동주의 〈서시〉(序詩)에 나타나 있다. "죽는 날까지 하늘을 우러러 한 점 부끄럼이 없기를, 잎새에 이는 바람에도 나는 괴로워했다. …" 외경으로서의 하늘을 많은 우리 현대시가 노래하고 있는가 하면, 친근감의 대상, 가까이 하고 싶은 대상, 혼연일체의 대상으로서 하늘을 그리기도 한다. 이는 박두진의 〈하늘〉에서 나타난다. "… 하늘은, 머얼리에서 오는 하늘은, 호수처럼 푸르다. 호수처럼 푸른 하늘에 내가 안긴다. 온몸이 안긴다. … 따가운 볕, 초가을 햇볕으로 목을 씻고 나는 하늘을 마신다. … 마시는 하늘에 내가 익는다. …" 하늘과 일체하고 싶은 우리네 마음이 절실히 나타나 있다.

민속은 일반인의 특성, 즉 민초들의 속성을 나타낸다. 하늘을 대상으로 하는 풀뿌리 마음이 민속에도 나타나 있다. 단군신화에도, 무속신앙에서도, 그리고 민간신앙에서도 하늘이 중심이다. 세대와 세대 간에 전해지는 민담 속에서도 하늘은 항상 이상세계, 만물이 시작되고 돌아가는 장소로 여겨진다. 하늘과 우리와의 관계는 우리네 속담에서 수많은 증거로 나열된다. "하늘에 죄지으면 기도할 데도 없다", "하늘이 무섭지 않느냐", "하늘을 지붕 삼는다", "하늘같은 은혜" 등 하늘을 소재로 한 이루 헤아릴 수 없이 많은 속담은 속담 자체가 한국인의 삶의 거울이듯이 하늘과 한국인의 융화관계를 단적으로 나타내는 거울이다.

3. 과학적 탐구대상으로서의 하늘

미지의 세계일수록 탐구의 대상이 된다. 그런가 하면 사람과 직결된 대상일수록 탐구의 대상이 된다. 미지의 세계이면서 사람의 생활과 뗄 수 없는 실체로서의 하늘은 일찍이 과학적 탐구의 대상이 되어왔다. "앙관천문 부찰지리"(仰觀天文 俯察地理), 즉 하늘을 우러러 천문을 관찰하고 땅을 굽어봐 지리를 살피는 일은 동서양을 막론하고 예부터 있어 온 인간의 일이었다. 이는 과학적 영역으로 발전되었는데, 여기서 천문학과 지리학이 발달되었다.

서양에서 천문학이 크게 발달하지만 한국인의 삶의 뿌리에 자리 잡은 하늘에 대한 과학적 탐구로서의 천문학은 우리나라에서 일찍이 찬란하게도 발전되었다. 삼국시대에 고구려의 천문학은 매우 앞섰으나 그 유물이 거의 사라진 것이 한탄스럽다. 신라와 백제의 천문학이 대단한 수준이었음은 역사가 증명하고 있다. 경주의 첨성대, 고대 백제인이 일본에 건너가 천문학을 가르쳤다는 일본서기의 기록은 우리 조상들의 천문학에 대한 관심과 과학성을 나타내는 징표들이다. 고려시대에 비약적으로 발전한 천문학은 조선시대를 거쳐 오늘에 이르기까지 많은 발전을 거듭하였다.

그러나 지금 이 시점에서 돌이켜보면 하늘을 과학적으로 연구하는 학문으로서의 천문학은 그 세 분야에서 한국에서는 불모지와 다름없다는 비판이 나온다. 가지고 있는 유산을 다듬지 못하는 우리의 무관심에 대한 경종이 우리의 귀를 때린다. 세계 유일하게 궁궐 안에 천문대가 있었던 경복궁. 경복궁의 간의대(簡儀臺)는 세계의 큰 자랑거리인 만큼 복원이 시급함을 알리는 소리가 들리는가 하면 세종 때의 자격루, 해시계 등 하늘을 관측하고 연구하던 유물을 다듬자는 소리는 한국의 천문학에 새로운 종소리를 울리고자 하는 충정 어린 마음의 발로라고 하지 않을 수 없다.

한국 천문학의 발달은 대기과학과 우주과학 같이 하늘을 연구하는 핵심 과학과 함께 이뤄져야 한다. 특히 우주과학의 역할은 지극히 광범위하다. 법학과 의학의 범역을 포함하여, 항공우주법학과 항공우주의학이 우주과학의 범역에 속하고 정보통신과학도 하늘을 이용하는 우주과학의 범주에 속한다고 보아야 할 것이다.

하늘을 대상으로 하는 학문 중에서 우리와 친근해야 할 학문이 있는데 이는 조류학이다. 새는 하늘을 난다. 허공의 하늘에 구름, 별, 달, 해가 있고 그리고 언제나 보이는 것이 하늘을 빠르게, 때로는 천천히 나는 새들이다. 때문에 새들의 자연을 연구하는 학문으로서의 조류학은 하늘과학으로서 매우 중요한 학문적 위치를 차지한다. 한국인의 삶에서 새는 또 다른 중요한 위치를 차지한다. "전 세계를 다녀 보아도 우리나라만큼 새에 대한 전설이 많은 나라도 흔치 않다"고 한다. 까치, 까마귀, 딱새, 비둘기, 꿩, 백로, 해오라기, 뻐꾸기, 딱따구리, 두견이 등 온갖 새들이 우리네 삶과 같이하여 왔다.

새와 같이한 삶은 하늘과 같이한 삶이 아니고 무엇이랴. 특히나 우리들은 하늘에 줄지어 날아가는 철새들을 흔히 목격한다. 이는 하늘과 지리와의 관계 때문이다. 하늘에서 보이는 모습이 땅의 현상과 직결되어 있음을 보여주는 단적인 예가 철새의 이동이다. 우리나라는 철새들의 번식지인 아세아의 넓은 시베리아 대륙과 연결된 반도이기 때문에 대부분의 철새 이동경로이자 철새들의 좋은 정거장이 되고 있다고 한다. 하늘이 더욱 친근하게 느껴지는 것도 새가 있기 때문이다. 특히나 철새이동의 장관은 하늘과 땅이 함께 연출하는 하나의 자연적 예술이라 할 만하다.

4. 하늘과 생활

근래에 들어서 하늘이 인간과 더욱 가까워지게 된 것은 아마도 항공교통의 출현 때문이었을 것이다. 사람은 새처럼 하늘을 날을 수 없을까. 고대로부터 인간의 꿈이었다. 비행기가 발명되고 하늘의 길이 만들어지면서 인간은 하늘을 가로지르는 기적 같은 일을 펼쳐나갔다. 열린 하늘이 눈앞에 전개된 것이다. 비행기 기술이 발전되면서 더욱 대형화되고 속도가 빠른 비행기가 인간들에게 친숙하게 되었고, 공항이 개발되고 국제공항 간의 서비스 경쟁도 치열하게 벌어지고 있다. 하늘 빨리 달리기 경쟁이 곳곳에서 전개되고 있는 것이다. 이에 맞추어 21세기에는 극초음속, 초대용량의 미래형 항공기가 하늘의 무대를 가로지르는 총아로 등장하게 될 것으로 보인다. 세계적 항공기 제작업체들은 21세기 항공시장을 선점하기 위해 최첨단 항공기 제작기술의 개발에 막대한 투자를 하고 있는 것으로 알려지고 있다.

미래의 항공교통 수요는 세계가 지구촌으로 좁아지고 국경이 없어지면서, 특히 이른바 오픈스카이 정책으로 영공자유화 추세가 전개되면서 더욱 활발히 늘어날 것이다. 그런데 항공기의 길 역할을 담당하는 항공교통망은 그 속에서 수많은 정거장을 갖는다. 크고 작은 국제공항이 그 기능을 한다. 항공기가 편리하고도 신속하게 국제공항에 내려서 또 다른 나라로 날아가고, 왔던 나라로 되돌아가도록 도와주는 국제공항 개발도 오늘날 엄청나게 이루어지고 있다.

우리나라에서는 21세기 동아시아 항공교통의 새로운 거점을 만들기 위해 인천 영종도에 신국제공항을 만들고 있다. 동아시아의 하늘을 지배하기 위한 한국인의 대야망을 엿보게 하는 웅대한 프로젝트이다. 하늘과 지리적 조건이 결합되는 프로젝트이다. 인천의 신국제공항은 지정학적으로 볼 때 비행거리 3.5시간 이내에 인구 100만 명 이상의 대도시가 43개나 분포되어 있어 항공수요의 거대한 집결지라고 할 수 있기 때문이다. 2000년 말을 전후하여 개항될 인천 신국제공항은 앞으로 일본의 간사이공항, 홍콩의 첵랍콕공항, 말레이시아의 세팡공항, 중국의 포동공항 등과 동아시아의 허브공항의 지위를 차지하기 위해 치열한 경쟁을 벌여 나갈 것으로 보인다. 하늘과의 전쟁이 국제공항을 중심으로 치열하게 벌어지게 될 것이다.

그러나 미래를 준비하는 일부 전략가들은 국제공항을 내세워 전개되는 하늘과의 전쟁에서도 우리 고유의 역사성과 자존심을 내세워 제대로 한번 대응해 보자는 아이디어를 내고 있다. 그 가운데서 인천국제공항의 명칭을 보다 의욕적으로 붙여 보자는 아이디어가 괄목할 만하다. 즉, 우리나라가 세계적으로 자랑할 수 있는 세종대왕의 업적을 기려서 '인천 킹 세종 인터내셔널 에어포트'로 하면 더욱 바람직하지 않겠는가 하는 아이디어이다. 세계 유명 국제공항에 그네들 나라의 존경할 만한 인사를 기려서 그 이름을 붙여 그들 국가의 정체성을 세계만방에 알리는데, 우리들도 그러한 일을 하는 것이 대한민국의 역사성과 존엄성을 살리는 데 기여할 것으로 판단된다. 하늘과 땅과 그리고 인물이 결합되는 하나의 프로젝트로서 인천 킹 세종 인터내셔널 에어포트의 명명이 이루어질 그날을 많은 사람이 맞이하고 싶어할 것이다.

하늘을 가로지르는 항공기의 발달로 말미암아 큰 고민거리도 생겨났다. 항공교통에서 발생하는 대형사고가 그것이다. 구소련에 의한 KAL 격추사고, 최근 괌에서 발생한 항공참사, 이어 베트남 여객기의 추락사고…. 우리네 이웃의 생명을 앗아간 참사는 계속 이어지고 있다. 보다 빠른 비행기만으론 이제 부족하다. 보다 빠르고 안전한 비행기와 안전한 항공기술, 관제기술, 공항기능, 그리고 보다 안전한 조종기술의 습득 등 이 모든 것이 종합되어 미래 항공교통에 '안전판'이 더 확고하게 만들어져야 한다. 이에 따라 고속성과 안전성이 융합된 항공산업이 개발되어야 하고, 이는 전 세계의 도전거리가 되고 있다. 초음속·초안전 미래 수송기의 개발에 선진국들은 엄청난 투자를 하고 있고 국가들 간의 공동개발 움직임도 나타나고 있다. 하늘을 이용한 국부(國富) 증대 경쟁이 물밑에서 전개되고 있는 것이다.

하늘은 경쟁의 장소로만 있는 것은 아니다. 인간의 놀이를 위한 멋진 공간이기도 하다. 하늘을 이용한 놀이는 수없이 많다. 우리들 가까이에서 접할 수 있는 모형비행기 날리기, 밤하늘 별 보기 등 천체관측, 조류관광이라든지 헬기관광, 패러글라이딩, 패러세일링, 행글라이딩, 열기구 타기, 스카이다이빙이라든지 요즈음 인기를 끌고 있는 번지점프, 그리고 21세기에 선보일 우주관광에 이르기까지 실로 다양하다.

한국적 하늘놀이문화의 대표적인 것으로는 연날리기가 있다. 연은 한국인의 복을 기원하는 문화와도 연계되어 일반인들에게 인기 있는 전통놀이문화로 굳어져 왔다. "연은 인간의 소원을 담아서 하늘에 날리는 놀이문화로 자리해왔고, 대보름날이 되면 한해의 액운을 멀리 보낸다는 뜻에서 액연을 띄우기도 한다." 충무공 이순신 장군은 연을 이용하여 적군의 움직임을 탐색하는 오늘날의 레이더 기술과 유사한 방법을 사용하기도 했다. 이러한 전통적인 행태에서 엿볼 수 있듯이, 본격적인 우주개발이 시작되면 신비한 우주를 보려는 우주관광이 한국인에게 대유행할 것이라고 쉽게 전망할 수 있는 것은 한국인의 삶 본연에 자리하는 하늘에 대한 외경과 친근성이 결합될 수 있는 첨단관광이 될 것이기 때문이다.

하늘에 대한 동경, 하늘을 가까이 하려는 한국인에게 하늘은 하늘다워야 한다. 하늘이 어떠할 적에 하늘답지 못한가. 하늘이 제공하는 푸름, 맑음, 깨끗함이 없어질 때 그러할 것이다. 하늘을 뒤덮는 대기오염은 하늘을 하늘답지 못하게 하는 제일의 공적이다. 공장에서 내뿜는 매연, 오존층의 파괴, 더워지는 지구는 하늘파괴의 징조이다. 하늘파괴는 인간 본연의 삶, 인간내재의 기원과 꿈을 파괴하는 것과 같다. 하늘파괴는 하늘이 갖는 주재자·심판자로서의 기능을 인간이 몸소 겪게 되는 결과를 불러일으키게 될 것이다. 하늘로부터의 벌을 받게 될 것이라는 예측이 그것이다. 오존층 파괴로 인하여 피부암 발생이 늘어나고 식물의 광합성에 장애가 오면 결국 식물을 먹고 사는 모든 생물에게 피해로 되돌아오는 현상을 바로 천벌로 여길 수 있을 것이다.

5. 하늘과 정보화 그리고 우주화

정보화 시대가 본격적으로 전개되면서 하늘을 향한, 하늘을 이용하려는 인간의 노력은 하늘을 정보통신의 공간으로 변모시키려는 방향으로 나아가고 있다. 정보통신기술의 발달, 특히나 컴퓨터의 급격한 발전은 무선통신과 위성통신의 상용화·일상화를 가능케 하고 있다. 바야흐로 하늘을 이용한 정보통신기술이 하늘을 덮는 날이 멀지 않을 것으로 보인다. "선진 각국은 하늘에 있는 전파자원 및 위성궤도 자원의 이용에 관한 관할권을 둘러싸고 치열한 국제경쟁을 하게 되고, 국제경쟁의 무대가 지상에서 바다로, 바다에서 하늘로 전개되고 있다." 하늘에서도 항공교통과 더불어 정보통신에서 복합적 경쟁이 이뤄지고 있다. 하늘이 새로운 기술전쟁의 무대가 되고 있는 것이다. 하늘의 지배가 세계를 지배하는 첩경이 되고 있고, 전혀 새로운 제국주의가 하늘에서 드러나고 있는 듯하다.

정보화 시대는 우주화 시대와 동시에 진행될 것이다. 하늘을 구성하는 우주를 탐색하려는 인간의 노력이 기술혁신으로 더욱 가속화되고 본격화 될 것으로 보인다. "우주개발은 이제 국방차원을 벗어나 통신·방송, 자원탐사, 물품제조, 환경도모, 조난구조 등 여러 분야에서 각광을 받을 것으로 전망된다." 인간이 지닌 우주에 대한 동경과 신비감이 상업화·실용화의 단계로 가고 있는 것이다. 우주기술의 혁신은 21세기에 산업혁명·정보혁명에 버금가는 우주혁명을 낳을 것이다. 우주혁명으로 인하여 하늘 깊숙이, 하늘 넓게 인간의 지혜와 육신이 도달하게 되고 새로운 인간의 삶이 전개될 것이다. 그러나 그 모습이 어떻게 전개될 것인지 구체적으로 파악하기는 힘들다.

우주의 신비로부터 보다 자유로운 인간의 개척활동이 열을 올리게 되고, 우주도시의 건설이 실현될 날도 멀지 않은 듯하다. SF 작가들의 픽션이 현실로 나타나게 될 우주혁명이 하늘에서 전개될 그때 우리 인간의 모습은 어떻게 될 것인지 지금부터 논의해 보고 그에 따른 대응책을 준비하는 일은 신세기에 전개될 우주혁명에 적극적으로 대비하는 일일 것이다. 그러나 우주화 시대에도 하늘에 대한 동경과 하늘과 친근하려는 한국인의 의지는 계속 이어질 것이다.

멋과 한국인의 삶

최정호 (편) | 1997년 | 나남 | 680면

차례

서론

멋과 한국인의 삶

최정호

아름다움을 찾는 욕망·심미성(審美性)에 대한 추구는 모든 인간의 본연적 욕구라고 할 수 있다. 고대 이집트 조각의 헤어스타일이나 우리나라 삼국시대의 부장 장식품들이 보여주듯이 사람은 예나 지금이나 어디에 살든 아름다움을 추구해왔다. 사람만이 아니다. 수려한 자태와 화사한 빛깔을 뽐내는 화조(花鳥)의 자연을 보면 아름다움이란 무릇 땅위에 목숨을 얻은 뭇 생명의 근원적 충동이라고 볼 수도 있을 것이다.

아름다움이 무엇인가. 무엇을 아름답다고 보는가 하는 아름다움의 기준, 이른바 심미관(審美觀)은 나라나 문화에 따라 다르고 시대나 유행에 따라 다를 수 있다. '멋'은 아름다움의 특히 한국적인 표상(表象)이다. 한국사람들은 예로부터 전통적인 노랫가락, 춤사위, 붓그림에서 혹은 그저 수수한 일상적인 일과 놀이의 삶 속에서도 멋을 추구하면서 살아왔다.

아름다움이 자연과 문화를 망라하는 포괄적인 개념이라 한다면 멋은 화조의 자연보다는 인간의 꾸밈새에서 찾는 개념이다. 새 우는 소리가 아름답다, 화초가 아름답다고는 하지만 멋있다고는 잘 말하지 않는다. 사람의 꾸밈새, 사람이 하는 수작을 우리는 멋있다고 말한다. 그러고 보면 멋이란 아름다움의 '한국적'인 표상일 뿐만 아니라 매우 '인간적'인 표상이라고도 할 수 있을 것이다.

멋은 예로부터 한국에서 보편적으로 수용되고 있는 긍정적 가치개념이다. 그래서 '멋이 있다'는 것은 누구에게나 좋은 뜻으로, '멋이 없다'는 것은 부정적 의미로 받아들여진다. 물론 사람들이 다 같이 아름다움을 추구하고 있다고 하더라도 모든 사람들이 반드시 아름다움을 언제나 어디서나 누리며 살아왔던 것은 아니다. 아름다움보다도 더욱 요긴한 삶의 다른 욕구가 충족되지 못했던 빈곤의 시대, 궁핍한 고장에선 아름다움의 추구는 얼른 사치스러운 욕망으로 간주되기도 하고 억압될 수도 있었다. "금강산도 식후경"이란 말은 그러한 사정을 가리키는 우리네 속담이다.

그러나 오늘날의 한국은 광복 후 반세기에 걸친 사회·경제의 변화로 '절대빈곤의 늪'에서 벗어나 이제는 모든 사람들이 아름다움을 추구하기에 이르렀다. 여기에는 '5천 년 가난의 한'을 씻어준 한국경제의 산업화와 모든 사람의 평등한 인권을 자각케 해준 정치의 민주화가 배경에서 큰 몫을 하였다. 1948년 유엔총회가 채택한 인권선언에선 사람은 누구나 공동체의 문화생활에 자유로이 참여할 수 있는 권리, 곧 문화에의 권리를 갖는다고 밝혀 놓고 있다. 심미성·아름다움을 추구하는 권리는 바로 문화에의 권리 가운데서 핵심적인 한 요소를 이룬다.

산업사회에서 국민소득의 일반적 향상은 대중소비의 증대를 가져왔으며, 다른 한편으론 사람들이 이젠 단순한 물질적 만족만이 아니라 '삶의 보람'을 찾는 경향도 점차 보편화하고 있다. 우리나라의 경우 1985년에서 1994년까지 최근 통계만 보아도 1인당 국민소득(GNP)은 2,242달러에서 8,483달러로 증가했고, 그와 함께 개인 가처분소득(PDI)도 2,028달러에서 7,662달러로 3배 이상 늘어났다. 한편 같은 기간에 도시가구의 교양·오락비용은 12만 6천 원에서 66만 5천 원으로 5배 이상 늘었고, 그것이 전체 소비지출에서 차지하는 구성비 또한 3.3%에서 4.9%로 증대하였다.

요즈음의 젊은이들은 한 세대 이전의 젊은이들과는 달리 직장 선택의 기준으로 '보다 많은 수익'보다는 '보다 많은 자기실현의 기회'를 들고 있다. 그들은 일 못지않게 여가를 찾고 있다. 한편 요즈음 사람들은 옷이 해어져서 버리는 것이 아니라 멀쩡한 옷도 유행이 지났다고 생각하면 버린다. 의복의 내용성(耐用性)은 물질로서의 옷감의 실용성이 아니라 멋이 있고 없고 하는 주관적 심미성에 의해 결정된다. 멋의 추구, 아름다움의 추구가 이처럼 대량생산체제의 산업사회에서 대중소비와 결합하게 되면 심미성의 가치는 이제 단순히 개인적·미학적 차원에 머물지 않고 사회적·국민경제적 차원을 갖게 되지 않을 수 없다.

아름다움의 가치는 그래서 지금 산업생산의 모든 제품에 영향을 미치는 중요한 요인이 되고 있다. '산업디자인' 또는 '디자인산업' 분야의 발전이 시사하듯 아름다움은 이미 한 나라의 문화만이 아니라 경제의 발전에도 지대한 영향을 미치는 큰 요인이 되고 있는 것이다. 실제로 아름다움은 프랑스나 이탈리아 같은 나라에선 거대한 규모를 갖는 수출상품이 되고 있다. 예컨대 프랑스의 사치산업은 110개의 기업에 3만 5천여 명이 종사하는 일자리로 연간 6조 원 규모의 매출을 올리고 있으며, 프랑스 총수출의 8.8%를 차지하고 있는 것으로 알려져 있다(1994년 현재).[1] 우리 한국은 그러한 프랑스나 이탈리아의 사치산업을 위한 소비시장으로서 급속하게 부상하고 있다.

예로부터 한국사람들은 나름대로 한국적인 아름다움·멋을 추구하며 살아왔다. 그러나 해방 이후, 특히 1960년대 이후 산업화 과정에 수반한 사회·문화변동은 일반적 가치관의 동요와 함께 심미적 가치관에도 커다란 혼란을 가져왔다. 전통적 아름다움의 가치는 이미 스러지고 현대적 아름다움의 가치는 아직 자리 잡지 못한 채 일종의 심미관의 무정부상태를 드러내고 있는 것이 한국문화의 현주소이다.

이러한 심미관의 공백을 메우고 있는 것이 외국상표가 위세를 떨치고 외제상품이 판을 치는 우리나라 소비시장의 이른바 '타자지향성'(他者志向性)이요, 값비싼 것이 값진 것이라고 보는 '고가지향성'(高價志向性)이다. '가격'과 '가치'가 동일시되고 있으며, 아름다움의 가치는 상품의 가격으로 전락하고 만 셈이다. 그리고 이와 같은 한국적 소비사회의 특성은 국가의 경제·사회 전반에 심각한 부정적 영향을 미치지 않을 수 없을 것이다.

재정경제원 경제조사과에서는 소비패턴의 급속한 고급화·서구화·편의주의화가 우리나라 영세기업의 경기부진에도 주요원인이 되고 있

---

1 KDI 국민경제교육연구소, 〈기업의 세계화: 선진국의 경험과 사례를 중심으로〉, 연구보고서 9504, 1995, 170쪽.

다는 평가보고서를 내놓은 바 있다. 2 뿐만 아니라 한국적 아름다움의 공위(空位) 상태는 한국·한국인·한국상품의 대외적 이미지에도 커다란 결손요인이 될 수 있다. "싱가포르인들의 한국인에 대한 인상이란 생동감 넘치는 태권도 무술, 취미 삼아 화염병을 전투경찰에게 던지는 시위학생들, 그리고 사나운 한국축구팀의 범주를 벗어날 수 없을 것이다." 이것은 김 대통령의 동남아 순방에 앞서 우리와 비교적 가까운 싱가포르의 한 신문사설이 표백한 한국의 국가 이미지이다. 3 한국상품에 대해서도 전반적으로 '문화적 이미지'가 결여되어 있다는 지적을 들은 지는 이미 오래이다.

위와 같은 배경과 문제의식에서 출발한 이 연구는 한국적 멋의 전통적 유산의 여러 양상을 되돌아보고, 그 유산의 현재적 또는 현대적 적실성을 살펴볼 것이다. 그리고 개인적·사회적 차원에서 멋을 추구하는 수준과 우리의 경제·문화 활동과의 상관관계도 점검하면서, 나아가 현대적인 멋의 장차 확산가능성과 한국적인 멋의 세계화 가능성 등을 여러 분야의 전문가들을 통해서 타진하고 성찰해 보게 될 것이다.

2 재정경제원 경제정책국 경제조사과, 〈소비구조 변화와 체감경기〉, 1995. 3.
3 〈중앙일보〉, 1996. 2. 29.

커뮤니케이션의 유토피아?: 정보화와 한국인의 삶

이헌조 · 최정호 (공편) | 1997년 | 나남 | 640면

차례

머리말

이헌조 · 최정호

이 책의 제목과 이 책의 탄생에는 이미 하나의 '역사'가 있다.

이 책을 구상하게 된 것은 1994년 말, 당시 LG전자(주) 회장으로 있던 이헌조(李憲祖)가 미래학회장 최정호에게 '멀티미디어와 정보화 사회와 관련한 21세기 한국의 전망'을 연구해 보지 않겠느냐는 제안을 해온 것이 출발점이 되었다. 그 제안에 따라 미래학회는 LG전자(주) 부설 '커뮤니카토피아연구소'와 연구계약을 맺어 다음해 1995년 봄부터 월례 회를 거듭해서 연구주제와 관련되는 여러 소주제를 개발하고 학회 안팎 의 전문가들을 초빙하여 발표와 토론의 장을 마련하였다. 당초 예정은 그 성과를 엮어서 1996년 말까지는 단행본을 간행할 예정이었으나 편집자의 역부족으로 이처럼 출간이 늦어지고 말았다. 연구를 도와주신 분들과 집필자들에게 송구스럽게 생각한다.

이 책의 간행이 이처럼 지체되는 동안 이헌조는 LG전자(주)에서 LG 인화원(人和院) 회장으로 자리를 옮기고 그 사이 '커뮤니카토피아연구소'도 LG종합기술원으로 이관 흡수되었다.

'커뮤니카토피아'란 말은 누구나 쉬이 짐작할 수 있듯이 '커뮤니케이션'과 '유토피아'를 합성한 이헌조의 신조어이다. 멀티미디어를 개발하는 정보산업 분야의 최고경영자의 자리에 있을 때에도 이헌조는 멀티미디어가 무엇을 위한 커뮤니케이션의 수단이며 정보화 사회는 무엇을 위한 사회냐 하는 근본적 문제를 제기하곤 하였다. 그러한 이헌조의 문제 제기를 커뮤니케이션의 역사와 언론사상사를 연구하는 최정호가 받아들여 업계와 학계의 전문인들을 모셔와 마련한 '담론의 향연'이 이 책의 내용이다.

이 책의 제목을 '커뮤니케이션의 유토피아?'라고 한 까닭은 비단 지금은 문을 닫은 '커뮤니카토피아연구소'의 과거를 추념한다는 데에만 뜻이 있는 것은 아니다. 그보다도 오늘날 장밋빛에 감싸인 정보화 사회의 여의주(如意珠)처럼 횐전되고 있는 멀티미디어가 과연 인간의 상호이해를 위한 커뮤니케이션에 어떤 기여를 하는 것인지, 또는 못하는 것인지, 나아가서 그러한 커뮤니케이션의 신기한 여러 수단들이 인간사회의 '삶의 질'을 개선하는 데 어떤 기여를 하는 것인지, 또는 못하는 것인지 하는 경고적인, 그러면서 원초적인 문제를 바로 우리들의 미래를 위해서 환기시켜 보자는 것이 더욱 중요한 의도이다.

우리 세대에 등장한 텔레비전 미디어가 이미 단란한 저녁시간을 빼앗아 가족끼리의 대화를 위축시키고 컴퓨터게임이 자폐증의 아이들을 양산하고 있다는 사실은 이러한 경고적·원초적 문제제기의 적실성을 뒷받침해 주고 있다.

이헌조와 최정호는 기업인·언론인으로 서로 다른 길로 나가기 전에 다 같이 젊은 날에 한 대학에서 철학을 공부한 동문이다. 그러다 다 같이 정년의 나이에 접어들면서 커뮤니케이션과 미디어의 문제를 '원점'에서 생각해 보자는 마당에서 다시 만난 꼴이 되었다. 학문적·사회적으로 찾는 곳이 많은 분망한 필자들께서 그 바쁜 시간을 쪼개어 귀중한 옥고를 집필해 준 성의와 우의에 대해서 한 분 한 분께 감사를 드린다.

이 책의 출간에는 마지막 단계에서 연세대 신문방송학과의 윤영철(尹永喆) 교수가 참여하여 편집계획을 보완하고 필자를 선정·섭외하는 일에도 헌신적으로 협조해 주어 유종의 미(美)를 거두어 주었다. 이 자리를 빌려 윤 박사에게 심심한 사의를 표해 두고자 한다.

그리고 이번에도 선뜻 이 책을 맡아 출판해 준 조상호 나남출판사 사장과 편집국의 여러분들께도 고마움의 따뜻한 마음을 전한다.

땅과 한국인의 삶

김형국 (편) | 1999년 | 나남 | 680면

차례

서문

김형국

1.

이 책은 한국미래학회가 지난 1990년대 초 이래 펼쳐 온 〈한국인의 삶〉 시리즈의 하나로 마련된 것이다. 〈한국인의 삶〉 시리즈는 한국인의 삶을 결정하는 기본 요소 내지 동인에 대한 탐색이다.

미래를 예측하고 바람직한 미래를 그려, 이것의 실현을 위해 오늘의 행동을 모색하는 것이 미래연구다. 그러나 이것이 지극히 어려운 과제인 것은 작금의 상황이 급변을 거듭하고 있어 미래에 대한 모든 투시(透視)와 논의가 불확실, 유효성 실종 그 자체인 까닭이다.

시대가 불확실의 상황인 것은 어제오늘의 일이 아니다. 이제 그 막이 내리는 20세기를 두고 한마디로 '격변의 시대'였다는 것이 세기말의 시점에서 내리는 사계의 정평이듯, 인간의 삶에서 오로지 사랑의 변치 않는 중요성을 빼고는 모두가 변화의 소용돌이에 빠져 있다. 이 연장으로 장차에는 더욱 깊고 큰 변화로 빠져들고 있다는 예측만이 가장 확실한 미래예측이 되고 있음이 오늘의 실정이다.

미래사고를 포기해야 할 정도로 미래가 불확실한 상황임에도 불구하고 여기서 우리가 취할 수 있는 긍정적·적극적 태도는 무엇일까. 하나는 불확실하기 때문에 역설적으로 더욱 미래는 탐구해 볼 만한 대상이라는 점, 그리고 또 하나는 사람의 삶에서 장차에도 그 중요성이 변질될 리 없는 사랑의 존재처럼 이에 버금가는 삶의 근본이 분명 있을 터인즉, 그런 근본을 천착한다면 필시 거기서 우리의 미래를 내다보는 거울이 될 만한 실마리를 찾을 수 있을 것이라는 점이다.

2.

학회가 펴낸 《산과 한국인의 삶》(1993), 《물과 한국인의 삶》(1995), 《멋과 한국인의 삶》(1997), 《하늘과 한국인의 삶》(1997) 등 일련의 저술은 삶의 근본을 찾자고 시작한 일이다. 이들 저술의 주제들은 결과적으로 삶의 원리를 말하는 오행설(五行說)을 원용하는 꼴이 되었다.

오행설은 중국 자연철학의 일종이며 동시에 세계관이다. 나무·불·땅·쇠·물[木·火·土·金·水] 다섯 가지 원소로 이루어진 오행은 사람의 일상생활에 결코 없어서는 안 될 요소인 까닭에 심지어 사람이나 나라의 길흉을 점치는 오행점(五行占)을 낳기도 했던 것이다.

아무튼 이 책의 주제인 '땅' 또한 바로 오행설의 간판 격 구성요소이

다. 물은 북쪽, 나무는 동쪽, 불은 남쪽, 쇠는 서쪽인 데 견주어 땅은
중심을 상징하고 있는 점에서 그렇다.

3.

이 연구에서 땅과 어우러진 한국인의 삶을 총체적으로 조감하려 한다.
땅은 우리의 삶과 가장 긴밀하게 직결된 실체이다. 한자 문화권에서 교
과서 중의 교과서인《천자문》(千字文)이 '하늘 천(天)' 다음에 바로 '따
지(地)'를 말하고 있음은 그 때문이고, 그래서 하늘과 땅이 어우러진 사
이를 사람이 살고 있기에 '천지인(天地人) 삼재(三才)'는 우주의 기본
구성이 되고 있는 것이다.

철인(哲人)들은 삼재가 어우러지는 세상의 질서를 그리곤 했다. 노
자(老子)는 이렇게 말한다. "사람은 땅을 법으로 삼고, 땅은 하늘을 법
으로 삼으며, 하늘은 도를 법으로 삼고, 도는 스스로 그러함을 법으로
삼는다."(人法地 地法天 天法道 道法自然)

삼재 가운데 하나인 사람은 '육상동물'이다. 움직임과 머무름의 두 축
으로 엮어가는 것이 인간생활의 근본일진대 이 근본을 지탱해 주는 근
거가 바로 땅이다. 사람이 이룬 일이 궤도에 올랐다면 그걸 두고 '자리
를 잡았다'고 말하는데, 자리란 다름 아니라 땅을 함축한다.

그리고 삶의 형편을 땅과 연관시키는 것도 우리의 일상적 방식이다.
입장의 난감함을 '설 땅이 없다'하고, 형편이 절망적임을 '땅이 꺼진다'
고 표현한다.

외국어도 마찬가지다. 이를테면 '발생한다'(take place)는 낱말은 '땅
을 차지한다'는 뜻에서 유래하였다. 그만큼 사람이 이루는 문화나 문명

은 모두 땅에서 전개되고 있는 것이다.

우리 생활에 밀착된 요소인 만큼 땅에 대한 낱말이 많은 것은 당연하다. 대충 적어도 흙, 대지, 토지, 지모(地母), 터전, 장소, 지역, 마당, 경관, 공간 등 관련 개념이 많고 많다. 생선 중 사람의 기를 돕는 것이라 해서 조기(助氣)라 적기도 하는 조기(曹機)를 두고, 한민족이 살아온 오랜 세월 속에서 친밀하고 친애했던 물고기의 하나인 까닭에, 그 생장을 따라가며 가장 작은 것은 황석어(黃石魚), 조금 작은 것을 반애(盤厓), 그리고 조금 큰 것을 보구치(甫九峙) 등으로 부를 정도이니, 사람이 살아가는 가장 기본적인 근거인 땅을 두고 많은 개념이 생겨난 것은 너무나 자연스럽지 않은가.

4.

이 책에 실은 28편의 논문은 3부로 구성되어 있다. 대지의 땅, 토지의 땅, 경관의 땅이 그것이다.

제1부는 "대지의 땅"이다. "사람은 역사도 만들고 지리도 만든다"했는데, 사람이 만들고자 하는 지리는 큰 땅에 대한 소망에 다름 아니다. 그래서 물리적으로 큰 땅은 국력의 대명사이다. 그리고 사람이란 존재는 땅에서 정체성을 느끼는 영토성(領土性)이 체질화되어 있기에 주어진 땅에서나마 자기확대를 실현하려는 것이 국민국가 사람들의 타고난 노릇이다. 그래서 한결같이 땅이 크고 또 위대하기를 바라고 또 바란다. 대지(大地)의 땅은 그걸 상징한다.

제2부는 "토지의 땅"이다. 해방 후 현대 한국문학의 최고봉이라 평가받는 대하소설 《토지》(土地) 작가의 변(辯)이 참고가 된다. "(소설의 제

목을) '토지'라고 정한 것은 … 토지라 하면 반드시 땅문서를 연상하게 되고 '소유'의 관념을 포함하고 있습니다. 그런데 이 소유라는 것은 바로 인간의 역사와 관련되는 거라고 생각합니다. 인간이 원초적 상태에서 오늘에 이른 것은 다 소유의 관계에서 나온 것"이라 했다. 소유의 땅은 땅의 생산성과 직결된다. 땅의 생산성은 1차 산업인 농업 위주로 파악되다가 산업화가 진행하면서 고차산업의 입지(立地)로 파악되기 시작한다. 산업화는 필연적으로 도시화를 촉발하고, 그렇게 확산되고 있는 도시·산업화가 오늘의 우리 문명을 대변한다 해서 "인류문명은 도시문명"이란 말이 보편타당해진 것이다.

제3부는 "경관의 땅"이다. 인류문명의 고도화는 분업으로 말미암은 것인데, 분업은 노동의 분업과 함께 장소의 분업을 말한다. 장소의 분업 곧 장소의 역할이 나누어지고 나면 분업만큼이나 통합하고 연결하는 일의 중요성이 막중해진다. 그래서 장소와 장소의 사이인 공간을 어떻게 통합하느냐가 인류문명 발달의 관건이 되었다. 마침내 교통과 통신이 그 공간의 문제를 해결하게 되는데, 이 공간 문제 해결에 골몰하는 사이에 공간을 있게 한 출발점인 장소, 터전, 현장에 대한 관심이 상대적으로 간과되기도 했다. 제3부는 오행의 핵심으로 사람이 발을 딛고 있는 바로 그 마당의 땅에 대한 조명을 시도한다.

5.

이 연구에는 각계 전문인사가 참여하고 있다. 땅에 대한 각기 다른 시각을 가진 채 함께 연구에 참여하자면 연구 취지에 대한 각별한 동참의식이 요구된다. 그런 열성을 보여준 집필자에게 감사의 뜻을 전한다.

이전에 없던 연구를 진행할 경우, 후원자를 만나기도 쉽지 않다. 한국토지공사(김윤기 사장)의 관심과 후원은 이 연구의 마당이 펼쳐지게 만든 고마운 '공양주'이다.

이 연구가 책으로 만들어지는 데는 또다시 나남출판사 조상호 사장의 힘을 빌렸다. 전 학회장 최정호 교수가 처음 발의하고 주관했던 〈한국인의 삶〉 시리즈 책을 줄곧 만들어 주었는데 이번에도 같은 관심과 정성을 보여주었다. 이 연구의 진행을 도와준 서울대 환경대학원 박사과정생 김현호 군과 책 교정에 참여해 준 변창흠 군도 노고가 많았다.

불과 한국인의 삶

김형국 (편) | 2001년 | 나남 | 648면

차례

머리말

김형국

1.

도자기는 불의 예술이다. 신품(神品) 도자기를 만드는 것도 불이지만, 깨어 없애야 마땅한 타작(駄作)을 낳는 것도 불이다. 그래서 변화무쌍의 요지경이란 뜻으로 '요변'(窯變)이란 말이 생겼다. 도자기 가마 안에서는 무슨 일이 일어날지 아무도 모른다는 뜻이다.

불이 바로 요변의 주인공이다. 내연(內燃) 기관의 불은 인류문명의 원동력이지만, 화재(火災)의 불은 사람들이 무서워하는 재난이다. 전자의 불을 일러 에너지라 부른다. 이 책은 바로 인류문명을 가능케 하는 에너지의 불에 대한 다각도의 논의를 집대성한 것이다.

211

2.

《불과 한국인의 삶》은 1990년대 초 이래 우리 학회가 연구·출간하기 시작한 일련의 저술 가운데 여섯 번째 것이다. 산(1993), 물(1994), 하늘 (1997), 멋(1997), 땅(1999)에 이어 불에 얽힌 한국인의 삶을 살펴보자 함이다.

지난 일련의 저술에 견주어 이번 연구서는 한 가지 특징이 돋보인다. 이전 연구들이 한국인의 삶과 관련된 저변 상황에 대한 일종의 기초연구라면, 불 연구는 우리의 생활에서 한시도 그리고 어디서도 없어서는 안 될 에너지를 다룬다는 점에서 현실성·실천성이 강하게 전제된 연구다. 미래의 시각에서 현실의 개선과 개혁에 관심을 두는 우리 학회 창립취지에 비추어 한국인의 삶과 관련된 어떤 주제보다 앞서 다루어졌어야 했던 것이 바로 이 연구다.

1990년대 중반, 이 연구의 착수가 시급함을 강조하던 당시 최정호 회장의 문제제기가 그렇게 설득력이 있을 수가 없었다. "전기는 만능의 에너지다. 첨단이기 컴퓨터를 작동하는 것도 전기지만 난방용 히터를 켜는 것도 전기다. 전자는 고부가가치 기계를 움직이는 에너지이지만, 후자는 장작이나 연탄 또는 석유로 가능한 일을 단지 편의 때문에 그 비싼 에너지를 싸구려로 이용하는 경우다. 이런 비효율은 우리 사회발전에 큰 걸림돌이 아닐 수 없다"고 했다.

그렇지 않은가. 전기로 난방을 일삼는 경우처럼 에너지 낭비가 심한 경우도 흔치 않다. 석유를 직접 이용해도 가능한 난방을 석유 등으로 기계를 돌려 발전해서 그걸 난방용으로 끌어 쓴다는 것은 석유의 낭비성 우회이용이고 그만큼 비효율이 생겨난다.

뜻있는 식자의 문제제기는 바로 우리 주변에서 매일처럼 목격되는 현상을 지적한 것이기도 하다. 이를테면 대학 난방의 경우, 교수연구실을 위해 난방을 하면 겨울방학으로 텅 빈 강의실에도 얼마만큼 스팀이 들어가는 낭비가 다반사다. 그래서 예산을 절감한답시고 달력상에 봄날이 시작된다는 시점이 돌아오면 기계적으로 스팀난방을 중단한다. 그 지경이면 봄추위를 이길 장사가 없는지라 교수연구실에는 개인적으로 마련한 전열기가 켜진다. 에너지 남용은 이를 두고 하는 말이다.

3.

에너지는 이 시대 초미의 현안과 직결되어 있다. 경제구조가 후기 산업사회적으로 변환하고 있기에 그 어느 때보다 번영을 이어가야 하는 과제가 큰 현안이고, 에너지집약적인 번영이나 성장은 불가피하게 환경훼손이 따르기 마련인지라 환경보전을 어떻게 실현할 것인가가 또 다른 중요 현안이다.

경제번영과 환경보전의 두 현안을 관류하는 대표 인자가 바로 에너지다. 경제번영은 에너지의 산출효과(*output effect*), 곧 에너지를 더욱 이용해야만 얻을 수 있는 것이고, 환경보전은 에너지의 보존효과(*conservation effect*), 곧 에너지 수요를 억제해야만 얻을 수 있는 것이기 때문이다.

상식적으로 경제와 환경은 서로 상쇄(*trade-off*) 관계에 있다는 것이 통설이다. 경제성장을 실현하면 환경파괴는 많든 적든 불가피하다는 것. 여기에 에너지 변수가 들어가면 상황은 달라진다. 에너지 고소비형의 굴뚝산업은 환경파괴가 불가피하지만, 성(省)에너지형 첨단산업은 경제번영과 환경친화를 동시에 실현시켜 줄 수 있다는 말이다. 경제와 환경이 한배를 탄 것은 해당 기초학문인 경제학(*economics*)과 생태학

(*ecology*)에서 이미 점지된 바다. 두 학문의 이름이 다 같이 가계관리 (*household management*)를 뜻하는 그리스어 (*eco*)에서 유래했다.

생태학은 지구가계인 자연의 관리를 뜻하고, 경제학은 사회생존을 위한 공급에 대한 인간의 관리를 뜻한다. 경제학은 가격과 교역형태, 자원의 효율적 이용, 각국의 국부, 부의 분배가 변화하는 까닭, 그리고 이것들에 영향을 미치는 정책에 관련된 제 질문에 대한 연구이고, 생태학은 각종 동식물들의 상관관계 그리고 생명체와 그 환경이 상호작용하는 방식에 관련된 질문에 관심을 갖는다.

오늘의 과학은 새롭게 인구, 기아, 혼잡, 오염, 그리고 보존에 깊은 관심을 갖게 되었다. 그런 관심은 인간과 경제가 자연환경과 상호작용하는 방식에 대한 탐구와 관련되어 있다. 그래서 제가끔 해당사안의 인과관계 규명에 힘쓰던 경제학과 생태학이 서로 긴밀히 제휴하기에 이른 것이다.

4.

경제번영과 환경친화라는 두 마리 토끼는 우리의 미래가 전개될 21세기를 지배할 핵심과제다. 두 토끼는 결코 둘이 아니라 하나일 수 있다는 것이 작금의 희망성 화두다. '지속가능발전'(*sustainable development*) 개념이 바로 그것이다. 1992년 리우에서 열렸던 제 2차 세계환경회의가 도출했던 결론이다.

번영과 환경을 동시에 약속하는 지속가능발전의 탐색은 동서양의 오랜 염원이기도 했는데, 이 대목에서 동양 쪽 발상법이 더 앞선다. "농사시기를 어기지 않으면 곡식을 이루 다 먹을 수 없게 될 것이며, 빽빽한 그물을 못에 넣지 않으면 물고기를 이루 다 먹을 수 없게 될 것이며, 도끼를 적절한 시기에 산림에 넣는다면 재목(材木)을 이루 다 이용할 수 없을 정도로 넉넉할 것이다. … 이렇게 산 사람을 부양하고 죽은 사람을 장사 지내는 데 유감없도록 나라의 살림을 이끌어나가는 것이 통치자가 먼저 해야 할 일"(不違農時 穀不可勝食也 數罟不入洿池 魚鼈不可勝食世 斧斤以時入山林 材木不可勝用也. … 是使民養生喪死無憾也 王道之始也)이라 했던 것이 바로 맹자(孟子)의 가르침이다.

지속가능발전의 근대적 발상법은 독일 임학(林學)에서 찾을 수 있다. '보속수확'(保續收穫, *sustained yield*)의 법칙이 그것이다. 이는 지형, 토양, 기후, 수종에 알맞게 산림의 가치생산이 끊임없이 이어지도록 하자는 것. 이를 위해서 석유를 태워서 공장을 가동시키는 기업가도 대기 중에 충분한 산소가 없이는 석유가 연소되지 않는다는 점에서 석유 값만 지불할 것이 아니라 대기 중의 산소 값도 지불해야 한다는 논리로서, 그래서 조림(造林)에 투자해야 함이 당연하다는 입장이다.

5.

이 책에 실린 33편의 논문은 인류문명이 불의 문명, 다시 말해 에너지 활용으로 조건지어진 것임을 전제하고 있다. 제1부 "불의 문화론"은 그 전제가 우리의 삶에서 구현되는 방식의 대강에 대해 다룬다. 이 책의 주제는 무엇보다 번영과 환경의 두 기준의 조화에 두고 있다. 이를 다루자면 에너지와 근대화와의 상관성을 다룰 수밖에 없는바, 제2부와 제3부는 그 점에 착안한 글들이다. 이어서 제4부는 에너지로 본 경제와 환경이 상충하는 상황에 대한 논의들이다.

반면, 번영과 환경의 동시적 실현은 결국 에너지 절약이 핵심이다.

제 5부의 논문들에서 절약이 '집단속'(*house-keeping*)과 '기술적 돌파' (*technological break-through*)에 의해 가능함을 제시한다. 기존 시설의 정비·보수에 치중하는 '집단속' 방식으로는 20~40%, '기술적 돌파'가 실현된 새로운 시설의 설치로는 에너지 사용이 40~60%나 절약될 수 있다고 진작 알려져 있지만, 오일쇼크 그리고 뒤이은 단속적(斷續的) 고유가에도 불구하고 우리의 절약이 그렇게 뚜렷하지 않은 데 대한 성찰과 이에 따른 대안 제시다.

6.

에너지 절약이 경제적으로나 환경적으로 당면 과제임에 더하여, 그걸 어느 부류 어느 부문이 책임 있게 감당해야 하는가 하는 과제도 중요하다. 이 과제의 논의 필요성은 경제와 환경에 대한 집중 고려가 형평성에 어긋날 소지가 많아서다. 경제가 형평성 또는 정의 기준과 갈등을 빚기 일쑤인 것은 익히 알려졌듯이 환경보전 역시 형평성과 어긋나는 경우가 많기 때문이다. 수돗물이 안전하지 못하다고 알려지면 넉넉한 사람은 당장 생수를 사 먹을 수 있지만, 그렇지 못한 사람은 그런 선택을 취할 수 없는 것이다.

따라서 에너지 보전은 넉넉한 사람들이 더 많은 책임을 져야 한다는 주장은 정당하다. 세계인구 2할의 살 만한 나라 사람들이 세계자원의 8할을 소비하고 있는 까닭에 여유 있는 사람들이 환경보전에 앞장서지 않고는 에너지 보전의 전망은 한마디로 어둡다는 말이다.

에너지 보전을 위한 도덕적 기준이 이렇게 중요함에도 이 연구는 거기에 단편적 언급이 있을 뿐 집중적 논의가 이뤄지지 못했다. 이 연구의 한계임을 자인하면서, 장차의 과제로 남겨 놓았다는 말로 대신할 수밖에 없다.

7.

다양한 전문지식을 동원하여 학제 간 연구를 실행하자면 각계의 이해와 참여 그리고 성원이 필수적이다. 먼저 에너지 문제의 중요성에 관심을 갖고 일반 인사들과 지적 교류를 전개할 수 있도록 평소에 온축했던 전문지식을 평이한 문체로 정리해 준 필자들에게 심심한 경의와 감사를 드린다.

한국미래학회를 중심으로 각계의 지혜를 모으는 데는 연구재정 확보가 절대필수다. 무려 3년이 소요된 이 연구 초기에는 한국가스공사의 지원이 있었고, 그 완성에는 한국원자력문화재단의 도움이 절대적이었다.

한국원자력문화재단의 지원에는 김장곤(金莊坤) 전 이사장의 성원이 결정적이었다. 우리의 대표적 에너지원이 전기고, 발전의 4할을 원자력발전소에 의존하는 현실인데도 그 잠재적 환경위험 요소 때문에 원자력발전소는 경원(敬遠)되고 있음을 통감한 끝에, 이 문제는 에너지에 대한 총체적 이해 속에서만 접근가능하다고 여겨 재단의 기존 관행에 구애되지 않고 이 연구에 대한 지원을 감당해 주었다. 간곡하고 깊은 감사의 말씀을 드리는 바이다.

이 연구의 진행을 위해 아이디어를 제안하고 필자를 찾아 준 동료 회원 서울대 문상흡(文相翕), 임지순(任志淳) 교수, 그리고 국토연구원의 박양호(朴良浩) 박사의 헌신은 연구책임자의 소임을 오히려 능가한다. 그리고 이 장기 연구의 차질 없는 진행은 서울대 환경대학원 박사과정생 김현호(金玄鎬) 군의 꼼꼼함이 큰 몫을 했다. 끝으로 한국미래학회의 활동을 평가해서 일련의 연구서를 빠뜨리지 않고 출간을 맡아 준 나남출판 조상호 사장의 공덕도 잊지 않고 있다.

배움과 한국인의 삶

전상인·정범모·김형국 (공편) | 2008년 | 나남 | 368면

차례

머리말

전상인

1.

이 책은 배움에 관련된 한국인의 삶을 크게 다섯 부분으로 나누어 논의하였다. 먼저 "배움의 정신"이라는 주제하에 4편의 글이 모였다. 서울대 교육학과 교수로 재직하다가 한림대와 충북대에서 총장을 역임한 정범모 선생은 세 가지 지식가치관을 제시하고 있다. '지식간판관', '지식실용관', '지식희열관'이 바로 그것이다. 이 가운데 그는 마지막, 곧 즐거움을 위한 진리추구를 으뜸으로 친다. 창의력을 지식의 근본으로 인식하는 그로서는 옛날 과거제도나 현재 고시제도에 대해 당연히 부정적일 수밖에 없다.

전 연세대 교육학과 교수인 김인회 선생은 국조(國祖) 신화까지 소급하면서 그것이 조선시대 성리학적 교육이념에 의해 승계되었다고 보는식으로 한국교육의 유구한 역사를 개괄했다. 특히 그의 글에 눈에 띄는 대목은 최근 자신의 국궁(國弓) 공부를 사례로 들면서 의도적 목적에 따라 사람을 가르치는 제도적 차원의 교육, 곧 교(敎) 보다는 몸으로 익히는 것 배움 그 자체가 즐거운 습(習) 의 중요성을 강조하고 있다는 점이다. 그는 문화의 힘과 생명력에 기인하여 21세기에는 교육이 창조적 능력을 기르는 방향으로 전환해야 한다고 본다.

한국학중앙연구원의 동양철학자 한형조 교수는 설령 유교에 썩은 부분이 있다고 해도 사과를 통째로 버리지 말자는 입장이다. 유교가 규율이고 문법이고 강박이던 시대가 더 이상 아닌 현재야말로 '있는 그대로의' 유교를 볼 수 있다고 주장하는 그는 유교의 복권을 신중하게 모색한다. 그에 의하면 유교의 실패는 지식의 열린 지평을 육경사서(六經四書) 와 과거시험을 통해 닫아 버린 것에 기인한다. 만약 오늘날 공자가 살아 있다면 '학이시습지'(學而時習之) 의 전통에 따라 영어를 위시한 각종 외국어 공부에 오히려 열심이었을 것이라는 것이 그의 생각이다.

사회학 전공의 서울대 환경대학원 전상인 교수는 오늘날 한국사회에서 이슈로 제기되는 '지식인 정치' 혹은 이른바 '폴리페서'(polifessor) 의 문제를 거론하고 있다. 그는 목하 한국사회에서 지식인의 정치적 활동이 사회적으로 쟁점화된 원인을 한편으로는 전통적 유교문화의 영향, 다른 한편으로는 민주화 이후에 나타난 권력의 '백가쟁명'(百家爭鳴) 현상에서 찾고 있다. 그는 지식인의 정치활동에 관해 선거캠프 모형, 싱크탱크 모형, 인식공동체 모형 및 학술시민단체 모형 등 네 가지를 제시하면서 현재 성행하고 있는 선거캠프 모형과 학술시민단체 모형에 대해 상당히 비판적이다. 무엇보다 그는 지식인으로서의 스스로 '중심잡기'와 현실로부터의 일정한 '거리두기'를 강조한다.

이 책의 둘째 마당은 "배움의 기본"에 대한 생각들이다. 우선 전 연세대 신문방송학과 교수인 최정호 선생에 의하면 배움과 가르침의 목적은 의무교육 기간에 제 나라 말로 어디서나 제대로 제 생각을 말하고 제 나라 글로 제 생각을 적을 수 있는 능력을 확실히 배양하는 것이어야 한다. 하지만 지금 우리나라는 이러한 교육의 출발이자 기초가 고등교육과 대학교육을 받아도 안 되는 무지렁이를 양산하고 있다는 것이 문제다. 한국어로 말하고 한국어로 쓰고 한국사회에서 살아갈 수 있는 한국인을 제대로 길러내지 못하는 나라의 현실을 감안할 때 그는 차라리 과거 '국민학교'라는 용어에 대한 미련을 느낀다.

전 서울대 환경대학원 교수인 김형국 선생은 좋은 글을 한 사회가 축적한 문화자산으로 인식한다. 도시계획학자로서 자신은 1970년대 유관학계의 산학협동 풍토가 글쓰기의 황폐화를 초래하였다고 회고한다. 대신 그가 추구한 것은 주제를 스스로 결정하고 신문이나 잡지를 자기표현의 기회로 활용함으로써 일종의 사회적 교화를 목표로 하는 말하자면 '민학(民學) 협동형' 글쓰기였다. 그에 의하면 정직이야말로 글쓰기의 근본이자 아름다운 글이 되기 위한 최소한의 요구다.

서울대 국문학과 박성창 교수는 전자문화 시대가 집중적이고 지속적인 근대적 독서방식의 종언에 직면하고 있다는 사실을 우려한다. 그에 의하면 대신 선택적이고 확장적인 독서모델이 확산되고 있는데 이는 특히 논술열풍과 함께 넓게 읽되 깊이 읽지는 않는 풍조와 무관하지 않다. 말하자면 독서가 점차 의무화되면서 읽는다는 행위 자체는 주체의 즐거움이 없는 행위로 전락하고 있다는 것이다. 이런 맥락에서 창조적 글쓰기는 말하면서 창조적 읽기는 거론하지 않는 것은 큰 문제다. 전자문화 시대를 맞이하여 그는 즐거운 책 읽기 혹은 무상성(無償性)의 독서를 새삼 강조한다.

이 책이 다루는 셋째 주제는 "배움의 일선"에 대한 현장체험이다. 전 연세대 행정학과 교수이자 민주화 이후 교육인적자원부 장관을 두 차례 지낸 바 있는 안병영 선생에 의하면 교육부란 우군(友軍)이 별로 없는 국민적 비호감의 전형이자 공공의 적으로 인식되는 경향이 있다. 게다가 교육부 장관은 교수 출신이 대부분으로 시간과 더불어 숙성되는 만성(晚成) 장관일 수밖에 없으나 그나마 잦은 교체로 인하여 장관 학습 중 퇴진하는 경우가 보통이라는 것이다. 그는 유아·초등학교에는 지덕체(智德體)의 조화 및 인성강화를 꾀하는 근본주의, 중·고교에서는 평등주의와 경제주의의 조화로운 배합, 그리고 대학 이상에서는 경제주의를 원칙으로 삼아야 한다고 주장한다.

철학자로서 현직 계명대 총장으로 있는 이진우 선생에 의하면 오늘날 대학총장은 변화를 요구하는 외부사회와 변화를 꺼리는 대학 내부 구성원 사이에 낀 존재다. 달리 표현하면 대학 바깥으로부터 시장의 힘이 압도하는 시대에 처하여 총장과 일반교수 사이에 일종의 문화적 인지지체가 존재한다는 것이다. 그가 볼 때 대학개혁과 발전의 핵심적 관건은 학내 구성원들이 자발적으로 학교정책에 참여하도록 만드는 리더십이다. 이때 목표와 비전은 모든 구성원들에게 꿈을 심어 줄 정도로 포괄적이며 추상적임과 동시에 모든 사람이 이를 자신의 목표로 받아들일 수 있도록 구체적이어야 한다는 것이 그의 경험담이다. 대학의 혁신은 교수가 변해야 가능한 것이고, 교수의 본질은 역시 학생에 대한 봉사라는 것이 그의 생각이다.

현재 서울고등학교에서 국어교사로 재직 중인 송두록 선생은 정부의 잘못된 교육정책, 정당한 권위조차 내팽개치는 교단, 그리고 사회로부터 받는 냉대의 와중에서 가끔 자신이 하고 있는 일로부터 소외된 느낌을 가진다고 했다. 하지만 그래도 희망은 있다는 것이 그의 결론이다. 왜냐하면 학부모의 높은 교육열, 담임제도를 통한 교사들의 열정, 학교에 대한 나름의 소속감과 정체성을 견지하고자 하는 학생들의 주체의

식이 우리 사회에 아직 남아 있기 때문이다. 특히 그는 제7차 교육과정 이후 교사들이 학교현장에서 스스로의 교육을 '기획'할 수 있는 여건이 형성된 점을 중요시하면서 학교현장의 조속한 탈정치화를 기대한다.

학부모로서 얼마 전 《강남엄마》라는 책을 펴낸 바 있는 김소희 선생은 학생들에 대한 교육과 더불어 특히 '부모교육'의 필요성을 역설하고 있다. 그에 의하면 학교에서 일어나고 있는 일이나 학부모가 해야 하는 일에 대해 부모로서 제대로 알 기회가 없는 것이 우리나라 교육의 현실이다. 특히 그는 현행 '요약본' 형태의 교과서로는 부모의 학력수준이 아이의 성적에 영향을 줄 수밖에 없을 것이라고 주장하면서 해외경험 대학생이나 자원활동가 등 교원 보조인력의 자격조건 완화를 제안하고 있다.

소비자학 전공인 서울대 생활과학대 김난도 교수는 자신의 교수경험을 비추어 볼 때 한국의 교육문제는 자체적으로 해결이 불가능하다고 단언한다. 왜냐하면 한국의 교육에는 목표로 삼아야 할 '토끼'가 너무 많고 이래저래 간섭하고 참견하는 '사공' 또한 너무나 많기 때문이다. 그에 의하면 최근 사회적 관심이 집중되고 있는 서울대 문제를 해결하기 위해서는 특정 교육정책이 아니라 굳이 서울대를 가지 않아도 무방한 사회를 만드는 것이 훨씬 더 효과적이다. 가령 우리나라에 삼성전자나 현대자동차 같은 세계적 대기업이 100개쯤 된다면 서울대를 포함한 서열화된 소수의 대학 몇 개로 결코 버틸 수 없기에, 국가경쟁력 및 경제수준 향상이 비록 장기적이지만 교육문제 해결의 가장 근원적이고 유일한 해답이라는 것이다.

"배움의 실용"이라는 주제는 이 책의 넷째 마당이 차지한다. 먼저 연세대 사회학과 한준 교수는 현대사회를 지식기반사회로 규정한 다음 지식기반사회의 경쟁력은 다름 아닌 창의성에서 나온다고 주장한다. 그런데 창의성은 단순히 개인의 능력 문제가 아니라 관용적이고 유연한 사회적 분위기 등 일정한 사회적 조건과의 상호작용에 기인하는 것이다. 곧 창의성은 사회적 차원에서 문화자본과 '감성에너지'(emotional energy)가 결합될 때 생성된다는 것이다. 그에 의하면 문화자본이 축적되고 감성에너지가 발생할 수 있는 사회제도의 구축이 바로 교육이 맡아야 할 주요 역할이며 이를 위해 교육현장에서는 온라인의 편리함보다는 오프라인의 강렬함이 추구되어야 한다고 생각한다.

강석훈 성신여대 경제학과 교수는 한국의 경우 교육투자가 개인적으로나 국가적으로나 세계 최고수준의 수익률을 가진다고 평가한다. 그에 따르면 한국경제가 가진 유일한 비교우위는 인적자본이기에 교육에서 희망을 찾고 인적자본 축적에서 경쟁력을 확보함으로써 한국사회의 새로운 미래를 개척해야 한다.

서울대 사회학과 박경숙 교수는 현재 우리나라에서 진행 중인 고령화 논의가 지나치게 생산력 저하나 사회적 부담증대와 같은 경제적 관점에 편중되어 있다고 비판한다. 대신 그는 고령화 사회에서 교육이 맡아야 할 역할을 불평등에 저항하는 힘의 관점에서 제기한다. 곧, 고령화 사회를 맞이하여 사회적 불평등을 해소하는 방향으로 교육의 기회와 내용이 재편되어야 한다는 것이다.

이화여대 사회학과 함인희 교수는 선진국형 산업구조로의 질적 도약을 위해 고학력 여성인력의 활용이 급선무라고 전제한 다음 지금 현재 우리나라는 이른바 '버클리 효과'(Berkeley effect)를 경험하고 있다고 주장한다. 곧, 충분한 여성인력 공급에도 불구하고 현실의 벽은 여전히 두껍다는 것이다. 그리하여 이제는 단순한 여성 교육기회의 확대가 아니라 여성의 생애주기에 따른 욕구변화에 주목하면서 여성교육과 산업정책 사이의 유기적 연결을 모색하는 일이 필요하다고 본다.

끝으로 서울대 공과대학 문상흡 교수는 젊은 세대의 이공계 기피현상을 심각하게 받아들이고 있다. 그 이유로서 그는 국내 제조업의 공동화(空洞化)와 분배우선 경제정책에 따른 국내기업의 환경악화 등과 함께 학생들의 대학입시 준비과정에서 당장에 공부가 쉽고 진학에도 유리한 인문계를 선호할 수밖에 없게 만드는 제도적 문제를 지적한다. 그에 따르면 근본적인 해결방안은 이공계 출신들에 대한 '유인책'보다는 '활용책'의 마련이다.

이 책의 마지막 부분은 '배움의 미래'에 대한 것이다. 경남 산청군의 간디학교 교장으로 있는 양희규 선생은 1990년대 이후 '죽어가는 우리 아이들을 살리자'는 심정으로 시작된 대안교육 혹은 대안학교의 성공요인을 소개한다. 그에 의하면 그것은 탈권위 및 비폭력문화의 추구, 학생의 선택과 책임을 강조하는 학생중심의 문화창달, 자기발견의 교육과 전인교육의 토대에 기반한 개인의 적성 및 능력 중시, 그리고 몇 시간 수업을 했는가가 아닌 무엇을 배웠는가를 보다 더 귀하게 여기는 태도 등이다.

이화여대 에코과학부 소속 최재천 교수는 분과학문의 20세기가 저물고 바야흐로 통섭학문의 21세기가 열렸다고 주장한다. 하버드대학 사회생물학자 윌슨의 주장에 기초한 그의 통섭론은 학문을 모두 합쳐서 하나로 모으자는, 말하자면 현대판 집현전을 꿈꾸는 노력이다. 그의 통섭론은 '강의 유비'가 아닌 '나무의 유비'와 가깝다. 곧 뿌리와 가지들을 연결하는 줄기가 통섭의 현장이라는 것이다.

이와 같은 통섭론에 반대하는 주장은 강남대 신학부 김흡영 교수의 몫이다. 그는 이른바 윌슨류의 통섭론으로부터 타학문에 대해 정복적 수사학과 계층적 태도로 임하는 과학제국주의(scientific imperialism)와 인문학과 사회과학에 대한 자연과학, 특히 생물학의 우위를 내세우는 근본적 환원주의(fundamental reductionism)의 폐해를 읽고자 한다. 그는 학문 간의 진정한 '통섭'(通涉)은 몰라도 현재와 같은 '통섭'(統攝)은 거부하는 입장이다.

전 서울대 행정대학원 김광웅 교수는 한국의 대학이 대학답지 않다고 비판한다. 대학은 대학답게 연구하고 강의하고 있지 않아서 자유인이 아니라 기능인을 기르고 있고, 학문 간의 지나친 분화에 의해 문제를 단순화시키는 오류에 빠진 나머지 의미 있는 연구가 수행되고 있지 않다는 것이다. 게다가 정부는 대학을 산하 부속기관 정도로 인식하고 있어 대학의 관료제화가 심화되고 있다. 결국 대학이 미래를 준비하는 역할을 하지 못하고 있다는 것이다. 따라서 이제는 학문의 내용이 바뀌어야 하고, 학문의 방법이 바뀌어야 하고, 정부와 대학의 관계가 바뀌어야 한다는 것이 그의 결론이다.

2.

생각해 보면 배움만큼 한국인의 삶에 관련 깊은 사회현상도 드물 것이다. 아마도 태고시절부터일 테지만 특히 유교문화적 전통하에서 우리나라는 배우고 가르치는 일에 대한 배려와 노력이 유난하고 유별난 바 있다. 현재도 마찬가지다. 언제나 그렇듯 지금도 교육문제가 초미의 사회적 관심이 되고 있는 것이다. 한국사회의 미래를 생각하는 데 있어서도 백이면 백, 거의 모든 이가 교육에 희망을 걸고 있다. 이러한 상황이 한국미래학회로 하여금 《배움과 한국인의 삶》을 구상하게 한 일차적 배경이다.

부차적 배경은 학자로서든 행정가로서든 평생 오로지 교육의 길만 걷고 계신 운주(雲洲) 정범모 선생님에 대한 새삼스러운 감사다. 한국미래학회의 원로회원이시기도 한 선생님은 최근 몇 년 사이 한국교육의 제반 현안을 성찰하는 역저를 잇달아 출간하시고 있다. 이와 함께 얼마 전에는 한국미래학회의 미래를 물질적으로 격려해 주시기도 했다. 선생님의 학문적 정열에 대해 재차 경의를 표하고 선생님의 후학 사랑에 대해 재삼 인사를 드리기 위한 일종의 정표(情表)로 학회 차원에서 준비한 것이 《배움과 한국인의 삶》이기도 하다.

책의 제목을 《교육과 한국인의 삶》이라 하는 대신 《배움과 한국인의 삶》이라 붙인 것도 당연히 이러한 사정과 관련이 있다. 이 책에서의 배움이란 사실상 교육 전반을 포괄하는 개념이다. 그렇다고 해서 이 책의 내용이 교육문제에 관한 정범모 선생님의 뜻이나 생각을 그대로 반영하고 있는 것은 결코 아니다. 우선 그것은 선생님께서 원하신 바가 전혀 아니었기에, 오히려 실제 편집과정에서는 교육현안에 대한 다양한 입장과 견해를 적극적으로 찾아나서야 했다. 이 책의 필자들 대부분이 교육학 전공자가 아니라는 점, 그리고 그들의 상당수가 미래학회 회원이 아니라는 사실이 이를 증명하게 될 것이다.

그동안 한국미래학회는 한국인의 삶을 다양한 주제의식을 통해 고찰해왔다. 《땅과 한국인의 삶》, 《불과 한국인의 삶》, 《하늘과 한국인의 삶》, 《멋과 한국인의 삶》, 《물과 한국인의 삶》, 《산과 한국인의 삶》 등이 바로 그것이다. 이번에 나오는 《배움과 한국인의 삶》은 말하자면 〈한국인의 삶〉 시리즈의 연속인 셈이다. 이 점도 독자들이 《배움과 한국인의 삶》을 읽을 때 참고했으면 하는 바람이다. 비정기적으로 간행하는 〈한국인의 삶〉 시리즈는 매년 정기적으로 다시 발행할 〈미래를 묻는다〉와 함께 한국미래학회의 대표적 간행물이다.

끝으로 이 책에 옥고를 주신 필자들께 충심으로 감사의 말씀을 다시 드린다. 서로 간에 생각을 공유하는 대목이 많은 가운데 견해가 다른 부분 또한 없지 않으나 우리나라 교육문제를 충심으로 걱정하고 있다는 점에서는 한마음 한뜻이라고 감히 믿는다. 모쪼록 이 책이 배움의 관점에서 한국인의 삶을 되돌아보면서 미래를 준비하는 데 일조하기를 바랄 뿐이다.

학회의 성과물 출판을 계속 맡아주시는 나남출판의 조상호 사장님과 방순영 부장님께 늘 감사한 마음에도 불구하고 다시 한 번 감사의 인사를 말로써 올린다. 여기 한국미래학회 최민정 조교의 수고도 함께 기록해 둔다.

강과 한국인의 삶

전상인 · 박양호 (공편) | 2012년 | 나남 | 728면

차례

프롤로그

강과 한국인의 삶

박양호(국토연구원장)

1.

한국인의 삶을 담는 시간은 역사요 공간은 국토다. 그 국토공간 속에서
역사적 진행과 함께 한국인은 삶을 수놓아 갔다. 우리 국토공간의 특성을
여러 측면에서 제시할 수 있으나 압축하면 '3해(海) 3다(多) 의 국토'라고
표현할 수 있다. '3해'란 동해·서해·남해를 의미하며 국토 3면이 바다로
이뤄졌음을 의미한다. '3다'는 3가지가 많다는 뜻인데 이는 강이 많고, 산
이 많고, 섬이 많다는 것이다. 이 중 섬을 바다와 묶어 생각하면 '바다·강
·산'은 '하나의 틀 속'에서 한국인의 삶을 구성하는 공간적 원형이 된다.

우리 국토의 원형적 구성요소 중에서 강은 산과 바다를 연결하는 조화적 실체이자 그 자체로 다양한 가치를 지닌다. 강은 물로서, 자연으로서, 그리고 문화로서의 다양한 의미를 지니면서 한국인의 삶에 영향을 주고, 또한 한국인의 삶이 다시 강에 영향을 주었다. 강과 한국인의 삶은 그 영향을 서로 주고받는 특유의 교호 메커니즘을 지녔다. 강과 한국인의 삶은 굽이굽이 얽혀 있는 것이다.

2.

강은 한국인의 삶에 있어 다양한 의미를 지닌다. 강은 소통과 통합의 문화적 실체다. 강은 장벽을 넘어 흘러가는 소통의 상징이다. 강은 경계를 모르고 여러 마을을 흘러가며 그 강을 공유하는 지역주민들의 공동자산이요 공동문화체의 토대를 형성한다. 그래서 강을 끼고 있는 지역과 지역은 서로 교류하고 삶의 공통가치를 만들고 공유하는 커뮤니티 문화를 형성 한다. 강은 지역 공동체 문화의 표상이다.

강이 갖는 소통의 본질을 이해하기 위해서는 산과 비교하여 생각해 볼 수 있다. "산(山)은 가르고 물(水)은 합치게 한다. 산은 사람들의 오고 감을 가로막고 사람들이 사는 고장을 갈라놓을 뿐만 아니라 헤어져 사는 사람들의 마음을 갈라놓기조차 한다. 그러나 물은 이어 주고 합쳐 준다. … 흐르는 물은 강(江)이 되어, 흩어져 사는 사람들의 고장을 누비고 이어 주며 바다로 흐른다. 강은 마을과 마을의 경계를 모르고, 지역과 지역의 경계를 아랑곳함이 없이 심지어 나라와 나라의 국경도 넘나들며 여러 고장, 여러 지역, 여러 나라를 누비며 흐른다."[1] 그래서 강은 통합의 의미를 지닌다.

강은 서로서로 용납하여 받아들이고 하나가 되는 '원융회통'(圓融會通)의 상징이다. 독일의 철학자인 니체는 "강을 보라. 수많은 우여곡절 끝에 그 근원인 바다로 들어가지 않는가?"란 말을 남겼다. [2] 수많은 냇물이 만나고 그것을 받아들이는 강, 그리고 여러 갈래의 그 강을 받아들이는 바다, 그 만나고-받아들이고-포용하는 시스템, 그것이야말로 바로 강이 상징하는 '원융무애'(圓融無礙)의 대통합 시스템이다. [3]

한국인의 삶에 있어 특히 강과 산은 합쳐져서 존재하고 통합되어 인식된다. '명산대천', '금수강산', '치산치수', '고국강산', '고향산천', 도산 안창호 선생의 '강산개조론'[4] 등에서처럼 산과 강은 함께 묶음으로 인식된다. 산과 강은 하나의 틀 속에서 불이(不二)의 관계성을 지닌다. 강의 근원이 산에서 만들어지고 산이 강에 영향을 미친다. 산에 나무가 많으면 강물이 맑아지고 산에 산불이 나면 그 영향이 강으로 와서 강물을 검게 물들이고 더럽힌다.

최정호 교수(1993)에 의하면 "서양말의 풍경(landscape, Landschaft)은 '토지'나 '경지'와 같은 평면적인 '땅'에서 나오고 그러한 풍경을 그린 그림을 '풍경화'라고 한다. 그러나 한국의 풍경은 입체적인 '강산'(江山)이고 '산천'(山川)이요 그것을 그린 그림도 '산수화'라 일컫는다. [5] "물은, 산수라는 표현에서 보듯이, 산과 하나가 되는 것으로 생각될 수 있다. 그리하여 물은 조화의 매개가 된다."[6]

---

1 최정호, "물과 한국인의 삶", 최정호 편, 《물과 한국인의 삶》, 나남, 1994.
2 이 책의 2부 '한국인의 강과 삶의 변천' 중 신정일의 "낙동강" 참조.
3 이 책의 3부 '강과 문화' 중 송석구의 "강과 철학" 참조.
4 김의원, 《한국 국토개발사 연구》, 대학도서, 1983, 710~712쪽.
5 최정호, "산과 한국인의 삶", 최정호 편, 《산과 한국인의 삶》, 나남, 1993.
6 이 책의 3부 '강과 문화' 중 김우창의 "전통시대의 자연과 정치" 일부 참조.

3.

강은 한국인이 구축한 역사문명의 토대가 되었다. 인류문명이 강에서 출발했듯이 한국에서도 유사한 패턴이 생겨났다. 인류문명의 공간적 뿌리가 된 강 유역 일대는 토지가 비옥하여 관개농업이 이뤄졌으며 강물을 통해 수로교통이 발달했다. 강의 지리적 장점이 발휘되어 강물이 풍족한 강 유역에서 물을 끌어올 수 있었고 기름진 충적평야는 농사를 짓는 지혜를 창안한 사람들을 모여들게 했다.

강을 활용한 문명은 세계 곳곳에서 발생했다. 특히 '4대 하천문명'이 인류사회에 등장했다. 티그리스강과 유프라테스강 사이에서 발생한 수메르 문명, 나일강의 이집트 문명, 인더스강의 인더스 문명, 그리고 황하의 상(商) 문명이 그것이다. 수메르 문명은 메소포타미아 문명의 토대가 되었다. 메소포타미아(Mesopotamia)의 뜻은 그리스어로 '두 강의 사이'라는 의미를 지닌다. 'meso'는 '사이', 'potam'은 '강'을 의미한다. 유프라테스강과 티그리스강 사이의 비옥한 충적평야 지역이 메소포타미아다.

강과 함께 제각기 특색을 지니고 문명은 부단히 변혁하면서 성쇠의 구조를 지니게 되었다. 고대문명의 발상지는 대체로 도시였으며 그들 도시도 대부분 강 유역에서 발달했다. 강은 도시를 형성하고 도시라는 사회적 이노베이션이 고대국가의 문명을 견인하고 발달시키는 원동력이 되었다. 강과 도시가 연계된 체제가 문명형성의 뿌리가 되었다. 고대 한국의 역사문화도 예외가 아니어서 강을 중심으로 고대국가와 도시문명이 발전해갔다. 우리나라의 경주, 부여, 공주, 한양 등 옛 도읍지를 형성한 고도(古都)의 입지도 강과 불가분의 관련성을 지니고 있음은 우연이 아니라 강과 함께한 문명적 틀 속에서 이해할 수 있다.

4.

강은 나라마다 그 특성을 달리한다. 강의 지형적 특성과 인문·사회, 경제·문화적 역할이 상이하여 강은 나라마다 그 나라 국민의 국토관(國土觀)에 영향을 주고 그 활용도가 달리 나타난다. 한강, 낙동강, 금강, 영산강, 섬진강을 비롯한 한국의 강, 라인강을 포함한 유럽의 강, 콜로라도강을 포함한 미국의 강, 강의 길이가 짧고 강바닥의 기울기가 매우 급한 단소급천(短小急淺)의 일본의 강, 장강을 비롯한 중국의 강을 각기 탐구하고 비교함은 흥미로울 뿐만 아니라 그 나라의 진면목을 이해하는 디딤돌이 된다.

한국에서 강은 각종 산업발달의 원동력이 되었으며 미래발전의 기폭제가 되고 있다. 강은 농작물이 필요로 하는 물과 영양분을 안정적으로 공급하여 농업발달의 토대가 되었다. 또한 강은 '생산요소로서의 물', '수력으로서의 물', '교통망으로서의 물'을 삼위일체로 공급해 제조업을 발달시켰다. 나아가 강은 예로부터 인간들의 문화와 관광활동의 일상 공간으로서의 역할을 했다. 문화공간과 레포츠 시설을 포함한 레저여가, 각종의 문화예술 공연 등도 강과 함께할 때 시너지가 발생했다.

강과 강변에서의 다양한 레저여가 활동은 인간의 건강을 촉진시키고 그로 말미암아 가구당 의료비가 줄어들고 이는 다시 가구당 실질소득을 증가시킨다. 강이 신체건강문화의 핵심자산으로 등장하고 있고, 강변은 건강증진의 공간 축으로 작용하며, 최근 국내외에서 급격히 부각되고 있는 '신체운동 친화적 도시'(*physical activity friendly city*)의 핵심요소가 되고 있다.

5.

강은 신앙과도 관련되어 왔다. 세종대왕의 《월인천강지곡》(月印千江
之曲)은 석가모니의 교화가 모든 중생에게 다다름을 칭송하는 장편 서
사시이다. '월인천강'은 '달(月)이 천 개나 되는 강(千江)에 비침과 같
다'는 의미를 담고 있다. 달은 석가불을, 천강(千江)은 중생을 상징하
는데, 부처가 수많은 중생을 교화하여 무지에서 벗어나게 하고 깨달음
에 이끈다는 것이다. 기독교인들이 부르는 찬송가 〈요단강 건너가 만
나리〉에서 요단강은 삶과 죽음을 가르는 강으로 상징되고 있다. [7]

시인 구상(具常)은 1983년부터 1985년까지 연작시 〈그리스도 폴의
강〉을 발표했다. 문학평론가 이숭원 교수는 "강(江)의 상징성과 불이
(不二)의 세계관"이라는 제목의 논문을 통해 구상의 연작시 〈그리스도
폴의 강〉을 해설한 바 있다. 해설 중 일부를 인용해 보면 다음과 같다. [8]

가톨릭 14성인 중 하나인 그리스도 폴은 크리스토포루스(Christophorus)
라는 희랍식 이름에서 온 것이다. 그는 3세기 데키우스(Decius) 황제 때
순교한 성인이다. 전설에 의하면 그는 힘이 장사인 거인인데, 젊은 시절
힘만 믿고 악행을 저지르며 향락에 빠져 살다가 어느 수행자를 만나 감화
를 받고 사람들을 어깨에 업고 강을 건너 주는 일을 하며 살게 되었다. 그
는 자기보다 더 힘센 사람이 나타나면 그를 주인으로 섬기겠다고 생각하고
있었는데 세상에서 가장 힘 있는 자가 예수 그리스도라는 말을 듣고 예수
를 기다리며 살아갔다.

---

7 이 책의 1부 '강과 문명' 중 오순제의 "강과 한국역사문명"을 일부 참조.
8 이숭원, "강(江)의 상징성과 불이(不二)의 세계관", 구상, 《그리스도 폴의 강》(구상
  선생 탄신 90주년 〈구상문학상〉 제정 기념시집), 홍성사, 2009.

어느 날 밤 조그마한 어린아이가 나타나 강을 건너게 해달라고 청했다. 어린아이를 어깨에 메고 강을 건너는데 물속으로 들어갈수록 점점 더 무거워져서 나중에는 물속으로 고꾸라질 지경이었다. 견디다 못한 거인은 너는 도대체 어떤 아이이기에 이렇게도 무거우냐고 소리쳤다. 그러자 어린아이는 "당신은 이 세상 전체보다도 훨씬 더 무거운 존재, 예수 그리스도를 어깨에 메고 있다"고 했다. 이렇게 대답하고 소년 예수는 그 자리에서 손에 물을 적셔서 세례를 베풀었다.

그래서 그의 이름이 크리스토포루스가 되었다. '포루스'(phorus)는 '~을 지탱하다'라는 뜻의 말이므로 크리스토포루스는 '그리스도를 어깨에 멘 사람'이라는 뜻이다. 크리스토포루스라는 이름은 영어의 크리스토퍼로 정착되었다. 유럽의 성인상 중엔 지팡이를 짚고 한 소년을 어깨에 메고 강물을 건너는 사람의 형상을 흔히 볼 수 있는데 그가 바로 성 크리스토퍼(Saint Christopher)이다.

이승원 교수(2009)는 〈그리스도 폴의 강〉 해설을 통해 시인 구상에게 있어 강의 의미를 추출하고 있다. 즉, "강은 실제의 삶이 전개되는 생활의 현장이자 구세주를 기다리며 헌신하는 구도의 공간이기도 하다. 강을 통해 자신의 과거를 돌아보고 현재의 삶을 직시하며 새날의 영광을 추구한다"라고 했다.

6.

강은 한국인의 희로애락의 삶이 고스란히 담겨 흘러가는 삶의 물결 그 자체이다. 또한 역사의 변화와 미래의 물결이다. 한강, 낙동강, 금강,

영산강, 섬진강, 그리고 크고 작은 하천은 '고향의 강'으로서 한국인의 삶의 변화와 함께했다. 한강! "한강의 서해(西海)로의 외해(外海) 진출, 서해의 내륙수로인 한강으로의 진입, 그러한 외해-수장(水長)-산고(山高)의 입체화면"을 이룬다."9 낙동강! "신라와 가야의 땅을 헤집고 흐른 낙동강은 수많은 역사의 흥망성쇠와 인물들이 나고 명멸해간 강이었다."10 금강! 예부터 선비들의 문화활동과 함께 뱃길을 이용한 포구경제(浦口經濟)가 금강에서는 활발했다. 11

영산강! "남도인의 삶과 애환이 깊이 깃들어 있는 곳이요, … 한때 경제활동의 중심지고 물류의 전진기지이던 곳이다. 영산강은 남도의 젖줄이라고 불릴 만큼 소중한 곳이었다."12 그리고 섬진강! "섬진강 마을 사람들의 삶은 강물을 닮았다. 어느 마을을 가나 강과 사는 강 이야기들이 수없이 많다. 그들의 삶의 이야기가 전설이 되고 신화가 되었다."13 우리 주위의 수많은 '고향의 강'들! 우리 동네와 저쪽 동네를 이어 주는 '생활의 장'으로서의 작은 하천들은 지방자치단체와 시민이 중심이 되어 시민이 즐겨 찾는 '여가 및 휴식과 생활레포츠 그리고 생태와 건강활동의 강'으로 최근 새롭게 태어나고 있다. 14

한국인의 삶에 있어 강과 노래와의 인연도 깊다. 특히 한국의 젊은이들에게 빼놓을 수 없는 문화이벤트가 강변가요제이다. 지난 1970년대 말 경기도 청평유원지에서 처음 시작된 강변가요제는 매년 개최되었

---

9 이 책의 2부 '한국의 강과 삶의 변천' 중 박태순의 "한강" 참조.
10 이 책의 2부 '한국의 강과 삶의 변천' 중 신정일의 "낙동강" 참조.
11 이 책의 2부 '한국의 강과 삶의 변천' 중 변평섭 · 오석민의 "금강" 참조.
12 이 책의 2부 '한국의 강과 삶의 변천' 중 조진상의 "영산강" 참조.
13 이 책의 2부 '한국의 강과 삶의 변천' 중 김용택의 "섬진강" 참조.
14 이 책의 2부 '한국의 강과 삶의 변천' 중 김선희의 "고향의 강" 참조.

다. 개최 장소는 청평에서 출발해 가평, 춘천으로 북한강을 따라 이동
했다. 수많은 젊은이들이 강 가까이에서 여름 한더위를 식히며 새롭게
선보이는 신작가요와 신인가수의 등장을 마음껏 즐겼다. 강변가요제
대상 등을 통해 수많은 가수가 등장했다.

한국인이 즐겨 부르는 노래의 제목에서도 강이 어김없이 등장한다.
강이 대중문화의 삶 속에 면면히 녹아 있음을 알 수 있다. 강이 등장하는
노래 제목을 몇 개 들어 보면 〈눈물 젖은 두만강〉, 〈백마강〉, 〈백마강
달밤〉, 〈꿈꾸는 백마강〉, 〈꿈에 본 대동강〉, 〈남강의 추억〉, 〈대동강
편지〉, 〈소양강 처녀〉, 〈압록강 칠백 리〉, 〈영산강 처녀〉, 〈한강수
타령〉, 〈금강에 살어리랏다〉, 〈노들강변〉, 〈제삼한강교〉, 〈이별의
강〉, 〈저 강은 알고 있다〉, 〈북한강에서〉, 〈한강수 타령〉 등이다. 한
국인의 이별, 그리움, 사랑, 망향의 심정이 강을 주제로 하는 노랫가락
에 흘러가고 있음을 알 수 있다.

강은 올림픽과도 인연을 맺는다. 86 아시안게임과 88 서울올림픽 유
치와 연계해 한강의 종합개발계획이 수립되어 추진된 바 있다. 한강의
양안을 따라 도시환경을 개선하고 시민공원을 만들고 올림픽대로와 저
수로 건설, 하수관로와 하수처리장 건설 등이 함께 이뤄졌다. 2012년 7월
막을 올린 런던올림픽 개막식에서는 강이 등장하여 전 세계인들에게 깊
은 인상을 심었다. 국민의 사랑을 받으며 런던 시가지를 흐르는 템스강
의 아름다운 문화적 모습이 전 세계에 생중계되었다. 템스강 위에서 세
계적인 영국 축구선수 베컴 등이 요트를 타고 성화를 운반했으며 요트
위의 성화는 과거 전설적인 영국의 조정경기 금메달리스트에게 넘겨졌
다. 템스강을 통해 운반된 그 성화는 마침내 강과 연결된 올림픽 메인스
타디움의 성화대를 점화했다. 전 세계로 중개된 이 장면에서 템스강에
대한 영국인 특유의 사랑과 역사적 자존심을 엿볼 수 있다.

강은 자연지리학과 인문지리학이 결합된 실체이다. 그래서 한국인의 삶에 있어 강과 함께한 생활역사는 지명에도 나타난다. 우리나라에는 강과 관련된 지명이 많다. 강이 우리 삶의 공간의 일부임을 의미한다. 강으로 시작되는 지명을 몇 개 들어 보자.[15] 강구면(江口面)은 경북 영덕군 남동부에 있는 면으로서 동해로 흘러드는 오십천 하류에 위치한 데서 붙은 이름이다. 강남구(江南區)와 강동구(江東區)는 서울시 남동부와 동단에 위치한 지역으로서 한강의 남쪽과 동쪽에 위치해 있다 하여 붙었다. 강남동(江南洞)은 경남 진주시에 위치하고 있으며 남강 남쪽에 있음에서 유래했다. 강외면(江外面)은 충북 청원군 서부에 있는 면으로서 미호천의 서쪽으로 강외 측에 위치하고 있음에서 연유한다. 강진면(江津面)은 전북 임실군 서남면에 있는 면으로서 섬진강 상류에 있으며 여러 지역을 왕래하는 교통의 요지인 강나루를 의미한다.

7.

이렇듯 한국인의 삶에 있어 강은 시간과 공간 그리고 사람이 융합되고 끊임없이 변화하는 실체다. 시공인(時空人)의 '융합과 변화'로서의 강이 한국인의 삶에 면면히 녹아 있다. 구상 시인이 남겨 놓은 다음의 시처럼.[16]

---

15 송호열, 《한국의 지명변천》, 성지문화사, 2006.
16 구상, 《그리스도 폴의 강》, 홍성사, 2009, 29~30쪽.

강에는
봄에
봄이 흐른다.

강에는
여름에
여름이 흐르고

가을에는 가을이
겨울에는 겨울이
흐른다.

강에는
행복한 이가 오면
기쁨이 출렁이고

고독한 이가 오면
시름이 하염없고
사랑끼리가 오면
사랑이 녹아 흐른다.

강에서
자연도 우리 마음도
제 모습을 찾는다.

8.

우리나라 전체인구의 90% 정도가 도시에 살고 있다. 그래서 도시와 강의 관계와 그 미래방향은 국민들의 삶의 질과 국가발전에 크나큰 향을 미친다. 역사적으로 어느 나라에서나 강은 도시의 상징성과 장소성의 원천이 되었던바, 한국의 미래도시에서 강은 문화의 강, 지속가능한 강, 그리고 시민건강의 강으로 변화해야 한다. 특히 우리나라에서는 조만간 삶의 질을 중시하는 도시재생의 시대가 활짝 열릴 것이다. 도시 재생 시에는 도시 내외에 위치한 강이 시민들의 품으로 와닿아야 하고 시민들이 사랑하고 아끼는 문화자산이 되어야 한다. 그래서 성공적인 도시 수변공간의 재생은 지속가능한 성장모델을 요구한다. 영국 버밍햄, 글래스고, 런던의 수변공간 재생사례를 참고할 필요가 있다.

도시의 강변은 그 특성을 살려 생태적으로, 문화적으로, 경관적으로, 건축적으로, 그리고 휴머니즘이 살아 숨 쉬는 문화자산이 되어야 한다. 나아가 강은 바다로 향한다. 강과 바다가 만난다. 그래서 도시발전에 있어 바다와 강을 동시적으로 그리고 통합적으로 생각하는 구도가 필수적이다. 바다와 강을 이어 주고 바다와 강이 접속하는 장소에 대한 지속가능한 녹색문화형 모델이 아주 중요해진다. 특히 우리나라와 같이 국토 3면이 바다인 나라에서는 더욱 그러하다.

오늘날 지구촌 문명을 움직이는 천하의 트렌드가 바로 기후변화이다. "선현들이 '천지불인'(天地不仁), 곧 자연은 어질지 않다고 일찍이 간파한 대로 … 이상기후는 바로 기후변화의 대표 징후이다."17 이런 이

---

17 이 책의 7부 '강과 사회공동체' 중 김형국의 "기후변화 시대와 강: 영산강의 현재와 미래" 참조.

상기후 시대에 대비한 녹색성장 전략의 일환으로 나라마다 실정에 맞는 새로운 치수정책은 더욱 중요해진다. 18

　　나아가 물은 미래의 새로운 황금(*new gold*)이 될 것으로 전망된다. 물산업이 더욱 중요시되는 블루골드 시대에는 자연과 공존하고 좋은 수질이 제공되는 미래하천의 역할이 한국에서 더욱 중요해질 것이다. 한국에서의 지역개발의 새로운 패러다임 정립과 지역개발 발상의 대전환도 바로 강으로부터 새롭게 찾을 수 있다. 19

　　나아가 강과 그 유역을 둘러싼 갈등이 항상 내재하여 있는바 강과 유역의 지속가능한 활용과 관리를 위한 통합적 거버넌스는 필수적이다. 강을 둘러싼 갈등의 극복은 국내외적으로 시대적 과제이다.

9.

한국인은 강과 끊임없는 대화(*dialogue*)를 해왔다. 한국인의 삶의 공간인 우리 국토에 혈관처럼 흐르는 강은 한국인에게는 그 자체가 소통과 공동체 그리고 문화의 실체이다. 강과 함께 살아오고, 강과 함께 이별과 슬픔과 애환을 나누는가 하면, 강과 함께 기쁨과 생명과 열정과 희망을 노래한다. 강은 남녀노소 구분 없이 지역과 빈부의 차별 없이 그 혜택을 방방곡곡 국민모두에게 널리 골고루 부여한다. 그래서 한국인에게 강은 '평등과 홍익(弘益)의 강'이다.

　　강과 물은 사람의 마음을 다스린다. 강 유역에 위치한 도시와 농촌은

---

18 World Bank, *Development and Climate Change*, 2009 참조.
19 이 책의 7부 '강과 사회공동체' 중 최상철의 "강과 사회공동체와 지역발전" 참조.

상호 공유하는 강을 통해 공동체정신 속에서 함께 발전한다. 여러 지역을 흐르는 강을 따라 지역 간에 활발한 소통과 개방 그리고 지역공동발전의 기반이 열리게 된다. 그 속에서 '강문화'가 재발견되고 새롭게 진화되어야 한다. "원래 '문화'라는 서양말의 어원은 자연을 가꾼다는 뜻이다. 자연과 문화는 대립하는 것이 아니다." 강은 '자연으로서의 강'을 넘어 우리들의 지혜와 접목되어 "잘 개발"된다면 '문화로서의 강'이 되어 "한반도의 귀중한 큰 자산"이 될 것이다. 20

이처럼 강은 인간과 인간이 소통하는 발전, 지역과 지역의 공동체적 발전, 동시에 인간과 자연의 조화로운 발전, 그리고 문화와 자연의 선순환적 발전 가능성을 항상 품고 흘러간다. 강이 보유하고 강물에 녹아 있는 그 융합적 발전가능성과 지혜를 찾아 '지금부터'(now), '다 함께'(together), '새로운'(new) 길을 가야 한다.

참고문헌

구 상, 《그리스도 폴의 강》, 홍성사, 2009.

김의원, 《한국국토개발사 연구》, 대학도서, 1983.

송호열, 《한국의 지명변천》, 성지문화사, 2006.

이승원, "강(江)의 상징성과 불이(不二)의 세계관", 구상, 《그리스도 폴의 강》(구 상 선생 탄신 90주년 〈구상문학상〉 제정 기념시집), 홍성사, 2009.

최정호 편, 《산과한국인의 삶》, 나남, 1993.

_____, 《물과 한국인의 삶》, 나남, 1994.

_____, "산을 더 산답게, 강을 더 강답게", 〈월간 국토〉, 2012년 7월호, 국토연구원, 2012.

World Bank, *Development and Climate Change*, 2009.

---

20 이 책의 에필로그 최정호의 "미래의 강, 문화의 강" 참조.

한국의 미래 찾기

작은 나라가 사는 길: 스위스의 경우

이한빈 | 1965년 | 동아출판사 | 144면

차례

머리말

이한빈

나는 1962년부터 3년 동안을 스위스에서 지냈다. 15년 전 미국에서 대학원 생활을 한 2년을 제외하고는 외국에 체제한 가장 긴 기간이었다. 이 기간 나에게는 뚜렷한 공적 임무가 있었다. 즉, 스위스를 비롯한 네 나라와 국교관계를 개설하는 일이었다. 나는 미력이나마 이 일에 힘썼다.

그러나 나에게는 또 하나의 충동이 있었다. 그것은 내가 살고 있는 조그만 나라 스위스에서 우리나라에 도움 될 교훈을 찾아내자는 충동이었다. 이 충동의 계기는 그 나라의 아름다운 자연보다 오히려 그 경이적인 경제적 번영에 있었음은 물론이다. 또 나의 깊은 관심을 일으킨 것은 그 경제적 번영 뒤에 이질적인 것들을 가지고 하나의 국가를 형성하고 유지하는 총체적 의미에서의 스위스의 국가 운영방식이었다. 아마 여기에는 스위스에 가기 이전 나의 국내 경험이 다소 관계가 있었을는지 모르겠다.

어쨌든 나는 작은 나라 스위스를 하나의 전체(*totality*)로 보는 데 흥미를 느꼈다. 작기 때문에 더 쉬웠을지도 모른다. 나는 수수께끼를 풀어야 했다. 작으면서도 어떻게 부강한 나라가 될 수 있는가? 하나가 될 수 없는 땅이 어떻게 한 나라가 될 수 있는가? 가난할 수밖에 없는 땅이 어떻게 번영을 누릴 수 있는가? 이런 질문은 스위스에 사는 외국사람이면 하루라도 의식하든지 아니든지 간에 머릿속에 가지지 않을 수 없는 질문들이다. 나는 이런 수수께끼를 풀고 싶었다. 그래서 자연히 여행기보다는 좀더 길고 체재기보다는 좀더 깊은 글을 써 보려는 마음이 생겼다. 그것도 겨우 떠날 임박에 …. 그래서 나온 것이 이 조그만 책이다.

책의 구조는 세 부분으로 되어 있다. 즉, ① 경제, ② 사회제도, ③ 국민성과 역사로 나누어졌다. 말을 바꾸면 '삶', '틀', '길'의 셋이다. '삶'은 '틀' 위에서 영위되고, '틀'은 '길'에서 발생한다는 것이 이 책의 메시지이겠다. 이런 입장에 서기 때문에 이 글에서는 자연히 스위스 사회의 적극적인 면이 관심의 대상이 되었다. 스위스는 지상의 낙원은 아니다. 사람이 사는 고장이니 양지도 있지만 그늘도 있다. 그러나 이 책은 음양(陰陽)을 재미있게 대조하여 묘사하는 여행기는 아니다. 같은 이유에서 이 책에서는 우리나라와의 비교를 억지로 하지 않았다. 적어도 어떤 면과 면의 비교는 삼갔다. 왜냐면 하나의 사회를 그 전체로서 관찰할 때에는 그것의 각 면은 전체의 부분으로서만 의미가 있고, 따라서 그 부분들이 어떻게 내부적 관련성을 가지고 전체를 형성하느냐 하는 용도에서 보아야 그 면들이 의미를 갖게 된다고 믿기 때문이다.

다만 필자로서 다짐하는 것은 이런 시작(試作)이 시작(始作)이 되어 한국에 관하여도 면들을 전체에서 보는 방식의 시도를 다음 기회에 하여야 되겠다는 충동을 강하게 느낀다는 사실이다. 하나의 머리의 조차장(操車場)이 되기를 바랄 따름이다. 이 글의 원고를 통고하고 여러 가지 도움 되는 시사(示唆)를 해준 백림의 최정호 형과 국내의 박문옥 형, 전정구 형에게 깊은 사의를 표한다. 또 교정을 담당해 준 윤항열 군에게도 뜨거운 감사를 보낸다. 그리고 이 책의 경개를 미리 게재해 준 사상계사와 출판을 맡아 준 동아출판사에 대하여 심심한 사의를 표한다.

서기 2000년의 한국에 관한 조사 연구

한국과학기술연구소 | 1971년 | 과학기술처 | 140면

차례

서론

이 보고서는 과학기술처 위촉에 의하여 한국과학기술연구소와 한국미래학회가 공동으로 작업한 "서기 2000년의 한국의 미래상"에 관한 예측 결과를 엮은 것이다.

작업 과정은 과학기술에 관한 부문을 한국과학기술연구소 측이 맡고 기타 부분을 미래학회 측이 맡아 예측작업을 한 다음, 그 결과를 마지막으로 양측의 합동작업반이 종합·정리하였다.

이 조사연구의 목적은 서기 2000년대 한국의 과학, 기술, 경제, 국토공간, 교육, 사회환경, 윤리 및 가치체계의 변화를 예측하고, 바람직한 서기 2000년의 한국을 구축하기 위한 정책수립에 기본적 자료를 제공하는 데 있다.

예측의 방법(부록 1 참조)으로는 통계적 추계에 의한 연장적 예측, '델파이' 실험에 의한 직관적 예측, 이론적 유추에 의한 예측이라는 세 방법이 초기 예측에 사용되었고, 그러한 결과에서 도출된 미래의 목표 밑에서 현재의 정책수립을 건의해 보는 규범적 예측방법 등이 아울러 동원되었다.

특히 기술예측에 있어서는 제 선진국에서 행하고 있는 관점과는 달리 기술이식 과정(technology transfer)의 예측이라는 입장에서 수행하였다. 그것은 제 선진국과는 심한 기술격차를 지닌 우리나라의 과학기술은 앞으로 30년간 선진 과학기술 추적형에서 크게 벗어나지 못할 것이라고 생각하였기 때문이다.

또한, 정책건의에 있어서는 과학기술 부문에 좀더 구체적인 방향을 모색하였다. 그것은 예견되는 이후 30년간의 고도경제성장은 수단으로서의 과학기술의 획기적 발전 없이는 이루지 못할 것이라는 데 중론이 모였고, 또한 이번 조사연구가 과학기술의 발전이 우리나라 미래사회에 미치는 영향이라는 관점에 주력을 두었기 때문에 적어도 과학기술 문제에 대하여만은 구체적 정책방향을 제시하여 비판을 받는 것도 뜻있는 일이라 생각되었기 때문이다.

이 보고서는 3부로 구성되어 있다. 제 I 부는 요약, 서기 2000년의 국민생활상, 서기 2000년 한국상의 평가, 과학기술 정책의 기본방향이라는 네 부분으로 나눠져 있다. 제 II 부는 본 보고서의 골자인 부문별 시나리오이며, 제 III 부는 부록으로 구성되어 있다.

특히 제 I 부의 요약은 제 II 부의 각 시나리오를 요약한 것으로, 서기 2000년으로 향하는 한국의 변화하는 모습을 단편적으로 나타낸 것이다. 그러한 단편적 모습을 국민생활이라는 면에서 종합한 것이 국민생활상이며, 가치 면에서 평가하여 본 것이 한국상의 평가 부분이다. 한편 이 보고서의 이곳저곳에 우리나라의 대륙붕에서 석유가 채굴될 것이라고 언급되고 있으나, 그 신빙성과 또한 채굴된다 하더라도 그 양은 전연 미지수이기 때문에 국민총생산의 예측에 전혀 반영하지 않았다. 모든 통계의 화폐가격 기준연도는 1969년임을 부언한다.

이 예측작업은 1970년 8월에 본격적으로 착수되어 1971년 2월 말에 마감되었다. 작업에 동원된 연인원은 각종 설문조사와 '델파이' 실험 참가자들을 합하면 총 1,060명(과학기술 부문 200명, 기타 부문 860명)에 이르렀다.

본 예측작업에 있어서 시간적 또는 자원적 제약 때문에 델파이 실험에서 가장 중요한 요건 중 하나인 설문 횟수를 단축시킨다든지 동원 인원을 제한하여야 한다든지 하는 애로가 있어서 마땅히 고려되었어야 할 문제가 누락되고 갖가지 예측에 의외의 오류도 범했을 수도 있을 것이다. 그러나 30년에 걸친 장기전망을 종합적으로 시도해 본 첫 경험이라는 데에서 많은 의의를 찾으려 한다. 이 보고서는 결코 '서기 2000년의 한국'에 관한 움직일 수 없는 완전한 미래상을 그려낸 것이 아니다. 다만 그와 같은 우리들의 미래에 보다 큰 관심을 제고하기 위한 기초적 작업을 해본 것에 불과하며, 또한 그러한 기초적 작업을 위한 '틀'을 마련하여 본 것에 불과한 것이다.

미래예측은 그 본질에 있어 한 번만으로 끝나는 것이 아니라 부단히 계속되고 반복되어야 하는 작업임을 다시 강조하는 바다. 이 연구의 결과로 그려진 서기 2000년의 한국상이 첫째, 장기적 계획을 보다 현실적이고 실용적인 근거하에서 수립하여 시행할 수 있게 하고, 둘째, 사회의 균형적 발전을 위한 기본방향을 모색하고, 이를 효과적으로 달성하기 위한 직접적 목표설정을 가능하게 하며, 셋째, 사회부문별 목표 간의 관계를 규명함으로써 개발전략과 정책의 효과를 보다 뚜렷하게 파악하는 데 도움이 될 수 있기를 바랄 뿐이다.

SUMMARY

This report is a forecast of the "Korea in the Year 2000", a project undertaken jointly by the Korea Institute of Science and Technology and the Korean Society for Future Studies under the sponsorship of the Ministry of Science and Technology.

The purposes of this study were two folds: first, to forecast changes that may take place by the year 2000 in the Korean population, economy, science, technology, social environment, and ethics; and second, to provide basic data to assist in establishing policies to be implemented in building a desirable Korea of the future.

Three methods were adopted for the forecast: extrapolation on the basis of statistical method, subjective forecast according to the Delphi experiment, and forecast by means of theoretical inference. Also utilized was the method of normative forecast which aimed at making recommendations for future policy decisions on the basis of the long-range objectives inferred from the forecast.

Especially in the technology forecast, the standpoint of technology transfer was taken different from those usually in advanced countries. It was because the Korean science and technology which at present has an extreme disparity from that of advanced countries will not deviate greatly from the pattern of chasing after the science and technology from advanced countries in the next 30 years.

This report consists of three parts. The first part has five subdivisions: an introduction, a summary, a description of national life in 2000 A. D. , an evaluation of future images of Korea, and basic directions for the development of science and technology. The second part contains scenarios for each sector, while the third part consists of appendices.

The summary in the first part condenses the sector-by-sector scenarios from the second part, a sum of fragmentary delineations of changes that are expected to occur in Korea by the year 2000. A synthesis of these fragmentary aspects considered from the viewpoint of effects on people's lives constitutes the description of national life. The fourth section in an evaluation of the projected national environment in Korea in the year 2000.

The project was begun in August 1970 and completed by the end of February 1971. A total of 1, 060 people participated, including those who took part in various surveys conducted by means of questionnaire and the Delphi experiments. Of this number, 200 were in the fields of science and technology, while 860 were in other fields.

Because of restrictions on time and resources, the project encountered many obstacles. The number of researchers which could be utilized was limited, as were the scope and distribution of the questionnaires. Therefore, it is feared that some questions which should have been taken into consideration may have been omitted, or that other errors have been committed in the forecast. Nevertheless, the project bears great significance in that it is the first attempt to forecast Korean development during the next 30 years.

This report is not presented as an infallible guide to "Korea in the year 2000." It is a preliminary study intended to arouse a greater interest in our future and to provide a foundation for more comprehensive projections.

It is to be emphasized that forecasts of this nature are not completed with one project but require continual review and revision on the basis of new data.

발전과 갈등

한국미래학회 | 1974년 | 상진문화사 | 141면

차례

미래의 연구와 평화의 연구

최정호

1960년대에 있어 경제발전을 주축으로 한 한국의 발전은 1970년대에 들어오면서 안팎으로 만만치 않은 시련에 부닥치고 있다.

첫째, 밖으로는 닉슨 대통령의 괌 독트린 이후 미·중공 상하이 공동성명으로까지 전개된 국제정세의 급변을 들 수 있다. 그것은 냉전체제라는 그 나름대로 일단 안정된 체제 속에 적응하여 스스로의 활로를 개척하고 있던 한국 외교에 대해서 전혀 새로운 도전이 아닐 수 없다.

둘째, 이와 같은 국제적 긴장완화의 향내화(向內化)를 위한 일차적 시도로서의 남북대화를 들 수 있다. 이 또한 냉전체제의 소강적 안정질서 속에서 북을 마치 부재한 것처럼 그 존재를 굳이 망각한 채 스스로의 발전을 모색하던 한국인에게는 만만치 않은 새 시련이라 할 것이다.

셋째로는 경제발전에 따른, 경제발전이 비로소 낳은, 또는 경제발전이 심화시킨 소득격차, 지역격차, 기대좌절, 사회학적·생태학적 환경 파괴 등의 사회문제들이 있다. 요컨대 경제발전은 그대로 사회복지에 직결되었다기보다 오히려 새롭고 보다 심각한 사회적 갈등을 유발하고 있다는 사실이다.

1950년대의 한국이 발전의 '선행문제'인 정치적 자유의 수호를 위해 그 사회적 국가적 정력을 경주하였다고 한다면 1960년대의 한국은 다른 모든 문제를 제쳐 놓고 발전의 '진행문제'로서의 경제 고도성장에 온

정력을 집중시켰다고 할 수 있다.

그러나 1970년대의 한국은 이제 발전의 '후행문제'로서 격화된 사회적인 제 갈등과 대결하지 않으면 안 될 것이다. 발전은 그 자체가 갈등을 유발한다고 볼 수 있다. 뿐만 아니라 입장에 따라서는 거꾸로 갈등이야말로 바로 발전을 촉진한다고 보는 사람도 있다. 하나의 생명체에 있어서나 하나의 조직체에 있어서나 아무런 갈등이 없다는 것은 정체와 죽음을 의미한다고도 볼 수 있다.

대외적으로나 대내적으로나 발전을 위한 전제조건인 상대적 평화는 분쟁의 요인을 외면하고 은폐함으로써가 아니라 분쟁의 소재와 그 원인을 먼저 분명히 파악함으로써 그 조정의 길이 열린다.

결국 우리는 갈등을 외면해서도, 두려워해서도 안 될 것이다. 경제발전이라는 배타적 목표달성을 위해서 일체의 사회적 분쟁의 요인을 덮어둔 채 GNP 일변도로 달려오던 과거에 반해, 1970년대의 한국이 이제 '생산의 물량'에 못지않게 '삶의 질'을, '성장'에 못지않게 '분배'의 문제를 보다 심각하게 감촉하게 됨으로써 사회적 '파트너' 사이의 분쟁과 갈등이 현재화하게 되었다 하더라도 그것을 두려워해서는 안 될 것이다. 발전이 갈등을 낳고 갈등이 발전을 낳는다면 우리 사회에서 그 같은 갈등이 양성화되었다는 사실 자체가 한국의 발전을 나타내는 하나의 지표가 된다고 보아야 할 것이다.

미래의 연구(future-research)가 갈등의 연구(conflict-research)에, 그리고 나아가서 평화의 연구(peace-research)에 연결되지 않을 수 없는 사회적 배경과 역사적 문맥이 여기에 있다.

여기에 펴내는 《발전과 갈등》은 한국미래학회가 서독 '프리드리히 에버트 재단'과 공동으로 1973년 12월, 온양에서 개최한 세미나 "한국의 발전을 위한 국제환경·사회환경"의 주제발표들을 엮은 것이다.

1971년 미국공보원의 후원을 얻어 "학자와 국가"라는 제목 밑에 세미나를 열어 국가발전에서 지식인의 지위와 역할을 물은 바 있던 한국미래학회가 이번에는 개발도상국의 문제와 사회발전의 문제에 대하여 오랫동안, 그리고 커다란 기여를 해온 독일 유명재단의 협조를 얻어 한국에서의 평화연구에 조촐한 출발을 할 수 있게 되었음을 기쁘게 생각한다.

산업사회와 도시

전국경제인연합회 경제·기술조사센터 (편) | 1977년 |
전국경제인연합회 경제·기술조사센터 | 364면

차례

우리나라는 반만년 역사의 흐름 속에서 최근 4반세기 동안에 가장 의미 있는 변화를 체험하고 있다. 역사학자 아놀드 토인비의 말을 빌리지 않더라도 이른바 도시적 혁명의 시대를 살고 있는 것이다. 그러나 우리 모두가 너무나 깊숙이 이러한 도시적 혁명의 소용돌이 속에 함입되어 있으므로 인해 이러한 변화가 가지는 진정한 역사적 의미와 그것이 파생하는 발전적 진통과, 새로운 변화에 대처하는 생각의 틀과 체제에 대하여 소홀히 하고 있다는 감이 없지 않았다.

영국은 1870년대를 전후하여 전 인구의 반이 도시에 사는 도시적 혁명을 맞이하였다. 그러나 어느 영국의 도시역사학자가 지적한 바와 같이 이러한 도시적 혁명이 지닌 의미를 터득하고 적응하는 데 거의 한 세기라는 시간이 필요하였다. 우리나라도 1975년을 분기로 하여 우리나라 인구의 반이 도시에 살게 되었다. 그러나 아직도 많은 사람에겐 이러한 구조적 변화가 지닌 의미가 실감 있게 들리지 않을지 모른다. 오늘 하루에도 평균 2,200명의 인구가 도시로 집중하고 있다는 사실은 무시할 수 없다. 서울만 하더라도 평균 740명에 가까운 사람이 집중하고 있다는 엄연한 현실을 직면해야 할 것이다.

바로 여기에 "도시문제 연구포럼"을 개최하였던 근본적 동기가 있던 것이며, 3주에 걸친 대화의 광장은 우리나라 도시문제를 이해하고 정책적 목표를 설정하는 데 커다란 전기가 마련된 셈이다. 본 연구포럼을 통해서 15편의 논문이 발표되었으며 주제의 선정에서부터 포럼의 논리에 이르기까지 수차에 걸친 준비회의가 있었다. 이러한 의미에서 본 연구포럼은 전체로서 스스로 완결성을 가질 수 있도록 짜였으며 도시문제에 관한 한 될수록 포괄적이고 종합적인 배려가 처음부터 주어졌다. 또한 연구포럼의 결과를 정리하여 연구총서 시리즈로 발간할 것을 미리 계획하였다는 점에서 단행본으로 출판하더라도 큰 무리가 없을 것으로 생각하였다.

본 연구포럼의 주제 선정과정에서 3일이라는 시간적 제약과 포럼 자체가 지니는 형식성에 가장 적합한 논제와 중복을 피하면서 전체적인 흐름을 잃지 않도록 하기 위해서 2차에 걸친 논의와 진통이 있었다. 본 연구포럼은 첫째, 한국적 도시화의 과거·현재·미래, 둘째, 도시문제와 도시정책, 셋째로 수도권 정책이란 세 가지 주제를 먼저 상정하고 각 주제 아래 4편의 논문이 발표되도록 하였다.

이와 같이 하여 제1부에서 우선 우리나라 도시화 과정이 지니는 역사적 의미를 인구학적·공간적 측면에서, 경제적 측면에서, 사회문화적 측면에서, 생활패턴 측면에서 살펴볼 수 있도록 하려는 비교적·망라적 의도가 있었다. 또한 시간적 차원에서 과거·현재·미래에 걸친 사실의 전개와 기술적인 면을 다루도록 하였다. 즉, 한국적 도시화의 특성과 미래에의 전망을 통해서 오늘날 우리가 봉착하고 있는 도시문제의 국면을 이해하는 데 깊이를 더할 수 있는 바탕을 마련하였다.

제2부의 주제는 "도시문제와 도시정책"으로 오늘날 우리나라 도시가 당면하고 있는 도시문제를 부문별로 살펴보고 정책방향을 제시하고자 하였다. 토지이용, 교통, 주택과 택지, 환경오염, 도시의 오픈스페이스와 미관 등에 관하여 문제의 단면과 문제해결을 위한 기본적 생각의 틀을 제시함으로써 종합적 도시문제 접근을 위한 이슈들을 체계화하고자 하였다. 이러한 부문별 도시문제에 관해 그동안 전문가들은 물론 시민들 간에 세미나가 없었던 것은 아니었다. 그러나 이번 연구포럼에서 부문별로 다루었지만 전체로서 도시문제의 포괄적이고 체계적인 토의가 이루어졌다는 점에서 의의가 있다고 하겠다.

제 3부의 주제는 "수도권 정책"이란 이름 아래 수도권 인구분산, 도시정비와 신도시개발, 대도시 경영, 국토개발과 도시개발 정책을 한 묶음으로 다루었다. 도시문제는 이미 도시 자체의 문제가 아니다. 도시의 개념이 변화하고 있는 것이다. 특히 초고밀도사회로 변모해가고 있고 그것이 불가피하다고 보이는 우리나라와 같은 여건 속에서 도시문제는 지역의 문제이고, 국토의 문제이고, 국가발전 정책의 문제이다. 따라서 제 1, 2 주제의 공간적 영역을 확대하여 전국적 차원에서 우리나라 도시문제 및 정책의 초점이 어떻게 주어져야 할 것인가를 제 3주제에서 집중적으로 토의해 보자는 의도에서 출발하였다.

　바로 본 연구포럼의 준비회의가 진행되고 있는 동안에 정부는 수도권인구 재배치 계획과 임시행정수도 건설이라는 보다 극적인 발표를 했다. 결과적으로 제 3주제는 이러한 역사적이고도 국가적인 결단과 관련하여 이 문제를 어떻게 받아들이고 어떻게 대처하며 이러한 정책적 결단이 지니는 의미가 무엇이냐를 좀더 차분하게 정리해 보고 의견을 모아 보는 계기가 된 것이다. 본 연구포럼의 계획과 우연한 일치였지만 정부가 그동안 고민해온 도시문제 해결의 장기정책과 국민의 입장에서도 무엇인가 오늘 이 시점에서 좀더 과감한 대책이 마련되어야 하겠다는 막연한 기대가 이러한 우연한 일치를 초래한 것이 아닌가 생각된다.

　본 연구포럼에 발표된 12편의 논문을 요약해 본다는 것은 오늘날의 세대가 살아가고 있는 도시화 시대의 의미를 찾아보고 기본적 이슈를 이해하는 데 도움을 줄 것 같다. 손정목 원장은 1940년대 이래 오늘에 이르기까지의 우리나라 도시화가 나타낸 연대기적 특성화를 시도하였다. 1940년을 '암흑과 혼돈의 시대'로서 해방에 따라 환국한 해외거주자들과 남북양단이라는 민족적 비극에 이은 북한동포들의 대도시 정착으로 대표되는 시대였다. 1950년대는 '전재(戰災)와 복구의 연대'로서 전선의 남하에 따라 인구의 대이동이 있었고 전후 남부 대도시 인구의 급증이 있었으며, 이들을 수용하기 위한 판자촌의 족출과 일자리를 찾지 못해 방황해야 하는 이른바 룸팬·프로레타리아트로 넘쳐흐르는 불안의 시대로 표현된 시기였다.

1960년대는 '개발의 연대', '급속한 도시화의 연대'로서 경제발전, 산업구조의 고도화, 가속화된 도시 인구집중이 특징으로 나타났다. 도시화율은 읍인구를 포함하면 1970년 마침내 51%를 넘어서게 됨으로써 본격적 도시사회로 돌입한 시대였다. 또 몇몇 도시에 인구의 편중·집중현상이 두드러져 도시규모 및 내부설비 확충작업이 불가피하게 뒤따라야 했다. 1970년대는 아직 진행 중에 있지만 특징적 현상으로서 대도시의 인구집중이 계속되고 있는 동시에 지방에의 산업기지 개발에 따라 광범한 인구의 지역 간 이동이 나타나고 있다고 보았다.

김안제 교수는 우리나라 도시화 과정의 근저에 놓여 있는 경제구조적 측면에서 분석을 전개했다. 도시화와 경제발전 간의 상호관계에 관하여 양자는 상호비례의 관계를 갖는 것으로 보았으며 양자 간은 상호촉진적 환류작용 관계임을 우리나라에서 찾아볼 수 있음을 구명했다. 우리나라 이조시대까지 도시는 농업 중심의 산업기반 위에서 안정 내지 침체의 과정을 밟아왔고, 일정하에서는 식민통치의 중심이자 민족수탈의 거점으로서 개발되었으며 전근대적 산업구조를 탈피하지 못했으며, 해방 이후 1950년대까지는 파행과 무질서의 성장으로 특징지어서 숱한 도시경제 구조상의 문제를 배태시켰다고 지적했다. 1960년대에 들어와서 공업화의 촉진에 따른 현대 산업체제로서 전환과 종주도시로서의 서울의 과대화를 초래했고, 1970년대 전반기에는 도시경제력을 균형화시키려는 정부의 노력과 도시별 산업의 특수화 경향 및 독자적 성장능력 향상을 위한 도시 잠재력 확대라는 특색을 나타내고 있다고 지적하여 우리나라 도시경제 기반이 일반적으로 강화되고 있음을 보인다고 했다.

그러나 김 교수는 우리나라 도시가 지닌 산업구조상의 취약성, 다수 산업의 영세성, 국내소비 및 오락지향적 산업의 다수성, 비공식 부문 활동의 높은 비중, 대도시 기업의 높은 국가 의존도 등의 측면에서 우리나라 도시가 해결해야 할 난제들을 또한 들고 있다. 우리나라 대도시는 국가 경제발전을 선도하고 생산기술, 정보를 창조하고 확산시키는 거점으로서 순기능을 담당한다. 한편 지역 간 격차의 심화, 저임금 노동자과 농촌·중소도시의 희생, 대도시 자체의 경제질서 혼란이라는 역기능도 나타낸다. 향후 우리나라 도시는 도시비율이 80%에 이를 때까지 경제성장과 더불어 계속 성장할 것으로 전망하였다.

홍승직 교수는 도시화의 사회·문화적 의미에서 도시화는 인구의 규모, 밀도 등의 인구학적·외형적 특성뿐만 아니라 생활양식으로서의 도시성에 주시해야 한다고 언급하였다. 농촌성에 대조되는 도시성은 스테레오타입 기계주의, 획일주의, 세계주의, 물질주의, 대중사회적 특성, 타향성, 합의성, 기계적 연대성, 익명성, 사회적 거리, 심리적 불안, 신속성, 유행성, 타자지향성을 들었다. 도시사적 입장에서 고대도시, 근대도시 등의 유형으로 발전되어 왔지만, 현대도시는 전통적 농촌사회에 비하여 많은 사회병리 현상을 노출시키고 있는 것이 현대도시가 지닌 바로 도시성 속에서 찾아볼 수 있는 공통적인 속성임을 지적하였다. 이러한 사회병리적 현상을 극복하기 위해 여러 가지 도시정책상의 요구가 있어야 함을 강조하면서 도시현상은 매우 복잡하게 많은 요인들이 상호 관련되어 있기 때문에 체계적이고 종합적인 고찰 없이는 부분적 처방으로서는 해결될 수 없음을 지적하면서 임시행정수도 건설의 정책적 의미를 사회병리 현상을 극복하려는 하나의 시도로 본 점은 주목할 만한 것이었다.

제1부의 마지막 발표로서 주학중 박사의 도시생활의 질적 수준에 관한 주제발표가 있었다. 주 박사는 산업혁명으로 시발된 근대적 경제사회 발전은 국민소득의 증대와 이에 따르는 생활의 양적 확대에 크게 이바지하였으나 국민복지와 생활의 질을 저해하는 부작용을 동반하였음을 언급하였다. 양적 규모 증대에 못지않게 중요한 질적 향상이란 규범적이고 목적가치적 도시생활의 기대수준의 설정 필요성을 주장한 바 있다. 이러한 새로운 문제에 대처하기 위하여 국민생활의 질적 수준을 규정하고 측정하려는 시도가 활발히 전개되고 있으며, 국민총생산의 개념에 보완하여 국민복지 수준을 총량적으로 측정하려는 경제후생측도 또 순국민후생 등과 같은 새로운 개념들을 소개하고 있다.

도시생활의 질적 수준을 규정하는 데 있어서 그 중요한 구성요건으로서 생명의 안전과 건강, 생활의 쾌적성, 정신적 풍요로 크게 분류하였다. 복잡다양한 도시생활의 여러 측면을 나타내는 200개 내외의 세부지표를 통합하는 방법으로서 전문가의 판단이나 국민의식조사를 근거로 선호도에 대한 가중치를 정하고 종합지표를 작성하여 전국 대비 또는 지역 간 대비로서 도시생활의 질을 측정하고 정책자료로 삼아야 함에 대하여 주 박사가 한국개발연구원에서 진행 중에 있는 연구사업과 관련하여 구체적 발표가 있었다. 오늘날 우리나라가 당면하고 있는 도시문제 해결을 위한 정책목표를 설정하는 데 커다란 공헌이 기대된다고 하겠다.

전술한 바와 같이 제2부에서는 도시문제가 안고 있는 부문별 문제를 좀더 구체적으로 다루어 보고자 하였다. 첫째, 박훈립 교수께서 도시의 토지이용과 교통이란 주제 속에서 도시공간체계는 활동공간과 교통공간으로 구성된 하나의 체계로 보아 도시문제를 해결하기 위해서는 무엇보다 문제의 본질을 파악하여야 함을 강조하였다. 교통체계는 도시

활동의 입지를 결정하는 동시에 도시규모와 형태에 영향을 미쳐왔다. 도시는 상품·서비스·정보의 교환을 위한 장소로서 이들 기능을 효율적으로 수행하기 위해서는 적절한 교통수단을 공급하여야 하며, 각종 교통수단을 상호 조정함으로써 도시공간 패턴을 도시교통 문제의 면에서 가장 바람직한 방향으로 유도해야 함을 강조하였다.

특히 도시교통체계에 가장 큰 애로를 초래하는 것은 도심부로 집중하는 방사선형 교통임을 지적하면서 중심업무 기능을 제외한 교통발생 요인들을 토지이용 면에서 분산 입지시킴으로써 도시 교통문제 해결에 장기적 대책이 가능할 것으로 보았다. 나아가 도시성장과 도시기능의 주변지역으로의 분산에 따라 급격한 증가를 보이는 환상형 교통수요는 저밀도 지역 간에 발생하는 교통으로서 교통의 집산을 위한 보조 교통수단이 요구된다고 하였다. 주거지역과 중심업무 지구 내의 교통수요는 버스수단을 이용할 수 있도록 교통시설을 구비하여야 하며 아울러 보행교통의 이용을 장려하여야 할 것으로 보았다.

다음으로 주종원 교수께서 주택과 택지에 대한 논문발표가 있었다. 주교수는 논문에서 우리나라 도시주택 문제의 현황을 분석하고 1981년까지의 주택수요 추계를 시도하였다. 우리나라 주택부족의 84%가 도시주택으로, 도시의 주택난이 얼마나 심각한지를 단적으로 증명하였다. 이러한 도시주택 부족문제를 해결하기 위하여 장기계획에 입각한 연차별 세부계획이 일관성 있게 수립되어야 하고 앞으로 건설부 주택국이 주택청으로 승격되어 이 업무를 원활히 수행할 수 있는 제도적 개혁을 강조한 바 있다. 주택문제에 필수적으로 따르는 택지의 공급체계의 확립이다.

주 교수는 1981년까지 6,370만 평의 택지가 필요할 것으로 추계하였으며 이를 위한 장기적 대지공급계획을 수립하고 우리나라 택지개발방법의 주축을 이루는 토지구획정리 방법을 택할 경우, 개발거점이 되는 핵을 형성하여야 하고 집단체비지를 조성하여 서민주택을 짓도록 하는 것이 바람직함을 제시하였다. 나아가 개발예정지를 미리 매입하고 교통노선을 설정함으로써 택지공급을 저렴하게 할 수 있으며 공해공장과 공공기관의 이전부지를 우선적으로 택지화하고 인공대지 조성방법 하나의 대안이 될 수 있음을 지적하였다. 특히 신도시의 건설 및 임시행정수도에 있어서 고층화보다는 중저층의 주거형태가 바람직하며 전면 매수방법을 채택할 경우에는 원주민에 대한 이주정책이 마련되어야겠다는 점을 강조하였다. 또한 주택건설 촉진방안으로 조세적 측면에서 주택건설사업 육성 등 주택문제 해결을 위한 여러 가지 의견 제시가 있었다.

제 2부에서 노재식 실장은 도시와 환경이란 주제 아래 오늘날 도시가 당면하고 있는 환경오염 및 생활환경에 관한 제 문제를 다루었다. 도시의 발달과 인구의 집중 그리고 환경오염이라는 세 가지 인자는 상호불가분의 관계를 지니고 있으며, 개발행위의 대소를 막론하고 이러한 행위로 인하여 유발될 수 있는 환경의 질적 악화를 최소화시킬 수 있는 종합적 대책을 사전에 과학적으로 분석 평가하여 환경파괴를 지양하고 환경안전의 실현이 가장 경제적으로 이루어질 수 있는 정책적·행정적 지원이 요구됨을 주장하였다. 특히 종래의 기능우선적 배려에서 생활환경 향상을 위한 행정지원이 과거 어느 때보다 강력하게 요구되고 있는데, 그중에서도 수질이 양호한 수자원의 확보에 중점이 주어져야 함을 지적하였다. 이외에도 자원의 회수 및 재순환 문제와 우리나라 도시환경오염의 실태에 대하여 구체적 수치를 제시하고 있어 현대를 사는 도시인에게 많은 교훈을 던져 주고 있다.

이어 최정호 박사는 도시공간의 질과 심미성이란 주제 속에서 도시는 한 사회집단의 아름다움에 대한 의식, 무의식의 견고한 표현유산으로서 후세를 위한 교육의 기능을 갖는다고 하였다. 모든 사람들은 아름다움을 요구할 권리를 가지며 또한 아름다운 환경에서 살 권리를 갖고 있다고 하였다. 결론에 갈음하여 최 교수는 10가지의 보다 구체적인 테제를 제안하고 있다. 우선 가장 손쉬운 소극적 방책으로 도시공간의 미관을 해치는 더럽고 보기 흉한 구조물을 만들지 않도록 하고 그다음 더 적극적인 도시공간의 미관을 위해서 공공부문이나 민간부문의 재정투자를 하는 길을 강조하였다.

한편 민간의 부동산 소유자들이 나의 사유재산인 토지 위에선 무엇을 하건 상관없는 권리를 지니고 있다고 생각하는 것이 지양되어야 하며 도시공간의 미화를 위해 총 공사비의 얼마에 해당하는 투자를 미관 내지 예술작품에 할애하는 방법을 건의한 바 있다. 제도적으로 도시공간의 미화, 인간적인 도시를 만들기 위하여 도시미관심의위원회, 풍치위원회, 환경보존위원회를 창설·보강할 것을 제안하였다. 그러나 최 교수가 마지막으로 던진 말을 되새겨 볼 필요가 있다고 보인다. 아름다운 도시를 건설한다는 것은 먼 계획(꾸밈)과 큰 비전(꿈)이 있어 비로소 가능하다. 꿈이 있는 곳에 꾸밈이 있다는 점은 바로 오늘날 근대가 후세에게 물려줄 도시가 어떠해야 하느냐를 말해 주는 것이다.

제 3부에는 4편의 논문이 수록되었다. 도시문제는 이미 도시 자체로서 해결하기엔 너무나 커져 버렸고 너무나 중요한 국면으로 진입해 버린 것이다. 권태준 교수는 수도권 인구분산이란 주제 속에서 "임시행정수도" 이전 구상과 "수도권 인구 재배치 계획"을 한 묶음으로 한 우리나라 정부의 수도권 인구분산 정책을 대상으로 그 목표하는 바와 기본구상 및 그 정책수단의 상호관련성에 관하여 분석과 평가를 하였다. 종래 서울의 문제해결책을 제시하는 많은 건의안들이 서울의 문제를 한 나라의 수도로서의 문제와 하나의 대도시로서의 문제로 양분하여 왔으나 이번에 발표된 일련의 대책들은 우선 그 문제 시험과 정의에서 올바른 방

향을 취하고 있다고 지적하였다.

서울은 하나의 대도시임에 틀림없으니 세계의 어느 다른 대도시와 같이 대도시의 생리가 있고 문제거리들이 있지만 동시에 한국이라는 한 나라의 수도이기 때문에 한국이 국제사회 가운데 처해 있는 여건 그리고 오늘날 한국적 상황 속에서 수도가 차지하는 위치 등의 특수성이 있다. 분산과 억제, 인구를 내보내는 정책과 인구를 붙잡아 두는 정책과 인구의 집중을 방지하는 정책 간에 어떠한 정책배합이 이루어져야 할 것인가에 논리적 명료성을 제시하고 있다는 점에서 많은 시사를 정책입안자들이나 수도권문제 해결을 위한 정책수단의 강구에 크게 도움을 줄 것으로 생각된다.

이어 박병주 교수는 "도시정비와 신도시 개발"이란 논문에서 우리나라 도시가 지닌 양면성 즉, 기존 도시 정비와 신도시 개발을 어떻게 조화시킬 것이냐에 대한 비전을 던져 주고 있다. 도시정비에 있어서 종래와 같이 한 장의 마스터플랜이란 정적인 미래상 제시로 그치는 방법을 지양하여 목표달성을 위한 동적이고 구체적이고 현실적인 제어수단이 제시되어야 한다고 주장하였다. 우리나라 도시가 안고 있는 도시정비의 과제 중에서 특히 토지이용계획과 규제, 토지구획 정리사업에 관하여 구체적인 대안적 방향을 제시한 바 있다.

끝으로 박 교수는 신산업도시 건설과 관련하여 현재보다 더 좋은 주택을 값싸게 구할 수 있고, 현재보다 높은 수입을 얻을 수 있으며, 보다 높은 질의 생활환경이 보장되는 신산업도시가 건설되야 함을 강조한 바 있다. 이것은 너무나 당연한 이야기인지 모르지만 공업토지를 위한 생산환경과 인구를 끌어들이고 잡아 두기 위한 생활환경이 동시에 이루어져야 한다는 논리를 종용, 실천과정에서 망각하고 있다는 점을 고려할 때 아무리 강조해도 남음이 있다고 보인다.

황명찬 교수는 "대도시의 경영"이란 주제하에 도시의 행재정적 문제점을 다루었다. 인구의 급증, 소득의 향상, 산업화의 요청에 따라 대도시의 행정서비스는 날로 증가하는데 모든 지방자치단체가 다 그렇지만 지방세 수입을 주축으로 하는 대도시의 가용재원이 그에 미치지 못하고 있음을 밝히고 있다. 특히 최근에 들어와서 급격한 증가를 보이고 있는 사회복지비에 대한 시정부의 과중한 부담, 시역개발을 위한 대형투자사업에의 과다한 재원배분, 교육비의 지출을 통한 시비의 큰 부담 등이 시급히 시정되어야 할 문제임을 상기시켜 주고 있다. 또한 기본적 도시서비스의 구역 간, 소득계층 간의 수혜불균형, 주민선호의 반영회로의 결여 등 효율적 서비스 공급에 장애요인으로 지적하였다. 나아가서 황 교수는 이러한 도시 행재정문제에 대한 대책을 제시한 바 있어 대도시 경영자는 물론 전문가들에 많은 도움을 주는 내용을 담고 있다.

끝으로 최상철 교수는 "국토개발과 도시개발 정책"이란 주제 속에서 앞으로 우리나라가 맞이해야 할 고밀도 도시적 국가에 대한 가능한 미래와 바람직한 미래가 무엇인가에 대해 가장 결정적인 몇 가지 문제점에 대하여 살펴보고 있다. 국토공간의 동질성을 이루기 위한 국토네트워크 및 도시계층구조의 재편성과 도시의 공간적 배치문제, 수도권정비와 신행정수도 건설의 국토정책적 의미와 방향, 중소도시 및 소도읍 개발의 전략과 방향, 한국적 도시가 당면한 개별 도시내부 구조개편과 관리의 면에서 정책적 유의와 개발의 자세에 대하여 언급하였다. 나아가 최 교수는 도시정책의 의미와 국토공간 구조개편과 인간 정주체계의 합리화를 위한 장기적 비전의 일단을 제안하면서 왜곡된 국토공간의 자체 완결성을 이룩하는 과감한 국토·도시정책적 전환이 불가피함을 지적하였다.

이상에서 이번 연구포럼에서 발표된 논문의 요지를 살펴보았으나 포럼을 마무리하여 하나의 단행본으로 간행된 이 시점에서 새로운 의의를 찾을 수 있을 것 같다. 포럼이란 어휘가 바로 뜻하는 바와 같이 시민들의 대화가 있었다는 점이다. 3주에 걸친 기간을 통하여 전문가, 학계, 경제인, 언론계, 정부관료, 예술가, 일반 시민에 이르기까지 우리나라 사회의 모든 분야를 망라한 대화의 광장이 마련될 수 있었다. 특히 김입삼 부회장이 포럼의 마무리에서 웅변으로 말씀하신 바와 같이 공업화가 국가발전의 중요한 목적가치이고 공업화는 도시화를 동반하게 마련이라면 전국적 도시화 현상은 우리가 좋든 싫든 간에 받아들이지 않을 수 없는 현실 속에서, 경제인들이 도시문제에 무관심할 수 없다는 귀결에 이번 포럼의 의의가 요약되어 있다고 할 것이다.

　도시문제의 해결 없는 진정한 의미의 경제발전은 스스로 한계를 지닌다고 할 수 있다. 우리나라는 이미 도시문제가 경제발전 과정의 필요성 정도로 넘어갈 수 있는 단계를 지난 셈이다. 도시에 꿈이 없고 정신적 기반이 없고 아름다움이 없는 나라는 허구적인 발전을 한 것이다. 지속적 경제발전은 도시적 사회의 효율성과 안정성에 바탕을 두어야 할 것이다. 일본의 기업인들이 1920년대 초에 도쿄시정조사회의 발족을 가능케 하였으며, 미국의 카네기·록펠러·세이지 재단이 도시연구에 거대한 재정지원을 아끼지 않고 있다는 사실은 이를 단적으로 대변해 주고 있다. 전국경제인연합회가 지난해 "교육포럼"에 이어 올해 "도시포럼"을 개최한 것은 단순히 도시문제 해결을 위한 시민참여의 폭을 확대한다는 의미 이상으로, 고밀도 도시사회에 대처하는 경제인들의 비전과 국민적 지혜를 모으는 데 선도적 역할의 서장이라고 볼 수 있다. 본 연구포럼 과정에서 발표된 논문과 토론의 요지, 주요 정책건의안, 도시문제 이해를 위한 가장 기본적인 통계와 자료를 한 권의 책으로 엮어 발간하는 의의도 여기에 있다고 하겠다.

90년대 도전과 미래의 창조

전국경제인연합회 · 한국미래학회 | 1978년 |
전국경제인연합회 경제 · 기술조사센터 | 345면

차례

머리말

전국경제인연합회

한 시대를 사는 우리의 삶은 유한한 것이지만 민족과 문화는 영원한 것이다. 그러기에 우리 세대가 땀 흘려 이룩하고자 하는 것은 결코 오늘의 삶만을 위한 것이 아니라 내일의 우리 세대에게 보다 나은 전통과 유산을 물려주고 새로운 민족문화의 창조에 밑거름이 되고자 하는 데 있다.

오늘날 한국사회는 급변하는 시대의 흐름 속에서 무한한 가능성을 안고 성장과 발전을 거듭하고 있고, 이것은 앞으로 더욱 가속화되어 나갈 것으로 전망된다. 그러나 우리 사회의 이러한 양적 확대와 질적 변화가 우리에게 주었던 결실이 무엇이었던가에 관해 90년대의 미래사회를 전망하는 이 시점에서 재음미되어야 할 필요가 있다고 하겠다. 이는 90년대를 향한 지속적인 경제성장에 못지않게 새로운 미래사회의 창조를 위해서는 보다 뚜렷한 발전이념의 정립이 있어야 된다고 생각하기 때문이다.

아울러 우리는 우리의 모든 예지와 창의를 모아 90년대의 한국사회가 극복해야 할 도전을 미리 예측하고 평가하여, 이에 대처하고 그 해결방안을 모색함으로써 경제인으로서 뿐만 아니라 국민의 한 사람으로서 앞으로의 세찬 변화와 국제화 추세에 대응해 나갈 마음의 다짐을 해야 하겠다.

이에 본회는 한국미래학회와 공동으로 각계에 걸쳐 탁월한 식견을 지닌 전문인사를 총망라하여 3차에 걸친 "90년대 도전과 미래의 창조" 심포지엄을 개최하였고, 그 내용 전체를 본서에 담아 발간하게 되었다.

이 심포지엄은 학계·경제계는 물론 문화·언론·사회·정치·과학기술계 지도적 인사의 적극적 참여와 폭넓은 토론을 통해 이루어진 것인 만큼 본서가 보다 밝은 90년대의 미래한국을 건설하는 데 이바지하게 되기를 기원하는 바이다.

한국 심포지엄 사상 새로운 이정표를 세우게 한 본 심포지엄에 적극 참여하여 고견을 피력해 주신 여러분과, 본서 발간을 위해 애쓴 여러분께 사의를 표한다.

총설

한국미래학회

역사학자에게 있어 과거는 현재적 과거이듯이 오늘 이 땅의 미래문제는 바로 현재적 미래라고 볼 수 있다. 과거나 현재를 떠난 미래가 없다는 것은 너무나 당연한 시간의 원리로서가 아니다. 한편에서는 현재는 개선하기 위한 미래의 이상설정의 문제요, 또 한편에서는 미래준비를 위한 현재의 과제이기 때문이다.

특히 오늘과 같이 규모의 거대화, 체계의 부합화, 시간의 가속화가 진행되는 인류, 사회, 국가의 관리체제 아래에서는 과거의 시간거리로서의 먼 미래조차 바로 오늘에 직결되어 있다. 에너지, 환경, 해양, 생물공학의 발전 등 이른바 미래적 문제로 간주되었던 것들은 실상 오늘 그 해결책을 서두르지 않으면 모든 조직, 모든 인간의 재난을 일으킨다는 점에서 바로 현재적 문제이다. 이 점에서 미래의 위기는 미래의 것이 아니라 바로 현재의 위기인 것이다.

우리나라도 3차의 경제개발 5개년계획을 거치는 동안 경제, 산업활동을 중심으로 하여 적어도 5년 단위의 미래를 내다보는 습관이 들었다. 그런 습관은 더 먼 미래를 예측, 투시하는 데로 발전하고 미래의 불안과 불확실성을 제거하고 미래에의 확신을 더해가는 경향을 보이고 있다.

경제·산업활동 가운데에도 이미 5년 단위의 계획으로는 감당할 수 없는 분야가 현저히 늘고 있다. 에너지, 기술변동, 산업사이클, 그리고 인력수급들이 그것이다.

그러나 10년을 넘어 15년, 20년 단위의 장기예측, 통찰, 기대들은 불가피하게 '경제를 넘어서는' 문제들과 본질적으로 맞부딪치고 있다.

한편에서는 계량적으로 예측 가능한 경제활동을 촉진·개선하기 위한 요구가 '경제를 넘어서는' 문제들과의 만남과 해결을 기다리고 있다. 또 한편에서는 '경제인'을 넘어서 '마음의 삶'의 인간들이 경제적 풍요가 가까워질수록 새로운 문화, 새로운 마음을 요구하기 때문이다.

가난이 최대 우선순위의 과제일 때 그 사회, 그 나라, 그 가정의 문화 내용, 마음의 틀은 경제일원론으로 접근 가능하지만 물질의 풍요가 가까울수록 마음의 풍요를, 소득의 공정분배와 더불어 권력과 지위의 공정분배를, 조직의 관리효율이 높을수록 자아의 심미성 추구를 갈구한다.

선진국의 경제발전단계나 사회변화와 달리 절대빈곤의 극복 초기 단계에서부터 경제·산업의 근대화를 넘는 현대화와 함께 이 나라, 이 문화, 이 삶의 장기 미래를 통찰하고 그 바람직스러운 틀을 지금부터 갖추어야 할 까닭이 여기에 있다. 세계의 동시성이란 20세기 후반의 공통된 지구적 현상이 도사리고 있다는 것도 이를 강박하는 요구 중의 하나이며, 탈공업사회에서의 스태그플레이션의 사회문화적 갈등을 되풀이하지 말아야겠다는 '현재적 과거'의 요구가 둘째이다.

셋째로는 지적 성장과 근대적 복지의 요구와 한국의 문화적·정신적 개별성의 유지, 재창조 요구 간의 조화가 이를 재촉하기 때문이다. 넷째로, 더 크게는 과거의 가장 절대적인 대륙문화 전통 속에서 한 세대 동안에 진보적 해양문화 질서에 뛰어든 한국의 독특한 경험에서 오늘의 개발도상국과 탈공업선진국의 경제·사회·문화적 갈등문제의 해결에 새로운 빛과 모델을 제시할 만한 가치가 있다는 자부가 있기 때문이다.

해방 후 한국 현대사의 전개는 여러 각도에서 볼 수 있다. 분단의 시대로 규정하는 이도 있다. 근대화, 좁게는 미국화의 시대로 보는 이도 있다. 산업화의 시대로 보는 이도 있다. 대중사회의 출현기로 보는 이도 있다. 혼란의 시대로 보는 이도 있고, 비극의 시대로 보는 이도 있다.

그러나 모두가 부분적인 해석이라 볼 수 있다. 이를 포괄하고 수습할 수 있는 개념은 해양화 시대의 전개이다. 해양적 문화—진보적 발전가치를 믿는 문화, 속도와 변화의 중시, 해양적 사회—자아의 출현, 신분질서의 종언, 사회기능의 다원화, 대중정보 전달, 현대복지 지향, 해양적 경제산업구조—대량소비, 대량생산, 기술우위 산업화, 현대중공업화 지향, 부족으로부터의 해방을 넘는 풍요에의 갈구, 해양적 국제질서—개방의 적극화, 교류의 다변화, 다양화, 국제화 등이 그것이다.

이러한 해양화의 전개는 지나간 5천 년의 대륙문화, 대륙적 질서의 사회, 경제, 대외접촉과 대비하면 확연히 구분된다. 이러한 지나간 30년 한 세대의 해양화 전개는 그 이전의 오랜 대륙화 전개와 대극적 양상을 띤다. 하나의 문화, 하나의 가치, 하나의 단계의 점진적·자율적 발전과 난숙을 거친 다음 문화, 다음 가치, 다음 단계로의 이행이 아니라 주어진 목표, 전시된 형성, 타율적 규범을 향한 도약이었다.

다급한 추수, 성급한 모방, 안정과 조화와 자각이 없는 뜀박질이었다. 그리하여 개미같이 일하고도 일한 업적에 대한 자신의 의미부여에 공동이 보이고, 난관을 꿰뚫고 목표를 달성했으나 그 목표의 가치에 회의가 생긴다. 때로는 전통의 가치 기준에서 냉혹한 계산을 떨어 버리는 낭만을 외치고, 때로는 근대화와 현대화의 기준가치인 합리성과 과학성과 모험심과 변화 부적응을 탓하기도 한다. 현대적 가치와 삶, 전통적 가치와 문화의 개별성을 모두 수용, 용해하는 새로운 가치, 새로운 문화의 미래창조가 있기까지 우리는 어쩔 수 없이 이 혼란과 비연속과 불안이 계속되는 숙명의 멍에를 진 셈이다.

새로이 통합되고 조화된 새 가치, 새 질서, 새 틀을 어떻게, 그리고 빨리 창조하느냐에 따라 우리 스스로 자율적이고 자기순환적이고 자기

완결적이고 따라서 주체적이면서 범세계적일 수 있는 우리의 새 삶, 새 가치의 나라, 사회, 세대를 만드는 시간과 내용이 결정된다. 이것이 불행한 경험과 운명을 지니고 사는 현재의 우리가 사는 보람이요, 미래에의 기대이다. 멀리는 개화 100년의 '계속되는 단절'의 경험이 특히 해방 후 한 세대의 이질적이고 파란 많은 안의 경험과 국제적 여건이 있기 때문에 이 새로운 미래창조의 과업을 수행하는 데 부족함이 없다.

더 이상 대극적 변화의 혼란과 불안, 고통과 추수 및 모방과 부조화, 그리고 몰자아의 비극을 허용해서는 안 되겠다는 것이 미래를 의욕하는 사명감이다. 우리 스스로를 아끼기 때문에 또 결국 미래를 창조하는 것도 바로 우리이기 때문에, 버리고 싶은 유산과 혼란과 단절이 연속된 현재조차도 전면 부정해서는 안 된다. 우리 속에서 우리의 과거와 현재의 경험 속에서 우리의 국제 여건 속에서 새 가치, 새 삶, 새 틀을 찾아야 한다.

해양화 30년의 뜀박질과 조숙 속에서 한 가지 얻은 열매는 근대 경제 성장의 경험 — 누대에 걸쳤던 절대빈곤으로부터의 해방이다. 오늘날 한국의 현재와 미래의 논의는 여기서 출발하고 있다. 선진국과 비교하여 부족하고 오늘의 한국세대의 욕심과 비교하여도 양은 차지 않는다. 그래도 지나간 한 세대의 해양화 시대의 전개가 모두 무질서하고 부조화적인 것이지만 해양화 시대 경험에서 한 가지 값있고 또 열매 맺은 것이 있다면, 그리고 그러한 독립변수를 찾는다면 경제의 국제화이고 산업의 양적 확대라고 할 수 있다.

이 기초 위에서 한국사람의 삶의 위치, 한국사회의 바람직스런 미래상, 한국문화의 미래수용과 재창조, 한국이란 나라의 국제적 최선의 관계구조를 1990년대에 설정해 보려는 것이 이번 대 심포지엄의 구상이었다.

이 구상은 필연적으로 과거와 현재의 정리로부터 시작하여 그 연장선상의 미래투사와 바람직스러운 미래를 위한 새로운 가치부여 작업이 같이 진행되어야 했다. 그런데 이런 구상과 작업은 한국에서 별로 그 기회를 가져 본 적이 없다. 미래학회가 8년 전에 델파이 방법에 의한 미래예측으로 각 방면의 전문가들을 한 자리에 모아 시도해 본 적이 있었지만 그것은 있을 수 있는 미래에 약간의 바람직한 미래를 덧붙인 것이었다. 방법론상의 엄격성을 지키자면 자연 종합성이랄까 전체상을 그리기는 어렵기 마련이다.

이번 대 심포지엄은 출발부터 미래를, 그리고 제시하는 예측방법론의 통일이나 체계를 요구하지 않았다. 이것은 앞으로 한국의 미래연구방법론에 관심 있는 학도들이 계속 탐구할 과제이고 한국미래학회가 바로 착수할 계획으로 있는 시급한 과업이다. "90년대 도전과 미래의 창조" 대 심포지엄은 이 글의 서론 격에서 밝힌 문제의식을 세련시키고 정책제시에까지 이르기 위한 첫 단계의 출발이다. 그래서 총론적이고 큰 줄거리의 문제정리에 주안이 놓여 있다. 또 학자뿐 아니라 한국의 각계 지성들의 머리를 될수록 많이 동원하여 난상토의를 해보고 싶은 의도와 각계에서 활동하는 비전문가들의 의견도 현재적 미래통찰에 값있는 것으로 믿기 때문에 이번의 3부 연속 심포지엄은 다소 산만한 감이 없지 않았다.

이 심포지엄은 3부로 나누어 진행되었다. 제1부 "경제성장을 넘어서: 발전목표의 새 차원 모색", 제2부 "가능한 미래: 90년대의 사회변화와 삶의 내용", 제3부 "바람직한 미래의 창조: 90년대를 어떻게 맞이할 것인가" 등 3부 연속 심포지엄이었다.

1부에서 시도한 것은 한국에서의 발전목표를 어떻게 재정립할 것이냐는 것이었다. 우리 사회의 관리담당 주역인 정부나 정책결정자들로부터 한국경제와 안보 대외관계를 장기적 안목에서 구도를 그리게 하였다. 이상적으로는 우리나라에서 변화를 주도하는 부문은 안으로는 경제이고 밖으로는 안보와 통일을 둘러싼 여건이라는 판단이 무의식중에 일치한 셈이다.

여기에 항용 정부계획이나 수량예측에서 빠지기 쉬운 사회변화와 인간의 위치, 삶의 가치를 국가사회 발전목표의 상위가치라는 차원에서 조명시켜 보려 했다. 이런 시도는 필경 전통과 역사의 해석을 다시 검정하지 않고는 적합성을 찾기 힘든 것이기 때문에 미래의 상위가치로서의 역사가를 동원하고 변하는 것과 변하지 않는 것을 추려 보려고 했다.

1부의 발표논문과 토론에서 집약되는 것은 현대사의 보편성과 전통의 개별성 간의 충돌, 한 인간으로서 잘 산다는 것과 한 나라로서 잘 산다는 것의 차이가 부각되었다. 공업화·대중화·관료화·기술화·수량화·기계화되는 조직사회에서 인간의 자율성과 자아실현을 우선하는 자발적 사회를 이룩하자는 인간주의적 요구, 진보적 발전목표를 제시하는 입장은, 한국과 오늘의 현대에 모두 비관적 진단을 내포하는 것으로만 보지 않고, 한국의 삶 자체가 위대한 창조라고 믿는 입장에서 한국의 전통 속에 살아남아 있는 강인한 생존력이야말로 모든 변화와 요구에 적응·흡수·독창할 수 있다는 낙관론을 펼쳤다.

새 차원의 발전목표, 발전의 상위가치로서 현대역사의 진보적 가치, 인간주의적인 것이냐, 아니면 한국전통의 재창조냐 하는 문제는 끊임없는 논의의 대상이지만 그 어느 경우가 되었던 토착적 에너지의 저장이 꼭 필요하다는 것은 일치를 본 셈이다.

발전의 상위가치를 모색할수록 인간의 자아실현, 사회의 플루럴리즘(*pluralism*)과 전통, 토착에너지 연대와 협동이 동시에 선명히 부각되는 것은 결국 선택의 문제냐 조화의 문제냐 하는 것을 우리 모두에게 묻고 있는 것이라 할 수 있다.

이에 대한 답변은 제3부로 미루고 제2부는 가능한 미래의 전개내용을 살폈다. 정부는 지난 15년의 고도성장에 이어 다시 앞으로 15년도 GNP 연평균성장 10% 이상의 고도성장을 계획하고 있다(1977~1991 장기경제사회 발전). 연속 30년, 1세대 기간 연 10% 이상의 GNP 성장이란 서구의 산업혁명 이후 200년의 근대 경제성장사에 있어서나 전후 제3세계 개발도상국의 성장경험에서나 예를 찾을 수 없는 의욕을 보이고 있다.

질이 양을 변화시키듯이 양이 질을 변화시키기도 한다. 1세대 지속 고도경제성장의 양적 확대는 불가피하게 경제 이외의 주요사회 부문과 기능에, 그리고 부문 간, 기능 간 연계 메커니즘에 중대한 질적 변화를 초래할 것이다.

지속적 고도성장이 바람직스럽다고 보는 입장에서는 그 달성을 위한 제 경제외적 분야의 변화수용을 보려 할 것이고, 그 반대의 입장에서는 경제외적 분야의 기능과 구조의 바람직스러운 모습이 떠오르게 될 것이다. 여기서 이번 심포지엄은 어느 입장을 강조하기보다 문화와 교육, 노사관계, 삶의 공간, 기술혁신의 각 부문에 걸쳐 자유로이 미래의 통찰을 제시하도록 기획했다.

자유로운 미래예측과 통찰, 그리고 통일된 입장을 요구하지 않는 토의의 전개이기 때문에 3부는 다소 산만한 파트가 되었다. 그러나 상호 직접 연관성이 없어 보이는 6개의 문제별 주제발표를 전부 소화하고 보면 거기에 몇 개의 공통점을 발견할 수 있다.

경제개발과 사회개발의 병행, 예술문화의 제공, 종교에의 귀의, 인간권위의 회복, 대등한 인간관계의 확립 위에 선 노사관계, 도시적 영광과 농촌적 낭만의 공존, 개발계획의 인간화 등이 강조된 것은 개념적 착안들이라고 하더라도 미래의 문제의식이 어디에 두어져야 한다는 것을 드러내고 있다. 특히 국가총인간개발성 지수와 인간가치, 개성, 적응력, 자발성의 신장지표를 시도하는 제안은 고도산업사회를 맞이하는 우리의 두려움과 갈등을 인간과 예술에서 얻어 보려는 값있는 것이라 할 수 있다. 생산적·공여적 예술활동이 자발적 참여 있는 인간우위사회 창조에 매우 바람직스러운 수단으로 제시되고 자각과 감동에 의한 구심점으로 정신문화가 등장한 것은 제2부의 특징이라 하겠다.

제3부는 바람직한 미래의 창조, 즉 1, 2부를 거쳐 미래발전의 상위가치, 미래 삶의 심미적 수요충족, 한국적 복지의 틀, 대외여건의 극복, 그리고 발전의 전략적 단계화로 마무리지으려 시도했다.

예악사회의 제시는 우리의 발전이 수평사회·개방사회·합리사회라는 현대 진보적 가치를 우위로 하면서 전통의 예악을 변화의 안정제로 제기함으로써 이번 대 심포지엄의 결론을 내린 셈이다. 보편적·진보적 가치와 개별적·전통적 가치의 귀착점을 찾은 셈이다. 그것은 바람직한 한국의 미래와 한국에서의 삶의 미래의 전체상을 시도한 것이다. 또한 그것은 급격히 느는 심미적 수요를 획일적 대중문화에 의한 인간의 관객화로부터 매스미디어의 관중을 다시 인간으로 회복시켜야 한다는 예술과 삶의 새 양식의 창조와 조화를 이루고 있다.

한국적 복지의 틀이라 할 때는 이미 서구의 선진복지제도를 그대로 도입하기 어렵다는 것을 의식하고 있는 것이다. 자립정신과 성취동기를 고취하고 국민적 합의를 얻는 데 있어 가족제도 등 전통의 특수성을 고려하여야 한다는 두 가지 입장이 한국적 복지의 틀을 생각게 하는 것이다. 결코 쉬운 과제가 아니고 총합적이고 다원적이고 어려운 과제이다.

대외관계의 틀에서도 남북대결, 국제관계, 국민문제의 세 차원이 유기적인 삼위일체를 이루어 신축성 있는 전략의 배합이 필요하고 6개의 전략적 목표도 개별적으로, 그리고 총체적으로 동시에 합의하고 추진할 수 있는 정치적 능력이 요구된다는 것도 어려운 과제이다.

그만큼 미래의 주도가치와 목표를 제시하기보다 합목적적이며 적합한 미래창조의 전략과 길의 탐구는 어렵다고 할 수도 있다. 한국적 복지의 틀이나 대외관계의 틀이 제시한 것은 우리의 미래를 여는 데 있어 지금보다 더욱 유연성 있고 신축성 있고 다차원적이고 포괄적이어야 한다는 것이었다.

발전의 단계화에서 체제가치의 상대적 한계효용체감의 법칙이 논의되고, 창조에 있어 나 혼자만의 밀실을 갖는 엔클레이브(enclave), 현재에 코미트(commit) 되지 않은 엔클레이브 세력의 중요성이 강조된 것은 값있는 대목이다. 창조성, 실험성, 국제성, 대중지향성을 갖춘 90년대 창조의 관리자들을 어떻게 키울 것인가가 바로 한국 미래창조의 전환기적 국가과업이라 하겠다.

90년대 한국의 대안적 미래를 놓고 우리나라에서 동원할 수 있는 두뇌들을 가능한 한 최대로 동원해 보려 했다. 이번 3부 심포지엄이 "경제성장을 넘어서"라는 소극적 논의에서 "경제성장과 더불어", 그리고 "경제성장 이후의 인간가치와 정신·예술문화의 재탐구, 역할 재정립, 전통의 재창조"라는 적극적 미래목표까지 제시했다고 평가할 수 있다.

인간성의 회복과 전통의 도입이 한국에서 미래나 현재를 논의하는 데 있어 초점이 될 것을 기대할 수 있다. 앞으로 이번에 제시된 착상과 단편적 개념 등을 체계적으로 개념화하고 통합하는 작업이 남았으며, 다시 정책과 정책수단까지로 발전시키고 세련시키는 것이 남아 있다.

선진서양에 있어서의 탈공업사회의 본질과 미래, 한국발전과 서구발전 사이의 규범(norm)과 패턴의 정리, 국가목표와 인간목표의 본질과 차이, 문화발전이란 개념이 가능하고 계획가능한 것인가, 한국 미래예측 방법론 등 좀더 파고들어야 할 분야가 남아 있다. 이들 연구가 깊어지면 한국의 미래를 내다볼 수 있는 눈은 더욱 넓고 깊고 길어지고 미래의 불확실성과 불안이 제거되고 국가, 사회, 사람의 더 높은 향상을 기대할 수 있다.

　이번 미래학회와의 공동심포지엄이 한국미래에의 문제의식과 연구방향의 제시, 그리고 한국적 합의의 형성에 있어서까지 커다란 전기를 마련했다고 믿는다. 여기 심포지엄에 발표된 논문과 토의의 요지, 그리고 심포지엄을 마친 소회의 좌담을 묶어 발간하는 것은 바람직스러운 한국미래창조의 부단한 퇴고를 위해 골격을 세우는 첫 작업이라 하겠다.

미래를 되돌아본다 – 에세이: 전망의 회고

한국미래학회 | 1988년 | 나남 | 272면

차례

머리말

김형국

사람이 집단으로 겪는 시간과 개인으로 겪는 시간은 그 의미가 서로 다르다고 한다. 사람의 집단시간은 원과 같은 일정성을 지닌 채 머물고 있는 시간이지만, 사람의 개인시간은 일직선으로 화살처럼 흘러가는 시간이다. 사람의 개인시간이 화살 같은 것인 줄이야 사람마다 피부로 알고 있지만, 사람의 집단시간이 원과 같다고 비유한 것은 세월이 아무리 흘러도 사회에는 언제나 20대, 30대 같은 연령구조가 있음을 빗대어 말한 것이다.

미래사고에 관심을 표해 온 한국미래학회 회원의 집단시간은 20대의 만년 젊음이라고 자부해왔다. 젊음만큼이나 미래가 있다는 것이 우리의 상식이 아닌가. 하지만 미래도 사람으로 해서 의미를 갖는다. 그만큼 사람의 생물학적 제약은 벗어날 수 없는 것이다. 결국 항상 젊다고 자부하는 한국미래학회도 회원들의 늙음을 거부하지 못한다.

그러나 늙음과 젊음이 함께 자리를 나눌 수 없는 그런 것은 결코 아니다. 과거가 있는 늙음은 기록을 가질 수 있고 그런 기록은 한국미래학회의 젊음을, 감히 말해서 한국의 미래연구의 건강을 유지할 수 있는 '강정제'가 될 수 있는 것이다.

한국미래학회 창립 20주년을 기념하는 이 에세이집은 회원의 나이 먹음을 학회의 '젊음'에 접합시키기 위한 노력이다. 지난 20년을 집중적으로 돌이켜봄으로써 앞으로의 20년을 내다보는 시사점을 얻자는 것이다. 이를 위해서 회원들에게 이런 시각으로 적어 주기를 부탁했다.

① 한국미래학회가 창설될 즈음인 1960년대 말에 내다본 앞으로의

20년은 어떤 모습이라 예견 또는 예측했는가, ② 거기에 견주어 오늘의 상황은 어떻다고 평가하는가, ③ 그때의 예측과 오늘의 상황평가 사이에 나타난 차이는 무엇 때문이었는가, ④ 이런 평가는 앞으로의 20년에 어떤 시사점을 주고 있는가? 이 시각을 적용할 수 있는 영역은 이런 것들이 가능하리라 예시하기도 했다. ① 개인의 사사로운 체험, ② 전반적인 사회변화, ③ 전공연구 또는 활동분야 등이 그것이다.

한 영역만 택해서 집중해 적을 수도 있겠지만, 편집인의 의도는 영역의 복합을 오히려 기대했다. '실감 있는' 글이 될 수 있도록 복합에는 개인의 사사로운 체험이 꼭 들어가야 한다고 주문했다.

이런 편집자의 주문에 23인의 회원이 응답해왔다. 거기엔 회고형의 자기성찰이 짙게 깔린 글이 있는가 하면, 마음속으로 반추한 성찰을 미래에 적극적으로 투시한 글도 있다. 모두가 하나같이 지닌 미덕은 지난 20년의 우리 현대사를 꿰뚫어 보는 진지한 성찰과 거기서 우리의 미래를 살펴보고자 하는 지혜가 응축되어 있다는 점이다. 물론 거기엔 한국미래학회의 이력이 직접·간접으로 노출되어 있기도 하다.

이 책의 편집은 최정호 박사와 이홍구 박사와 더불어 작년 말부터 시작했다. 그런데 지난봄에 이 박사가 정부의 부름을 받게 되자, 대신에 권태준 박사가 참여하게 됐다. 이분들의 지혜가 바로 위에 적은 편집 취지가 됐다.

일의 미래, 미래의 일

최정호 · 김형국 (공편) | 1989년 | 나남 | 298면

차례

우리들의 〈모던 타임즈〉

최정호

찰리 채플린(Charles Chaplin)이 뒤늦게 한국에서 붐을 일으키고 있다. 반세기 전에 유행하던 그의 희화적인 모습이 상표로 등장하는가 하면 서울의 도심에는 그의 이름을 딴 카페의 연쇄점조차 생기고 있다.

채플린이 죽은 지 22년, 그가 마지막 작품 〈홍콩의 백작부인〉을 만든 지도 33년이 지난 지금, 우리나라에서는 특히 1920~1930년대에 만든 채플린의 무성영화들이 영화관에서나 비디오 가게에서 젊은이들에게서 큰 인기를 모으고 있다. 〈골드러쉬〉, 〈모던 타임즈〉, 〈독재자〉 등 ….

모두가 50년, 60년 전의 낡은 작품들이다. 영화에는 고전(古典)이 없다는 말도 있다. 그럼에도 불구하고 그 낡은 필름들이 먼지를 털고 한국에서 채플린 붐의 부활을 경험하게 된 것은 무슨 까닭일까. 할아버지 세대가 보던 낡은 영화가 오늘의 손자 세대에게도 이처럼 신선한 감동을 주고 있는 까닭은 무엇일까.

물론 채플린이라는 천재 때문이다. 그가 우리들이 살고 있는 시대를, 그 시대의 희극과 비극을 누구보다 또렷하게, 누구보다 알아보기 쉽게 그려 주기 때문이다. 우리들의 '모던 타임즈'(Modern Times)를 ….

그것은 어떠한 시대인가? 대부분의 사람들이 이제 농장이 아니라 공장에서 일하는 시대. 대부분의 사람들이 사회적 생산체제의 한 톱니바퀴가 되어 노동하는 시대. 그것도 조지 오웰(George Orwell)의 '빅브

라더'(*Big Brother*)가 보이지 않는 곳에서 텔레비전 카메라로 감시하고 있는 컨베이어 앞에서 날마다 똑같은 부품 작업만을 반복하는 시대. 그러한 노동을 하지 않는 사람들은 땅·주식 투기로 저마다 일확천금의 꿈을 꾸고 있는 '골드러쉬'의 시대. 그리고 그러한 불쌍한 노동자나 복부인의 머리 위에 얼굴은 바뀌어도 언제나 '독재자'가 군림하고 있는 시대. 말하자면 근대적인 산업사회가 안고 있는 모든 응달이 구석구석에서 덮개 밖으로 삐져 나오고 있는 희비극의 시대이다. '모던 타임즈'.

채플린이 〈모던 타임즈〉를 그려낸 1930년대만 하더라도 그것은 서양사람들의 시대요 그들의 세계였다. 1940년대도 그랬다. 제 2차 세계대전 전에 채플린의 〈모던 타임즈〉를 보고 감격한 장 폴 사르트르(Jean Paul Sartre)는 제2차 세계대전 후에 그가 창간한 잡지 제호로 이 영화의 제목을 올려붙였다. 〈레 땅 모데르느〉(*Les Temps Modernes*).

그러나 그로부터 반세기가 경과하고 있는 지금 채플린의 〈모던 타임즈〉는 한국의 시대가 되었고 한국인의 세계가 되었다. 우리들은 그동안에 우리들의 '골드러쉬'를 경험했고 우리들의 '독재자'를 체험하면서 산업화 사회라는 우리들의 '모던 타임즈'를 이룩해 놓았다.

참으로 산업화 사회는 사람들의 '일'을 바꿔 놓았고 일자리를 바꿔 놓았으며, 일을 하는 사람과 사람의 관계, 일을 하는 사람과 자연의 관계, 일을 하는 사람과 돈의 관계를 송두리째 바꿔 놓아 버렸다. 아니 산업화 사회는 사람의 삶을 바꿔 놓았고 사람 그 자체를 바꿔 놓았다. 채플린이 그것을 사람들에게 알려 주었고, 우리들은 뒤늦게 우리들의 산업화 사회를 이룩함으로써 이제야 채플린을 알 수 있게 된 것이다.

20년 전, 우리들 미래학회 회원들은 산업화된 우리나라의 미래를 꿈꾸면서 '서기 2000년의 한국'의 모습을 그려 본 일이 있었다. 우리들은 그 미래가 2000년까지는 아직도 한참인 지금, 이미 이렇게 우리들의

'모던 타임즈'로서 현전(現前)하고 있음에 자못 놀라고 있다.

10년 전, 우리 모두는 어둡고 긴, 끝이 전혀 보이지 않았던 유신체제 하에서 소리를 죽이며 민주화된 우리나라의 미래를 저마다 그려보고 있었다. 그러나 유신체제는 어느 누구도 예상하지 못한 계기로 끝장이 나면서 그 사이 제3공화국은 제6공화국으로 변전을 거듭해왔다. 달라지지 않은 것은 우리들의 일이다. 산업사회의 일, '모던 타임즈'의 일.

밖에서는 그러나 이제 그 '일'이 다시 한 번 크게 달라지리라는 소리가 점차 드세어지고 있다. 농경사회, 산업사회에 이어 새로이 지구 위에 지금 먼동이 트고 있는 정보사회가 사람이 하는 일의 모습과 일의 본성을 근본적으로 바꿔 놓게 되리라는 전망이다. 독일의 사회학자 다렌도르프(Ralf Dahrendorf)는 이미 일을 '노동'으로 간주했던 '노동사회'는 끝나고 있으며 앞으로는 일을 '활동'으로서 찾는 '활동사회'가 이를 대신하게 되리라는 예진(豫診)을 하고도 있다. 미국의 언론인 토플러(Alvin Toffler)는 《제3의 물결》(The Third Wave)이라는 세속적인 예언서 속에서 '일'과 관련된 인간생활의 총체적인 모습이 전면적으로 변화를 경험하게 된다는 대담한 시나리오를 그려 보여주고 있다.

그러한 정보사회의 현재와 미래는 이제 서양사람들만의 것은 아니다. 그것은 또한 우리들의 가까운 미래가 되고도 있다. 채플린의 〈모던 타임즈〉를 이해하던 서양사람들과 우리들 사이의 50년이란 시차는 정보화 사회를 내다보는 지금에 와서는 이미 사라져 가고 있는 것이다.

그래서 이번만은 우리도 바깥의 남들에게 뒤지지 않도록 채비를 해야 되겠다고 서둘러 마련해 본 것이 여기에 한 권의 책자로 나오게 된 심포지엄 "일의 미래·미래의 일"이다.

이것은 참으로 말의 알찬 의미에서의 "심포지엄"(饗宴)이다. "일의 미래·미래의 일"은 지난해 7월 학회창립 스무 돌을 맞은 한국미래학회가 이 돌잔치를 기념하기 위해서 1988년 한 해 내내 계속한 월례회서 발표된 말의 향연을 엮은 것이다. 이 향연에는 1920년대생에서부터 1960년대생까지의 범(汎) 연대의 발언자들이 참가해 주셨다. 그리고 이 돌잔치를 위한 비용은 한국의 미래를 앞질러 가는 '정보사회개발연구원'(통신개발연구원의 영어명)이 추렴해 주었다.

한글로 "일의 미래·미래의 일"이라고 적으면 동어반복처럼 들릴 수도 있겠으나 앞에 적은 '일'은 노동으로서의 일이요, 뒤에 적은 '일'은 직업으로서의 일이다. 따라서 이 심포지엄은 '노동의 미래'를 전망해 보고 '미래의 직업'에 대해 생각해 보자는 뜻에서 꾸며진 것이다. 특히 미래의 직업에 대해 생각하게 된 것은 이미 5년 전에 《대학에서 나는 무슨 공부를 하여 어떤 사람이 될까》라는 책을 엮어 내서 우리나라 젊은이들의 '미래의 일'에 대하여 선구적인 '일'을 한 외우(畏友) 김형국 박사로부터 시사를 받았음을 고백해 둔다. 이 심포지엄의 제목은 내가 생각했으나 심포지엄의 구성과 조직, 책의 편집과 제작은 전적으로 김형국 박사가 혼자서 맡아 수고해 주셨다.

따라서 이 책의 출간에는 통신개발연구원장 김세원(金世源) 박사, 나남출판사의 조상호 사장과 함께 서울대 환경대학원의 김형국 박사께 우리들은 특히 감사를 빚지고 있음을 여기에 적어 밝혀 두고자 한다.

1989년 4월 16일
찰리 채플린 백돌 날에

발전과 환경

한국미래학회 | 1991년 | 대전세계박람회조직위원회 | 345면

차례

개회선언

발전과 환경의 조화

최정호

대전엑스포 제1회 주제 심포지엄을 오늘 이처럼 성대하게 개최할 수 있게 된 것을 기쁘게 생각합니다.

한국미래학회가 엑스포조직위원회로부터 이 심포지엄을 주관하도록 위촉받은 것은 금년 4월이었습니다. 그로부터 겨우 5개월이라는 짧은 기간에 국내외에서 높은 명망을 얻고 있는 여러 분야의 전문가들을 초빙하여 이와 같은 지적 만남의 마당을 마련할 수 있게 된 것은 그를 준비해온 입장에서 스스로 대견스러운 일이라 여깁니다.

그것은 오로지 학회의 활동을 음으로 양으로 도와주시고 계시는 회원 여러분들과 언제나 호의적인 눈으로 학회를 밀어 주고 계시는 학회 밖의 수많은 친구들의 덕이라 믿고 이 자리를 빌려 심심한 감사의 뜻을 전하고자 합니다.

한국미래학회가 대전엑스포 주제 심포지엄을 주관하기로 한 것은 다음과 같은 이유에서입니다.

첫째, 우리는 1993년에 세계박람회를 우리나라에 유치하게 된 사실을 1988년 올림픽대회의 유치에 못지않게 의미 있는 일이라 평가합니다. 만일 "체력이 국력"이라고 한다면, 그래서 올림픽 체전의 개최가 뜻있는 국민적 경사라 한다면, 우리는 그와 마찬가지로, 아니 그 이상으로, 과학기술이 국력이오, 그렇기 때문에 과학기술의 미래비전을 보여주는 엑스포 개최도 뜻있는 국민적 경사라 하지 않을 수 없습니다.

1989년 이래 자유화의 길을 걷고 있는 체코슬로바키아의 수도 프라하에서는 엑스포가 1791년부터 문자 그대로 "백년지대계"(百年之大計)가 되어 100년 만에 한 번씩 개최됩니다. 그래서 올해 1991년에는 제3회 프라하엑스포가 개최되고 있고, 그것이 끝나는 금년 10월 말부터 체코슬로바키아는 다시 100년 후의 서기 2091년에 갖게 될 제4회 프라하엑스포를 준비하게 됩니다. 바로 그 프라하엑스포 조직위원회 의장인 체코슬로바키아의 미끌로슈꼬 부수상이 오늘 이 자리에 발제강연자로 참석해 주신 것을 우리는 매우 기쁘게 생각합니다.

둘째, 우리는 1993년의 세계박람회가 대전에서 열린다는 사실, '서울엑스포'가 아니라 '대전엑스포'라는 사실을 평가합니다. 세계박람회가 한국에서 개최됨으로 해서 과학기술 엑스포가 이제는 제1세계에서만이 아니라 제3세계에서도 개최될 수 있다는 것을 시위해 준 것은 세계의 수많은 개발도상국에게 고무적인 선례가 되고 있습니다. 우리는 그것을 자랑스럽게 여깁니다.

그와 마찬가지로 우리는 세계박람회 규모의 국제적 대행사를 이제 서울에서만이 아니라 지방에서도 치른다는 사실을 말의 알찬 의미에서 획기적인 일이라 평가합니다. 우리는 그것을 자랑스럽게 여깁니다. 대전엑스포의 개최는 한국 역사 1천여 년에 걸친 중앙집중주의의 흐름, 특히 우리들의 당대에 더욱 심화·가속화된 정치·경제·문화의 중앙집권화라는 거센 흐름을 이제부터라도 시정해야 되겠다는 역사적 당위를 처음으로 가시적으로 시위하게 될 큰 발걸음이 될 것입니다.

셋째, 우리는 대전엑스포가 주제로 내세운 것처럼 "새로운 도약을 위한 발전의 길"을 모색해야 된다는 데 인식을 함께하고 있습니다. 세계의 동과 서, 남과 북이 오늘날 급격하게 변화하고 있다는 사실에 대해서 여러 말을 할 필요는 없습니다. 그와 함께 변화하고 있는 것은 오늘의 세계를 살고 있는 사람들의 의식입니다. 세계의 불균형에 대한, 지구의 환경오염에 대한, 그리고 발전의 의미에 대한 세계인의 의식도 급격하게 변화하고 있습니다.

따라서 우리가 모색해야 하는 새로운 도약은 종전과 같은 발전을 또 한 번 반복하자는 것이 아니며, '새로운 발전'이 모색되지 않으면 안 되겠습니다. 그리고 그러한 새로운 차원, 새로운 유형의 발전을 통한 도약을 해야 한다는 것은 특히 한국의 경우 지금 시대적 지상명령(*imperative*)이라고 하겠습니다.

최근 국내에서는 침체해가는 경제를 다시 부추겨 일으키기 위해 정부보다 민간에서, 특히 공론형성권에서 새로운 한국사회의 도약을 위한 캠페인을 벌이고 있습니다. 우리는 새로운 도약을 지향하는 엑스포의 주제를 지지하는 것과 같은 맥락에서 '다시 뛰기'를 호소하는 캠페인의 정당성과 시의성을 지지합니다. 그러나 그 경우에도 우리는 지난 연대와 같은 도약을 반복하는 것이 아니라 '새로운' 도약을 모색해야 되리라 믿습니다.

넷째, 그러한 새로운 도약을 위해서는 무엇보다 우리는 과학기술의 '발전'과 생태학적 '환경'의 화해와 조화를 추구해야 된다고 믿습니다. 우리는 경제발전을 거부함으로써 목가적 환경을 보전하려는 소극적 회고주의를 반대해왔습니다. 그와 마찬가지로 우리는 환경문제를 외면한 경제개발 제일주의에 대해서도 일찍부터 경고해왔습니다.

한국미래학회가 한국과학기술연구소와 공동으로 이미 1971년에 발표한 〈서기 2000년의 한국에 관한 조사 연구〉에서 우리는 1985년쯤에는 환경문제를 총괄하는 정부부처의 탄생을 예견적으로 시사했으며 "도시의 과밀화, 도시의 오수 및 오물의 배설량의 증대로 도시공해가 극심한 1980년대와는 달리 1990년대에 들어서는 공해방지 기술 개발로 차츰 공해요인은 감소해갈 것"이라고 내다보았습니다.

어떤 의미에서는 사회학적·생태학적 환경파괴는 발전에 따른, 발전이 낳은, 또는 발전이 심화시킨 '발전의 대가'라고 볼 수도 있습니다. 한국미래학회는 일찍이 1973년 겨울에 "발전과 갈등"을 주제로 한 심포지엄에서 바로 그처럼 발전이 유발한 정치·사회적, 자연·생태적 제 문제에 대해서 토의한 바 있습니다. 우리들은 그때 발전이 갈등을 유발한다는 경고적 입장과 마찬가지로 그에 못지않게 거꾸로 갈등이야말로 새로운 발전을 촉진한다는 개방적 입장을 밝힌 바 있었습니다.

발전을 위해서는 물론 가진 자와 못 가진 자의 정치적·사회적 갈등이건, 환경을 둘러싼 인간과 자연의 갈등이건, 일단 분쟁을 조정하는 상대적 평화가 전제되지 않을 수 없습니다. 그러나 그러한 상대적 평화는 분쟁의 요인을 외면하고 은폐함으로써가 아니라 오히려 분쟁의 소재와 원인을 먼저 분명히 파악함으로써 조정의 길이 열립니다.

따라서 우리가 추구하는 사회적·생태학적 평화는 발전을 거부함으로써가 아니라 발전을 끝까지 관철함으로써 발전이 유발한 갈등도 극복하는 평화, 바로 오늘 또 다른 발제강연을 해주실 이한빈 전 부총리가 제기한 'pax developmentatis'가 되어야 한다고 볼 수 있습니다. 물고기가 다시 살아난 런던의 템즈강, 주중에도 다시 후지산을 보게 된 도쿄의 대기 등은 발전을 관철해 환경을 되살린 본보기라 하겠습니다.

대전엑스포가 소주제로 내세우고 있고 이번 학술 심포지엄에서도 분과 토의주제로 받아들인 "전통기술과 현대과학의 조화" 및 "자원의 효율적 이용과 재활용"은 바로 발전과 환경의 화해를 위한 전략적 목표가 되리라 생각됩니다.

다섯째, 발전과 환경의 조화를 통한 새로운 도약을 위해서는 더 이상 60년대, 70년대 방식처럼 정부주도·관주도 정책에 기대해서는 안 되고 또 기대할 수도 없습니다. 그것은 정부와 기업, 근로자와 소비자가 다 같이 참여하는 전 국민적 차원을 요구합니다.

개발에서(경제발전이건 기술발전이건) 우리는 스스로 투자자이자 수혜자가 될 수 있고 되어야 합니다. 한편, 환경문제에서는 우리가 스스로 환자이자 의사가 되지 않으면 안 됩니다. 그것은 국내적 차원에서도 그렇고 지구적 차원에서도 그렇습니다. 하나밖에 없는 지구환경이 앓고 있는 우리의 병은 우리 스스로 치유하는 수밖에 다른 도리가 없습니다.

과학기술의 발전과 생태학적 환경의 조화 위에 새로운 도약을 준비하기 위해서는 가장 중요한 것이 전 국민적인 의식화와 참여화를 촉진하는 교육과 계몽이라 하지 않을 수 없습니다.

우리는 이 나라의 중원(中原)에서 개최될 대전엑스포가 바로 그러한 교육과 계몽을 위한 더할 나위 없이 좋은 찬스가 되리라 믿고 있습니다. 그리고 그것은 특히 그곳에 찾아올 천만 명의 젊은이들에게 새로운 도약을 위한 꿈을 공부시켜 주는 마당이 돼줄 것으로 기대합니다.

오늘부터 열리는 이 심포지엄은 대전엑스포의 주제를 토의하는 심포지엄의 제 1회 모임입니다. "발전과 환경"이라는 같은 주제 밑에 내년에 다시 개최될 제 2회 심포지엄에서 우리는 보다 적극적이고, 전향적인 소주제를 다루게 될 것입니다. "환경우호적 기술개발"과 "환경우호적 경제개발"이 곧 그것입니다. 대전엑스포는 1993년에 막을 올리나 엑스포 주제를 미리 진지하게 토의하는 이 심포지엄의 개막을 통해서 사실상 대전엑스포의 "서론"(*prologue*)은 시작된 셈입니다.

이 심포지엄에 참여해 주시는 주제발표자, 사회 및 토론자, 그리고 이를 지켜보아 주시는 관계자, 방청자 여러분들께 다시 한 번 심심한 사의를 표하고자 합니다. 감사합니다.

일하며 생각하며

이한빈 | 1996년 | 조선일보사 출판국 | 484면

차례

머리말

이한빈

나는 생애의 출발점에서부터 비상한 시기에 비상한 선택을 하였다.
6 · 25 전쟁 중 하버드대학에서 경영학 석사(MBA) 과정을 마치고 1951년
에 곧장 귀국하여 피란수도 부산에 돌아와 우리 정부 예산국에 투신하
였다. 객관적 시기와 주관적 의지가 합하여 처음부터 일복을 많이 타게
되었다. 전쟁으로 인하여 온 나라가 잿더미가 된 비참한 상황에서도 재
기의 결의를 다지며 한편으로는 극심한 전시 인플레이션과 씨름하고,
또 한편으로는 외국원조를 끌어들여서라도 전후 경제부흥을 위해 차분
히 준비해야 되는 엄청난 도전 속으로 뛰어 들어갔다.

예산이란 원래 나라살림을 한눈으로 파악할 수 있는 틀이어서 나의
젊은 열정을 쏟을 만한 일이었고, 또 미국을 상대로 한 원조교섭의 일
선에 서서 역대 명상(名相)들의 어깨 너머로 그분들이 나라의 큰일을
어떻게 다루어 나가느냐 하는 것을 볼 수 있었던 것은 30대 초반에 예산
국장이 된 나에게는 큰 배움이 아닐 수 없었다. 이렇게 나는 1961년까
지 10년간 계속해서 외곬으로 나라의 예산과 재정에 전념할 수 있었으
니, 이것은 큰 특전이요 보람이었다. 여기서 나의 뼈가 굵어졌고, 나의
생애관이 확립되었다.

그런데 생애를 시작한 지 10년 만에 단절이 왔다. 나로서는 선진국에
서처럼 정치에 영향을 받지 않는 '직업공무원'이 되어 보겠다는 소박한
포부를 가지고 시작했지만, 1960년대 초와 같이 정치적 격변이 잇따르
는 상황에서 그런 포부는 용납될 수 없는 성질의 것이었다. 그런데 나
는 예산국장 자리에서 4 · 19 혁명과 5 · 16 쿠데타를 맞았으면서도 그

폭풍 속을 뚫고 나왔다. 정권이 세 번이나 바뀌는 한가운데서 가장 중요한 고급공무원 자리를 지키면서 거대한 변혁을 내부에서 관찰하고 거기에 적응하는 비상한 체험을 하게 되었다. 후일에 와서 곰곰이 생각해 보면, 이 기록적 경험은 단순히 운이 좋았다고 넘겨 버릴 일이 아니라, 다른 사람 같으면 도저히 상상도 할 수 없는 일생일대(一生一代)의 특권적 체험이었다고 말할 수밖에 없는 일이었다.

이런 변화를 겪은 뒤에 생애의 단절이 온 것은 당연하였다. 이 단절은 개인적으로는 매우 쓰라린 일이었지만 나의 인생 전체로 보아서는 오히려 유익한 것이었다. 단절은 귀중한 관조의 시간을 가져다주었다. 우리 사회를 강타한 사회변동을 되돌아보고 그 속에서 지낸 '나'와 '나의 경험'에 대하여 되씹어 보는 시간 여유를 가지게 되었다. 그저 먼 곳에 가 있었을 뿐만 아니라 국제적으로 앞서가는 학자들과 교우(交友)하면서 나의 생각을 체계적으로 정리할 기회를 가졌을 때, 이상하게도 여러 변화와 경험을 거울처럼 비추어 볼 수 있는 이론의 체계가 나의 머릿속에서 떠오르는 것을 체험하였다. 이런 '관조와 이론의 계절'은 스위스에서의 4년과 하와이에서의 1년, 전후 5년에 걸쳐 이루어졌으며, 이런 시기는 내가 학계로 투신하여 제2의 생애를 개척하는 전기가 되었다.

학계에 들어오면서 나는 열심히 글을 썼다. 해방 후 1960년대 초까지의 한국 사회변동의 의미와 그 속에서 내가 참여자로 관찰한 정치변동에 관하여 거푸 글쓰기에 매달렸다. 그런 글 속에는 내가 1950년대에 주도했던 예산개혁의 경험을 재음미하는 글도 있었다. 그런데 나를 놀라게 만든 사실은 이렇게 실제 경험을 토대 삼아 쓴 나의 글들이 국제무대에서 여러 외국학자들의 비상한 관심을 끌었다는 점이었다. 아마도 유엔이 '개발연대'(Development Decade)라고 지명한 1960년대까지만 해도 개발도상국의 학자들 중에서 자신의 생생한 경험을 토대로 하여 자신의 이론을 구성하는 사례는 드물었던 듯하다.

이런 시기에 내가 나타나서 한국에서 1960년대 초에 일어난 정치적 격동을 직접 체험한 입장에서 그것을 객관적으로 분석하고 음미하는 글도 쓰고, 또 나 자신이 그런 변화 속에서 구상하고 추진한 행정개혁 체험을 다룬 글을 쓴 것이 저들에게는 신선한 충격을 주었던 것 같다. 여하튼 10년간 예산과 씨름하는 실무만 보다가 불쑥 국제학계로 뛰어 들어가서 일약 국제적 이론가로 변신한다는 것은 대단한 모험이었는데, 나는 이 모험에 일단 성공한 셈이었다.

이렇게 학계에 투신하여 국제적으로 인정받은 뒤 국내외에서 상당한 준비단계를 거쳐 나는 마침내 대학총장이 되는 기회를 가졌다. 어려서부터 대학총장이 되는 것이 평생의 꿈이었는데, 40대 중반에 그 꿈이 일찌감치 실현되었다. 내가 지닌 온갖 정열과 능력을 이 일에 다 쏟았다. 내 개인의 생각으로는, 이것이 나의 생애의 클라이맥스였다.

나는 대학총장이 되자마자 한편에서는 시대가 요구하는 대학개혁에 열을 올리고, 또 한편에서는 대학생들에게 창조적 인생관과 미래에 대한 비전을 제시하고자 정성을 쏟았다. 이런 일은 나의 전력(前歷)에도 어울리고 적성에도 걸맞아서 나로서는 매우 만족스러운 나날을 보낼 수 있었다. 그러나 시대적 환경은 이런 이상을 실현하는 데 순조롭지 못했다. 불행히도 나의 대학총장 시절이었던 1970년대는 우리나라에서는 군사통치의 절정기였던 유신 시기와 일치되었다.

1979년 10월에 일어난 박정희 대통령의 비극적 종말은 우리 사회의 많은 사람들 마음속에 "이제는 18년간의 지리한 군사독재의 종말이 왔구나"하는 소박한 기대를 일으켰다. 나도 그렇게 기대하고 이제 나에게도 그동안의 '물러남'에서 '돌아옴'을 도모할 계절이 왔다는 신호처럼 받아들였다. 그래서 나는 그동안 구상했던 '문명국의 비전'을 품고 과도정부 내각에 참여하여 위기관리의 일익(一翼)을 담당하게 되었다.

그러나 어찌 예상했으랴! 1979년 12·12와 1980년 5·17로 이어지는 신군부의 쿠데타에 의해 나의 꿈은 무참히 무산되어 버렸다. 1951년부터 근 30년간 가꾸었던 우리나라에 이제 민주화된 문명국을 건설해 보려 한 나의 포부가 또 한 번 깨어지는 시기였다.

또 한 번 생애의 단절이 왔다. 나라 안팎을 살펴보니 초조한 생각이 들지 않을 수 없었다. 국제적으로는 1980년대에 들어서면서 서서히 태평양 시대가 동트고 있었다. 국내적으로는 상당한 정도의 중산층 사회가 이미 형성되어 사회가 민주화를 요청하고 있는데도 불구하고, 어처구니없이 들어선 새 군사정권이 이를 막고 있는 불행한 현실이 안타까웠다.

나는 이 당시에 아스펜 협회(Aspen Institute), 퍼시픽 포럼(Pacific Forum) 등 국제적 여론을 선도하는 영향력 있는 여러 단체와 새로 접촉했는데, 그런 분위기에 접할 때마다 민주화에 대한 나의 신념은 강화되었다. 1983년 봄 워싱턴에 있는 윌슨 센터(Wilson Center)에서 6개월간 태평양 시대에 관한 연구를 마치고 귀국한 다음부터 나는 이제부터 자각을 가진 지성인인 나부터라도 몸소 앞장서서 우리 사회의 민주화를 위해서 행동을 개시해야 하겠다는 결심을 굳히게 되었다.

이리하여 나는 1980년대 중반부터 민주화의 크루세이드(crusade)에 나섰다. 먼저 언론에 뛰어들어 칼럼을 썼다. 이때는 전두환 정권이 언론을 극도로 통제하여 손꼽히는 언론인들을 평생 있던 신문사에서 쫓아내고 언로(言路)를 막고 있던 때였다. 기독교방송도 뉴스보도를 금지당하고 있었다. 누군가 바른 말을 해야 할 때였다. 이런 암흑기에 언론자유가 가늘게 한줄기 남아 있던 기독교방송의 "CBS 논단"을 통해 당국을 향하여 "공영 TV를 시사토론의 장으로 만들라"고 권고한다든지, 〈조선일보〉의 "아침논단"을 통해 정권 담당자들을 향해서 "보통사람들을 무시 말라"고 주장하는 것은, 그때 나와 같은 '아마추어 칼럼니스트'가 해야 할 몫이었다.

1990년대에 들어서면서 고대했던 지방자치가 궤도에 오름에 따라 나는 자유지성인으로서 행동범위를 더 넓혀야 했다. 공명선거를 위한 시민운동에 앞장서서 활동했다. 이것은 자유당 말기 이래 내 가슴 깊은 곳에 품게 된 신념이요, 의지였다. 이 일만은 직접 정치에 뛰어 들어가지 않고도 내가 할 수 있는 일이라고 생각하여 시간과 몸을 아끼지 않고 참여해서 상당한 초기적 효과를 거두었다.

돌이켜보면, 나는 20대 후반부터 나라 예산을 다루고 원조교섭을 하면서 나라살림 전체를 한눈으로 보는 안목을 키웠다 그 뒤 스위스에 '물러나' 있으면서 '작은 나라가 사는 길'을 관찰하고, 거기서 '문명국의 비전'을 보기 시작했다. 이 비전을 가지고 1970년대에는 대학생들에게 메시지를 주고, 1980년대부터는 민주화를 위해 '보통사람들'과 시민들을 향해 목소리를 높이기도 했다. 여하튼 지난 40여 년간 남들은 한세상을 사는 동안에 그들의 두세 곱의 일복을 타서 그 속에서 귀중한 경험도 많이 쌓고 이를 기초 삼아 생각도 많이 하고 때때로 글과 책도 꾸준히 썼다. 돌이켜보면 '일하며 생각하며' 살아온 나의 평생은 통틀어서 큰 보람이요 축복이었다.

되돌아보면, 이와 같은 나의 생애는 결코 나 혼자서만 걸어온 길이 아니었다. 그 뒤에는 40년을 하루같이 나의 그림자인 양 함께 걸어온 아내가 있었다. 일에 골몰하고 생각에 잠긴 남편과 한평생을 함께 산다는 것은 매우 고달픈 일이었음에 틀림없다. 그래도 전에 나온 책에서와 마찬가지로 이 책에도 속표지에 그림을 넣어 반려자로서의 정을 담아주었다. 나는 근년에 펴낸 책들을 미래를 살아갈 나의 후손들에게 바친 바 있다. 그러나 이번 이 책은 이날까지 40년 동안 나와 생애와 축복을 같이해온 사랑하는 나의 아내 정혜(正惠)에게 바친다.

회고록이 나오기까지 많은 이들의 숨은 수고와 도움이 있었다. 원고 작성을 도와준 이인경(李仁璟) 석사의 헌신적인 수고와, 원고를 거듭 통독하면서 요긴한 편집상의 조언을 아끼지 않은 김형국 교수의 우정 어린 도움과 그의 유능하고 성실한 조교 변창흠(卞彰欽) 군의 도움이 없었다면 이 책은 빛을 보지 못했으리라.

특히, 이 책의 편집을 위해서 신형 노트북과 펜티엄 컴퓨터의 견본을 제공해 준 LG전자의 이헌조 회장의 거듭되는 호의에 깊은 감사의 뜻을 표하며, 내가 기계조작이 서툴러서 문제가 있을 때마다 적시에 기술적 도움을 준 이춘진(李春鎭) 기사의 도움을 고맙게 기억한다. 마지막으로 이 회고록의 출판을 기꺼이 맡아 준 〈조선일보〉와 염기용(廉基瑢) 출판부장의 특별한 성의에 대하여 감사의 뜻을 전한다.

행정과 나라만들기

김광웅 (편) | 1996년 | 박영사 | 532면

차례

발간사

김광웅

책의 제목인 《행정과 나라만들기》에서 '만들기'는 영어의 'institution building'을 염두에 두고 우리말로 옮겨 본 것이다. 지금으로부터 꼭 30년 전인 1966년 이한빈 선생님이 서울대 행정대학원 원장으로 부임한 후 맡으신 한 과목, '발전행정론' 강의에서 늘 하신 말씀 중 하나가 '기관형성'의 중요성이었다. 행정의 발달 과정에서 중요한 것은 새로운 '인스티튜션'과 '인스티튜트'를 만드는 것이고, 이를 통해 새로운 피를 수혈하여 후진국 행정을 일구는 것이라는 강조를 발전역군의 시관(時觀) 등 여러 정향(定向) 유형과 더불어 매우 새롭고 의미 있게 강의하셨다.

　당시 대학원을 졸업하고 조교로 일하던 나는 강의에 따라 들어가야 할 의무가 있었던 것은 아니었지만 선생님의 권유대로 강의실에 출석하여 한 학기 강의를 빼놓지 않고 다 들었다. 선생님의 추천으로 미국 하와이에 있는 동서문화센터의 장학금을 받고 공부한 후에 귀국하여 맡은 과목이 '발전행정론'이었는데, 당시 영어로 먼저 나온 후 우리말로 번역된 선생님의 역저 《사회변동과 행정》은 시대를 통하여 아직도 강의 주교재로 손색이 없다. 여기서 지난 30년을 회고하려면 한이 없다.

김형국 교수와 몇 년 동안 걱정 아닌 걱정을 하다가 선생님으로부터 어렵게 고희 기념논문집 발간 준비를 허락받은 것은 꼭 1년 전 예년처럼 신년세배를 드리러 가던 날의 일이었다. 그보다 10년 전 당시 한국미래학회 간사 일을 함께 맡았던 이화여대의 조형 교수와 나는 선생님을 댁으로 찾아뵙고 회갑 논문집에 관한 말씀을 드리다가 편잔까지는 아니지만 사양하셨던 기억이 아직도 새로워서, 이번 계획을 어렵사리 허락받았다고 표현하는 것이다

요즘처럼 바쁜 세상에 1년은 금세 지나갔다. 작년 8월까지로 원고마감일을 정하고 필자를 선정했다. 한국미래학회 쪽에서 준비하는 또 하나의 기념논문집은 김 교수가 맡기로 하고 행정학 관련 논문집은 내가 심부름하기로 한 후 필자를 선정하는 일에 들어갔는데 또 그 일이 쉬운 것은 아니었다.

이 나라 행정학의 대가이신 선생님을 한국행정학회에서 모시고 싶은 것이 나의 바람이었지만 학회 전례도 그렇고 또 아무래도 회원과 공유하는 부분에 한계가 있어 서울대 행정대학원, 그것도 선생께서 재임하셨던 기간에 한정하여 제자들을 골랐다. 물론 여기에는 학계에서만이 아니라 공직을 포함한 학계 외 제자들도 필자로 고려하고 청했지만 거의 대부분이 선생께 누가 된다며 고사하였다. 동시에 기고한 여기의 필자들도 망라적인 것이 아니어서 선정과정에서 미흡했던 점이 그대로 남아 있을 성싶다.

기념집은 당초 계획대로 국내논문, 국외논문, 그리고 헌사(獻辭) 들로 엮었다. 먼저 국내논문은 ① 국가와 행정, ② 조직과 관료제, ③ 행

정과 발전, 그리고 ④ 미래와 정치·행정이라는 4부문으로 나누어 편집했다. 원래는 제출된 원고를 성격별로 구분해 그렇게 한 것인데, 편집과정에서 약간의 차질이 생겼던 것은 기고자들이 논문 제목을 바꾸거나 다른 논문을 내는 바람에 원래의 편제가 이상해지는 결과를 빚었기 때문이다.

당초에 ④였던 행정과 리더십 부분이 특히 그러한데 여기에는 다른 또 한 편이 포함되기로 했다가 제목이 바뀌어 다른 쪽으로 옮겨지는 바람에 독립시키지 못했다. 국외논문은 별다른 원칙 없이 편집되었고, 헌사도 국내 인사의 헌사는 그렇지만 외국 분의 글은 국문으로 옮길까 하다가 본디 뜻을 존중하여 원문 그대로를 싣기로 했다. 헌사 중 함성득 교수의 글은 미래학회 편에 싣게 되긴 했지만 원래는 계획에 없었던 것인데 선생께서 특별히 젊은 제자의 말씀을 듣고 싶어 하셔서 그리 되었다. 결과적으로 젊고 촉망되는 제자에게 더 용기와 희망을 주셨던 평소 선생님의 생활철학 그대로가 여기에도 현현된 셈이다.

기념논문집의 앞머리에는 저간의 경과를 간단히 적는 것일 뿐, 또 하나의 헌사가 아니기 때문에 주저되지만 가장 많은 은혜를 입은 제자의 한 사람으로서 여기 두 가지만 적고자 한다. 하나는 많은 스승 중 어떤 스승을 만나느냐에 따라 제자는 한생을 어떻게 사느냐가 결정된다는 '스승결정론'의 중요성을 여기 적고 싶다. 선생님의 희수(稀壽)를 삼가 맞으며 스승의 은혜를 입은 사람이나 그 은혜로 이젠 스승이 된 사람이나 누구나가 매우 의미 깊게 사제의 관계를 생각해야 한다는 뜻을 비치고 싶어서 적은 것이다. 나는 유감스럽게도 여러 많은 것 중 특히 '누구에게나' 용기를 주고 격려를 아끼지 않으셨던 선생님의 훌륭한 단면을 배우지 못한 것을 고백하지 않을 수 없다.

그다음 두 번째로는 그동안 선생님의 학문적 연구와 가르침과 관계(官

界) 에서의 역할과 시민사회 운동을 포함한 여러 실천세계의 활동과 그 업적이 이번 기념일을 계기로 집대성되고 국가발전의 초석으로 다져져 이젠 나라가 제대로 만들어졌으면 하는 마음이다. 해를 넘기며 정치권 사정으로 어지러운 나라일도 그렇지만 지난해 10월 선생님을 잠시 뵈었을 때도 "세계화를 추진하는 일이 소중하긴 하지만 아직도 슬로건만 있지 프로그램이 없다"고 따끔하게 지적하셨던 일이 생생해 여기에 특히 적고자 한다. 행정학을 공부하는 사람들의 강점이 추상적이고 관념적인 아이디어의 나열보다 좀더 구체적이고 실천적인 생각과 계획을 제시할 줄 아는 것임을 새삼 떠올리며 선생님의 뜻을 받들어 이제 후학들이 그런 일을 본격적으로 펼쳐갈 때라고 생각한다. 이런 생각에는 글을 같이 쓴 기고자들이나 행정학을 공부하는 많은 학도들이 동감하고 동참하리라 믿는다.

끝으로 노화준 교수가 한동안 대신 일을 보살피긴 했지만 우연히도 내 연구년과 겹쳐서 멀리 떨어진 가운데 편집과 교정에 일일이 정성을 쏟지 못한 큰 틈을 박영사 편집부 여러분의 노고로 메웠음을 여기 적는다.

이 작은 글 모임이 평생 진력하신 선생님의 학문적 업적에 누가 되지 않기를 빌며 외경의 마음으로 기념논문집을 봉정한다.

한국의 미래와 미래학

김형국 (편) | 1996년 | 나남 | 478면

차례

머리말

김형국

현대 한국이 미래를 본격적으로 탐색한 지도 이제 한 세대를 헤아린다. 장기 경제개발계획을 실행하기 시작한 것이 1960년대 초였다는 점에서 실천적 미래탐색의 역사는 한 세대가 조금 넘었고, 미래탐색의 학술적 노력 역시 1968년에 발족한 한국미래학회를 기점으로 보아 거의 한 세대에 육박하고 있다.

이 책을 내는 배경은 우선 10년도 그러하지만 한 세대라는 세월의 축적은 지금까지의 여정을 되돌아보고 장차의 여정을 모색해 보는 데 아주 적절한 시점이기 때문이다. 그런데 이 책의 발간은 단지 시한만을 염두에 둔 모색에 머물지 않는다. 미래의 탐색은 '사람이 있음'에서 비롯되는 것인바, 한국 미래탐색에 매진해온 상징적인 인사의 업적을 기억하기 위함이다.

1996년 이른 봄에 고희를 맞이하는 이한빈 박사야말로 실천과 이론의 양면에서 한국의 미래를 탐색해온 대표적인 인물이다. 일찍이 1950년대에 예산국에 몸담은 동안 1년 단위의 나라살림 문서에다 전후복구의 장기적 비전을 담기 위한 노력을 앞서 기울인 바 있다. 그 뒤 학계에 몸담으면서 무엇보다 한국미래학회 탄생에 앞장선 산파역으로서 누구보다 앞서 한국의 미래를 내다보기 위한 학문적 노력을 다한 분이다.

이한빈 박사는 오늘의 한국미래학회 위상을 정립하는 데 결정적인 공로를 세운 분이다. 그 위상을 두 가지로 특징짓는다면, 하나는 정부기관이 과점하기 쉬운 미래의 모습에 대해 비판성과 균형감을 부여한 것이다. 사회의 미래적 가능성은 정부정책이 즐겨 주장하는 바이고,

이런 맥락에서 정부의 미래는 장밋빛으로 일관되는 한계가 있다면, 여기에 견주어 한국미래학회는 줄곧 '단기비관'(短期悲觀)과 '장기낙관'(長期樂觀)을 견지한 것이다. 단기비관은 현재의 문제를 심각하게 성찰하려 함이며, 장기낙관은 이를 토대로 이성적 미래에 대한 믿음과 희망을 진지하게 고양하려 함이다.

또 하나, 이한빈 박사는 국치(國恥)의 1910년에서 100년이 되는 서기 2010년에는 세계가 공인하는 당당한 문명국으로 설 수 있을 것이라는 믿음을 강조하고 설파한다. 이 믿음이 '희망사항'에 그치지 않고 실감 나는 미래로 태동되어야 한다는 이한빈 박사의 확신에는 우리 한국미래학회 동학들이 한결같이 공감해온 바이다.

한국미래학회의 이런 일관된 입장은 학회 동학이 이 책에 기고해 준 글들에서 잘 나타나 있다. "사회 각 부문의 총체적 노력 속에서 우리의 미래가 전개된다"는 점에서 이 책에서도 사회의 각 부분을 제가끔 합당한 학문적 시각을 빌려 점검하고 있다.

그리고 이 책 말미에는 이한빈 박사의 공적을 개인적 인연의 시각에서 적은 글들을 싣고 있다. 이 박사는 관계, 정계, 학계, 교계 등에서 다양한 활동을 펼친 바 있지만, 그 가운데서 대표적인 것은 교육자로서의 경력이다. 해방 전후에 중등학교에서 교편을 잡은 것이 이 박사의 사회적 이력의 시작이었고, 이제 번잡한 세상사를 대부분 다 물리친 오늘에 오직 하나 공적으로 맡고 있는 활동이 있다면 그건 평화복지대학원의 교수직이다. "교육처럼 미래의 확실한 보장이 없다"는 점에서 이 박사의 대표적 이력은 바로 한국의 밝은 미래를 약속하기 위한 교육 한평생이 되고 있다. "이한빈 박사와 나"를 집필해 주신 분들 모두가 교육계에 몸담고 있는 분들이라는 사실도 우연한 일은 아닌 것이다.

바쁘신 중에도 귀중한 논문을 기고해 주신 동학 여러분, 이한빈 박사와의 개인적 인연의 의미를 되새겨 주신 각계 인사들에게 감사드린다. 그리고 책이 한국미래학의 학통을 잇는 소중한 책이라 여기고 기꺼이 출판해 준 나남출판 조상호 사장에게도 깊은 감사를 드리고 싶다.

미래를 생각하는 사회학

김경동 | 2002년 | 나남 | 300면

차례

김경동

미래에 대한 인간의 관심은 인류의 역사와 함께한다. 의식을 작동하여 생각하기 시작한 이래로 인간에게 미래는 항상 걱정거리요 희망이었으며, 인간을 불안하게 만들고 의욕을 들끓게 하는 동력이었다. 지식인의 관심사로 대두하기 시작한 이래 일찍부터 미래는 무서운 최후심판의 영상을 상기시키기도 했지만, 환상적인 꿈의 보고를 간직하기도 하였다. 과학과 기술문명의 시대에도 미래를 보는 관점에는 언제나 비관론과 낙관론이 엇갈린다. 결국 미래에 대한 관심은 인간의 삶에 대한 관심이요, 그러므로 인간의 의지에 따라 결정될 소지가 충분히 있는 것이다. 문제는 이를 알면서도 인간은 연상 실수를 저지르며 알 수 없는 미래를 향해 오늘도 달려간다는 점이다.

우리나라에서 지식인 사회 혹은 학계가 미래에 대한 담론을 본격적으로 시작한 때는 대략 1960년대 말이다. 한국미래학회가 발족한 것이 하나의 주요 계기라 할 수 있지만, 우리 사회의 주요 부문, 특히 국가에서 미래를 겨냥하여 계획을 체계적으로 수립하고 이를 시행하고자 시도한 것은 이미 1960년대 초 경제개발계획의 수립 실시에서 실현을 보았던 일이다. 언제나 그러하듯, 학계는 이러한 현실 사회의 변화에 반응하는 형식으로 새로운 지평을 열게 된 셈이다. 계획은 필요에 의해 국가나 기업부문이 실천하기는 하지만, 이에 대한 성찰과 평가와 체계적 해명은 그러한 실행 이후에야 가능하기 때문에 학계의 반응에는 지체가 따를 수밖에 없다.

그리고 외국의 미래연구가 본격적으로 등장하는 시기도 대체로 1960년대 말이고 1970년대 초에 일종의 전성기를 맞는다. 그리고 기술혁신이 주도하는 사회변동이 급격하게 일어나는 그 후속 시기에는 오히려 미래연구 자체보다 미래사회의 비전에 관한 논의가 더 두드러진다. 산업 후 사회(*post-industrial society*), 정보사회(*information society*), 세 번째 물결(*the Third Wave*) 등을 비롯해 자본주의 후 사회(*post-capitalist society*), 근대 후 사회(*post-modern society*) 등 '후'가 따르는 미래사회의 이미지들을 다루는 담론이 활발해졌다. 그런가 하면 세기 말 세기 초를 만나는 시점에서 우리나라를 포함하는 세계의 지성계는 새천년과 21세기를 중심으로 각종 예측과 투사, 그리고 규범적 구상과 이상적 지향들을 논하는 데 한동안 열을 올렸다.

이제 새천년도 21세기도 현실로 다가온 시점에서 인류는 뜻하지 않은 테러와 그 후유증으로 몸살을 앓고 있거니와, 이런 현상을 예견할 수 있었다고 주장할 사람은 아무도 없는 황당한 지경에 놓이게 되었다. 그렇다면 미래는 역시 불가사의요 예측불가능인 세계일지도 모른다는 체념을 곱씹어 볼 수밖에 없는 것인가? 아무도 예견할 수 없는 미래를 두고 왈가왈부하는 일 자체가 무모한 것은 아닌가? 이런 근원적 질문 앞에서 우리는 날로 늘어가는 이른바 '철학원'의 간판을 연상한다.

그래도 미래는 우리의 것이다. 누구도 우리를 대신해서 미래를 주문 생산하여 가져다주지 않는다. 사회학도 처음부터 미래를 염려하는 지식인의 진지한 관심에서 출발한 학문이라 할 수 있다. 사실 미래연구는 당연한 사회학의 일부다. 이를 의도적으로 이름 붙여서 추구할 것인가 아닌가 하는 질문은 별로 의미가 없다. 그래서 우리 학계도 미래 관련 모임과 저술을 무수히 쏟아 놓았다. 그러나 대학이 미래학 강좌를 정규 교과 과정에 설치하고 교육과 연구를 제대로 하는 일은 극히 최근의 현상이다. '미래사회학'이라는 제호의 저서가 나온 것은 배규한 교수의 저작이

효시일 것이고 사회학과에서 정식으로 '미래사회론'(영문으로는 'Society of the Future')을 강의하기 시작한 것은 내가 몇 해 전에 서울대 사회학과에서 개설한 것이 처음 아닌가 한다. 참고로 이 강좌는 사용언어가 영어였다는 점을 밝혀 둔다.

사실 나 자신이 미래문제를 연구대상으로 꾸준히 다룬 지는 30년이 넘는다. 그 결실을 하나의 책으로 묶어 보자고 한 결과가 이 작은 책이다. 실은 올해로 정년퇴임을 맞은 것을 계기로 내가 창립회원의 하나인 미래학회 김형국 회장이 기념문집을 하나 내 보는 것이 어떻겠느냐는 제안을 해왔기에, 그동안 미래를 주제로 한 글을 모아 보았더니 실제로는 미비함에도 이렇게 책을 만들게 된 것이다.

제1부에서는 미래의 의미와 미래연구를 소개한 내용을 담았고, 제2부는 과거 한창 미래예측을 시도하던 때의 글을 실었다. 제3부는 미래사회를 겨냥할 때 부각시킬 만한 쟁점들을 요약했고, 제4부는 바람직한 미래를 겨냥한 내 나름의 이념형을 몇 가지 차원에서 제시하는 것이 주종을 이룬다. 마지막으로 배규한 교수가 나의 미래사회학적 탐구에 대해 논평한 것이 이 책의 대미를 장식한다.

이렇게 꾸며 놓고 보니, 실상 공연한 일을 저질렀다는 자괴감이 앞선다. 내용도 부족하고 단편적인 것들이라 체계가 온전히 서지 않고 중복을 피하지 못한 흠이 두드러지기 때문이다. 그러나 굳이 내세운다면 변명거리가 아주 없는 것도 아니다. 그나마 이 분야가 거의 불모지였던 초기부터 우리 사회의 미래를 생각하는 사회학자의 개척자적 고뇌와 원망(願望)이 어떤 모습으로 배어 나오는지를 보여주는 하나의 보기라고 바라봐 준다면 쓸모없는 저술은 아니라 할 수 있을지 모르겠다. 여러 동료 학도들의 아낌없는 격려와 편달을 바랄 수밖에 없을 듯하다.

여하튼 이런 기회를 마련해 준 미래학회의 김형국 회장과 회원 여러

분께 감사의 뜻을 전한다. 더구나 당시 학회창립을 주도하신 최정호 선배께서 과분한 축하의 말씀을 써 주셔서 그저 황감하여 몸 둘 바를 모르겠다. 그리고 배규한 교수가 일종의 평론 같은 어려운 과제를 맡았을 뿐 아니라 이 책의 제작과정에 교정과 편집을 주도해 주신 데 대해 각별히 고맙다는 인사를 전한다. 그리고 이번에도 출판을 기꺼이 맡아 주신 나남출판의 조상호 사장님과 편집·제작 관계자 모두에게 감사한다.

미래는 어차피 물러가는 세대보다는 뻗어가는 세대의 몫이다. 그런 뜻에서 미래를 향해 열심히 살아가는 여진(呂珍)과 진(珍)의 앞날이 늘 마음에 걸린다. 그들의 미래는 우리 세대의 과거보다는 훨씬 더 밝고 희망차기를 바랄 따름이다. 아마 늘 곁에서 힘이 되어 주는 아내 이온죽(李溫竹) 교수 또한 나의 이런 바람을 함께하리라 믿는다.

한국의 르네상스인이자 휴머니스트

최정호

외우(畏友) 김경동 박사를 미래학회로 기연해 알게 되었다. 이미 34년
전 옛날이다.

1968년 봄, 유럽 유학을 마치고 귀국하자 나는 당시 서울대 행정대학
원장으로 계시던 이한빈 박사를 찾아뵈었다. 스위스 대사를 마지막으로
10여 년에 걸친 정부의 관직을 벗은 이 박사께서는 1965년부터 1966년까
지 하와이의 동서문화센터에 초빙되어 연구생활에 몰두한 과도기를 거
쳐, 귀국해서는 학계에서 제2의 인생을 힘차게 열고 계시던 때였다.

그는 나의 귀국 인사를 받자마자 "우리 시작합시다"하고 서두르는 것
이었다. 스위스의 알프스 산록에서 이 박사와 만날 때마다, 귀국하면
한국에도 미래를 생각하는 모임을 만들어 보자던 오랫동안 뜸들인 구상
을 이젠 실현해 보자는 채근이었던 것이다.

학회창립을 위해서는 우선 발기인이 있어야 했다. 그 자리에서 곧 인
선한 명단이 전정구, 이헌조, 김경동, 권태준, 그리고 이 박사와 나,
여섯 사람이었다. 이렇게 해서 1968년 7월 6일, 한국미래학회 전신인
'서기 2000년회'가 창립될 때까지 그 준비를 위해 거듭된 발기인 모임에
서 나는 김경동 박사를 사귀었던 것이다.

김 박사의 이름과 그 명성은 그러나 이미 1965년부터 하와이에 계시던
이한빈 박사의 서신을 통해 알고 있었다. 이 박사는 하와이 시절에 구상,

집필한 그의 대표작 *Korea: Time, Change and Administration* (1968) 의 분만과정에 귀중한 정신적 산파역을 해준 여러 동학들 이름 속에 언제나 김경동 박사를 거명하시곤 했기 때문이다.

따라서 '서기 2000년회'의 발기인 모임에서 처음으로 이름 아닌 실물의 김경동 박사와 해후했을 때엔 나는 가벼운 실망을 느끼지 않을 수 없었다. 그가 '너무 젊다. 나보다도 젊다'는 것을 알았기 때문이다. 그러나 그 실망은 잠깐이었다. 머잖아 학회가 발족하여 전공학문·전문직종이 서로 다른 회원들이 매달 한자리에 모여 당시로서는 그야말로 한국 지성사에서의 첫 시도였던 다학문적·범학문적 학회활동을 시작하자, 젊은 김 박사는 뭇 선배·동학들을 제치고 월례회의 학제적 담론에서 언제나 자연스럽게 좌장(座長) 자리를 맡았던 것이다.

제제다사(濟濟多士) 의 백가쟁명(百家爭鳴) 이 자칫 질서와 향방을 잃고 사공이 많아 배를 산으로 몰고 갈 즈음이면, 항상 김 박사가 선수(船首) 에서 확고하게 키를 잡아 토론을 정리하고, 논의의 방향을 잡아 주곤했다. 그래서 우리들은 김 박사를 사회학 박사이기에 앞서 사회학(司會學) 박사라고 농칭하기도 하였다. 김 박사가 그럴 수 있었던 것은 내가보기엔 그의 뛰어난 세 가지 자질에 바탕을 두었던 것으로 여겨졌다.

첫째는 어떤 문제건 사실의 본질을 파고 들어가 꿰뚫어 보는 김 박사의 날카로운 시력(視力) 이요, 둘째는 어떤 문제든 외곬으로 보지 않고 사물을 커다란 연관 속에서 바라보는 김 박사의 폭넓은 시야(視野) 요, 셋째는 어떤 문제든 그처럼 다각적 시좌(視座) 에서 사태의 여러 면을 둘러보면서도 언제나 중심을 잃지 않는 김 박사의 균형 잡힌 시각(視覺) 이 곧 그것이다. 첫째는 김 박사의 타고난 시사명(視思明) 청사총(聽思聰) 의 총명함에서, 둘째는 김 박사의 부지런한 독서와 해박한 교양에서, 셋째는 김 박사의 실천적·생산적 삶을 지향하는 원만한 품성에서 우러나온 결과라고 나는 생각한다.

　김 박사는 한국미래학회의 빼어난 사회자인 이상으로 한국 사회학을 그 프런티어에서 한 세대 이상 이끌어온 대석학이다. 문외한인 나는 김 박사의 그 학문적 업적을 얘기할 수도 없고, 그럴 위치에 있지도 않다. 다만 국외자로서도 감히 할 수 있는 얘기는 농경사회에서 산업사회로, 산업사회에서 다시 정보사회로, 이 나라가 우리들의 당대에 숨 가쁜 사회변동의 격랑을 겪어오는 고비마다 '그때 그곳'에서 제기된 모든 중요한 문제에 대해 김 박사는 사회학도로서 관심을 기울여 취재하고 조사하고, 연구하고, 이론화하고 그를 통해 학문적으로 발언해왔다는 사실이다. 한국의 사회화 과정과 교과서 분석, 근대화와 관료제도, 노동문제와 기업윤리 등 지난 반세기에 걸쳐 한국의 근대화 과정에서 야기된 제 문제에 대해, 김 박사의 시야에서 벗어나거나 김 박사가 논의하지 않은 주제란 거의 없었다고 해도 지나친 말이 아닐 줄 안다.

　일찍이 현대 사회학의 메인스트림이라 할 전후의 표준 미국 사회학을 철저히 공부함으로써 튼튼한 방법론적 기초를 다져둔 김 박사는, 마치 '꼴레주 드 프랑스의 저널리스트'라고 드골이 칭송한 사회학자 레몽 아롱처럼, 그가 살아온 시대와 사회의 매우 시사적이요 현실적인 문제에서 학문적 주제를 설정(agenda-setting)하고, 그를 분석·이론화해온 '서울대 교직을 가진 대기자'라 해도 망발이 아닐 줄 믿는다. 아마도 그러한 학문활동이 경험주의와 합리주의, 분석적 사고와 종합적 사고를 변증법적으로 지양한 '김경동 사회학'의 이론체계를 필연케 한 것이라 짐작해 본다.

　그리고 그러한 '김경동 사회학'의 중심에는 언제나 모든 사색의 알파요 오메가로서 '인간'이 자리 잡고 있었다. '인간주의'를 선언하고 나선 그의 학문 중반기의 역작 《인간주의 사회학》은 인간이 소외되고 인간

323

의 정체성을 상실해간 한국의 산업화 과정에서 탄생한 배경을 갖지만, 그것은 그러나 21세기의 정보화 과정, 정보화 사회라는 새로운 문맥 속에서도 그 적실성이 재조명되리라고 나는 믿는다.

결국 김 박사는 오늘의 한국사회가 낳은 전폭적 의미에서 휴머니스트라 할 수 있다. 인간주의, 인도주의, 인문주의의 모든 의미에서 그는 휴머니스트다. 그는 인간을 그 전체성에서 파악하려 하고, 스스로 전체적 인간을 살고자 하는 듯싶다. 인간은 비단 이성적 존재일 뿐만 아니라, 감성적 존재요 행위하는 존재다. 김 박사의 이성은 학문을 하고, 김 박사의 감성은 시를 쓰고, 김 박사의 행위는 강의를 통해 표현된다. 그 점에서도 김 박사는 이탈리아 르네상스 시대의 휴머니스트처럼 다재다능한 보편인(uomo universale)으로서 현대 한국의 '르네상스인'이라 할 수 있다.

그러한 김 박사가 이번에 서울대를 정년퇴임한다 하여 그의 미래학 관련 논문들을 모아 만드는 기념저서에 글 한 줄을 보탤 수 있게 된 것은 나에겐 영광이다. 흔히 대학에서 교수가 정년퇴임하게 되면 그를 '축하'해야 할 것인지, 말아야 할 것인지 망설이는 것을 본다. 그러나 나는 김 박사의 정년퇴임을 두 가지 의미에서 진심으로 축하하고자 한다.

첫째는 김 박사가 이 시대에 대학에서 자리를 지켜 오직 교수로서 정년을 맞는다는 사실을 치하하고자 한다. 국립 서울대학교, 특히 사회과학대학에서 이름난 인재라면 정치학 교수는 정부나 정계로, 경제학 교수도 정부나 재계로 빠져나가는 것을 잘못된 일이 아니라 잘된 일인 것처럼 대학 밖에서뿐만 아니라 대학 안에서조차 받아들이더니, 근래에 와서는 사회학과 교수조차 정부나 정계에 외도하여 야릇한 영욕의 길을 걷는 꼴을 자주 보게 된다. 아직도 이 나라가 학문하는 것이 곧 벼슬길로 통하는 것으로 생각했던 왕조시대인 것처럼 ….

그러한 세류 속에서 김 박사 같은 인재가 어떤 유혹도 물리치고 대학의 교직을 지켰다는 것은 한국 대학사회와 그 미래를 위해서 자랑할 만한 업적이라고 나는 평가하고자 한다.

둘째로는 김 박사가 정년을 맞아 퇴임함으로써 오히려 학문적 대성을 위해 보다 풍요로운 시간과 여유를 이제 비로소 누리게 되었다는 사실을 축하드리고자 한다. 원래 고대 그리스말로 스콜레(schole)라고 일컫던 '여가'란, 그것이 있어 비로소 사람이 사물의 본질(idea)을 관조(theoria)할 수 있는 고귀한 시간을 뜻했다. 그러한 '여가'는 짐승도 야만인도 누리지 못하고, 오직 아테네 시민만이 누릴 수 있는 특전이라고 헬라스 사람들은 생각했다.

서양말의 학교(school, Schule)는 이 '스콜레'에서 유래했다. 돈 벌러, 벼슬하러 뛰어다니는 사람들이 누리지 못하는 고귀한 여가, 사물의 본질을 관조할 수 있는 귀중한 시간을 제도화한 것이 학교요, 대학이다. 그렇다면 김 박사는 이제 대학을 정년퇴임함으로써 오히려 사물의 본질을 관조할 수 있는 보다 많은 시간, 보다 많은 '스콜레'를 누릴 수 있게 된 셈이다.

그 소중한 여가를 통해서 앞으로 한국사회학에 김경동 스쿨(학파)의 큰 물줄기가 이루어질 것으로 나는 기대한다. 그리고 그것은 한국의 미래학회와 한국의 미래학, 아니 바로 한국의 미래에도 커다란 학문적 기여를 해줄 것으로 믿어 의심치 않는다.

그러한 김경동 박사의 동시대인으로서, 그를 미래학회를 통해 친구로 갖게 된 것을 나는 행운이자 자랑으로 생각하면서 이 졸문(拙文)을 맺고자 한다.

중국의 오늘과 내일

김원배 · 장경섭 · 김형국 (공편) | 2003년 | 나남 | 410면

차례

서문

중국은 우리에게 어떤 나라이며
어떤 나라이어야 하나

김원배(국토연구원 선임연구위원)

이 책은 최정호 교수의 지적처럼 한국과 한국인의 삶에 불가분의 관계
항으로서 존재하는 중국에 대한 이해를 돕고자 하는 취지에서 만들어졌
다. 한국인의 중국 인식은 서구의 중국에 대한 시각과 관점을 그대로
수용하는 경향이 있고, 1992년 수교 이후 일부 전문가나 기업인들의 주
마간산(走馬看山) 식 이해가 여과 없이 전달되는 경우도 종종 있다.

구미학계에서는 아직도 중국분열론이 설득력을 얻고 있고, 일본에서
는 중국위협론이 널리 유포되어 있다. 중국분열론이나 중국위협론이
중국의 현실을 부분적으로 반영하고 있지만, 중국의 실상을 제대로 반
영한다고 볼 수는 없다. 중국분열론의 경우 다분히 구미인의 편향된 시

327

각과 자의적 해석을 내포한다.

아마도 중국인조차 중국에 대해 올바르게 이해한다는 것은 어려운 일일 것이다. 방대한 영토, 다양한 지역과 인종으로 구성된 나라, 거기에 최근 엄청난 속도로 사회변화가 일어나고 있는 중국을 균형 잡힌 시각으로 이해한다는 것은 지난할 터이기 때문이다.

이 책의 취지는 중국의 실체에 대한 이해의 폭을 넓히고, 우리의 근시안적 사고를 교정할 수 있는 단서를 제공하자는 것이다. 이 책은 결코 중국이라는 큰 산의 전모를 보여주겠다는 무모한 시도가 아니라, 우리가 어디에서 산행(山行)을 시작해야 하는가, 또는 산행 길에서 유의할 점이 무엇인가를 보여주는 입문서라고 할 수 있다.

입문서의 성격에 걸맞게 이 책은 단순 대비법을 동원하여 15가지 주요한 질문에 답하는 형식을 택하고 있다.

첫째, 중국경제의 실체인데, 과연 중국의 고속성장이 거품인지 실제인지를 알아보고자 한다.

둘째, 중국사회의 작동방식이다. 중국이 과연 제도에 의해 움직이는 사회인지, 아니면 우리의 연고주의와 유사한 꾸안시〔關係〕라고 하는 중국 특유의 방식에 의해 움직이는지를 알고자 한다.

셋째, '세계의 공장'으로서 중국이 과연 단순한 하청공장으로 머물 것인지, 아니면 선진기술의 수입 내지 자체개발로 새로운 산업기반을 만들어갈 것인지도 우리에게는 매우 중요한 관심사가 된다.

넷째, 한국이 1960년에 경험한 4·19 혁명과 유사한 톈안먼〔天安門〕 사건을 겪은 중국이 과연 민주화로 나아갈 것인지가 궁금하지 않을 수 없다.

다섯째, 개혁·개방 이후 분권화 경향을 보이는 중국이 과연 분권으로 나아가고 있는지, 아니면 중앙집중이 당분간 지속될 것인지도 흥미 있는 관심거리이다.

여섯째, 중국사회의 작동방식과 관련하여 과연 법이 지배하는 사회인지 아니면 사람이 지배하는 사회인지도 문화적 유사성을 가진 한국인에게는 관심사항이 아닐 수 없다.

일곱째, 사회주의를 표방하고 있는 중국에 계급갈등이 존재하는가는 호기심을 불러일으키는 주제가 될 것이다.

여덟째, 5억의 도시인구와 8억의 농촌인구를 가진 중국이 과연 하나의 통합된 체제인가는 학문적 차원의 관심일 뿐만 아니라 사회적으로 매우 커다란 이슈가 된다.

아홉째, 중국 경제개혁의 심화로 발생하는 실업은 사회주의적 방식으로 해결 가능한지도 의문이 아닐 수 없다.

열 번째, 한국인이 막연하게 동경과 향수를 느끼고 있는 중국문화의 향방은 어디로 갈 것인가? 서구화인가 중화(中華)인가는 우리만의 관심이 아니라 전 세계인의 관심일 것이다.

열한 번째, 중국이 과연 패권주의로 나아갈 것인지, 협력적 파트너로 나아갈 것인지는 동북아 안정과 번영에 핵심적 변수가 아닐 수 없다.

열두 번째, 경제적 측면에서 중국이 동아시아 경제통합에서 어떤 역할을 할 것인지가 궁금하지 않을 수 없다.

열세 번째, 중국경제와 상호의존 관계에 있는 한국경제가 중국의 부상에 대한 선택은 무엇인지는 우리의 향후 생존과 직결되어 있다.

열네 번째, 한중 무역관계의 미래가 어떻게 전개될 것인지는 한국기업들이 알아야 할 필수적 내용이 될 것이다.

열다섯 번째, 중국에 진출하고자 하는 한국기업들이 무엇을 준비해야 하는가는 개별 기업의 성공뿐만 아니라 한국경제에도 지대한 영향을 미칠 수 있는 관심사다.

위와 같은 15가지 질문에 대해 집필자들이 반드시 정답을 제시하고자 하는 것은 아니다. 오히려 다양한 시각과 관점을 독자들에게 소개하고 전문가적 입장에서 균형 잡힌 해석과 전망을 보여주고자 한다. 이외에도 두 편의 중국에 대한 체험적 소회(所懷)를 담고 있다. 아래에서는 독자들이 책 전체를 조망할 수 있도록 각 장의 내용에 대해 간략하게 소개하고자 한다.

김광억 교수는 "중국을 보는 제 3의 눈"에서 광대한 영토, 엄청난 인구, 다양한 민족과 지역으로 구성되어 있는 중국은 국가와 사회 혹은 중앙과 지방의 관계라는 단순한 접근으로는 이해할 수 없고, 지역에 대한 구체적 지식과 문화적 존재(행위주체)로서의 사람에 대한 연구가 병행되어야 중국을 제대로 이해할 수 있다고 주장한다. 서구 학계와 중국 국내 학계의 편향적 시각과 주제를 벗어나 우리 나름대로의 시각과 관점을 가져야 한다고 강조하고 있다.

조현태 박사는 "중국경제: 거품인가 실제인가"에서 중국위협론과 중국 붕괴론의 극단적 관점은 중국 이해에 도움이 되지 않는다고 한다. 이러한 극단적 관점은 서구학자들의 의도적 폄하나 과장이 섞여 있어, 중국경제의 실상을 왜곡시키고 있다고 볼 수 있다. 균형 잡힌 시각과 객관적 분석이 필요한데, 중국 분석에서 유의할 점은 아래와 같다고 밝히고 있다.

첫째, 중국을 하나의 동질적 국가로 보기보다 연합체로 보아야 하며, 지역 간 다양성과 차이를 고려해야 중국을 올바로 이해할 수 있다는 것이다. 둘째, 중국경제는 아직 법이나 규칙에 기초한 경제가 아니라 관행이나 사회적 관계에 영향을 받고 있어 김광억 교수가 제시한 대로 사람과 사람 간의 관계에 대한 이해가 필수적이라는 점이다. 셋째, 중국, 홍콩, 대만, 그리고 동남아 화교경제권을 포함하는 거대 중화경제권에 대한 종합적 분석이 있어야만 중국경제의 진정한 힘을 평가할 수 있다고 한다. 중국의 미래는 당면한 실업, 지역격차, 부패, 국유기업 비효율성 등의 문제와 향후 성장에 수반되는 자원, 에너지, 환경문제 등을 중국 정부 및 지도자들이 여하히 해결하느냐에 달려 있다고 볼 수 있다.

"중국의 경제기적과 한국의 선택"에서 이근 교수는 중국의 성공요인을 '연해지방 주도의 외향적 발전모형'으로 요약하고, 그중에서도 '도시화 없는 공업화', '외국인 투자 적극개방', '중국 특수적 수요에 대응하는 중국기업의 성장'이라는 중국의 특수성이 성공요인이라고 매우 명쾌하게 설명한다. 중국경제 고속성장의 이면에는 부패, 실업, 지역 및 계층 간 격차 등 많은 문제가 산적되어 있지만, 중국경제의 앞날은 결코 어둡지 않으며 적어도 2010년까지는 고성장이 가능하리라고 전망한다. 또한 중국은 동아시아 발전모형을 따르기보다 영미식 자본주의모형을 따를 것으로 전망한다.

중국경제가 어느 방향으로 나아가든, 한국은 중국의 부상에 위협을 느끼지 않을 수 없다. 이근 교수에 의하면 중국 부상의 충격은 한국산업의 장기적 공동화로 귀결될 가능성이 높다고 한다. 이미 대만경제가 경험하고 있듯이 한국도 산업의 공동화와 그에 따른 실업의 증대라는 위기를 맞이할 수가 있다. 이에 대한 대응책으로써 이근 교수는 중국과의 경쟁보다는 제휴와 협력을 제시한다. 보다 구체적으로 중국과 산업 내 분업을 확대하고, 한국경제를 고부가가치 전문서비스에의 특화시키는 전략을 제시한다.

유진석 박사는 "중국산업의 미래"에서 중국산업의 미래를 전망하고 있다. 중국이 '세계의 공장'이라는 사실을 부인할 사람은 없다. 문제는 중국이 저렴한 노동력을 활용한 다국적기업의 하청공장이 아니라, 기술과 지식에 기반한 선진산업경제의 기지로 부상하고 있다는 점이다.

특히 IT 산업 등 첨단산업의 급속한 발전은 중국의 거대시장과 저렴한 기술인력으로 인해 엄청난 액수의 해외투자를 끌어들이고 있다. 물론 중국의 첨단산업은 현재 초보적 기술 수준이고 취약한 연구개발 환경에 따른 제약요인을 안고 있으나, 첨단산업의 특성상 선진기업의 중국진출과 기술이전으로 위와 같은 제약요인을 단숨에 극복하고 비약적 발전을 이룰 가능성이 크다. 이미 상하이의 푸둥지구, 베이징의 중관춘, 선전에서 이러한 징조는 드러나고 있으며, 향후에는 여타 대도시 경제권으로 확산될 가능성이 크다.

중국의 산업발전 추세를 전망해 볼 때 한국과의 경합은 불가피할 것이다. 현재 중국은 이미 노동집약적 산업이나 범용기계 등 범용기술, 중저가 분야에서는 이미 한국을 추월하였다. 그리고 일부 중화학공업과 고부가가치 분야에서도 수년 내에 한국을 추월할 것으로 예견되고 있다. 중국산업의 발전은 한국경제에 위협인 동시에 기회인데, 유진석 박사는 국내 산업의 특화와 중국과의 수평적 산업협력을 위협을 기회로 활용할 수 있는 해답으로 제시한다. 나아가 한국의 지정학적 위치를 이용해 다국적 기업의 중국진출 교두보로 육성하자는 전략도 제안한다.

1989년의 톈안먼 사건을 많은 구미학자들은 중국사회의 '민주화 예고탄'으로 받아들였으나, 실제 상황의 전개는 민주화와 거리가 먼 것이었다. "정치체제: 개발독재인가 민주화인가"에서 조영남 박사는 중국의 개혁·개방 이후 정치 또는 행정개혁은 정치 민주화를 위해서가 아니라 경제발전에 필요한 정치체제 수립을 위해 추진되었다고 평가한다. 행정개혁과 기술관료의 등장은 위로부터의 정치개혁 가능성을 낮추었고, '촌민위원회' 조직 등 민중의 정치참여가 부분적으로 허용되게 하였다.

노동조합이나 기타 사회단체의 양적 성장에도 불구하고 중국 시민사회의 미성숙으로 아래로부터의 정치개혁 가능성은 거의 없다고 할 수 있다. 국가의 정당성이 한국의 개발독재 시와 마찬가지로 민주적 절차가 아니라 경제적 업적에 근거하고 있는 만큼, 중국 정치엘리트들이 경제발전에 필요한 최소한의 정치개혁 이외에는 권위주의 정치체제를 유지하고자 할 것이다. 1990년대 전후 동구 사회주의 국가와 소련의 붕괴를 경험한 중국의 많은 지식인들은 국가의 통합을 위해 공산당 일당지배가 필요할 수도 있다는 데 공감한다. 따라서 당분간 중국에서 민주화를 기대하기는 어렵다고 전망할 수 있다. 최근의 〈영웅〉이라는 영화는 이러한 권위주의적 체제의 정당성을 옹호하는 작품이다.

김흥규 박사는 "개혁시대 중국의 중앙-지방관계: 재정부문을 중심으로"에서 개혁 이후 중국의 중앙-지방관계의 변화를 고찰하면서 중앙과 지방의 관계를 영합적 게임으로 이해하는 방식의 한계를 지적하고, 보다 종합적 시각에서 중앙과 지방의 관계를 볼 필요가 있음을 상기시키고 있다. 개혁 이후 중앙과 지방의 재정관계를 중심으로 볼 때, 표면적으로 지방의 권한이 강화되고 중앙의 권한이 약화된 것처럼 보이나, 중앙-지방관계 전체를 포괄적으로 분석해 보면 반드시 중앙의 권한이 약화되었다는 결론은 도출할 수 없다고 한다.

비록 지방정부의 재정 비중이 상대적으로 증가했다고 하더라도, 이는 분권화의 결과라기보다 중앙의 의도적 정책의 결과로 해석할 수도 있다는 점이다. 부언하면 지방의 경제발전을 통한 전국적 경제발전의 성취라는 중앙의 의도적 허용 결과라고 볼 수 있으며, 세수(稅收)의 수치변화가 결코 중앙의 통제력 약화라고 간주할 수 없다는 점이다. 오히려 개혁·개방 이후 예산 외 수입까지 고려한 재정수입 부문에서 중앙의 통제력이 더 향상되었다고 할 수 있다. 이상과 같은 중앙-지방관계에 대한 평가와 중국의 지속적 경제발전 전망에 근거하여 김흥규 박사는 단기간에 급격한 분권화나 재집권화는 일어나지 않을 것이라는 전망을 제시하고 있다.

중국사회가 법치(法治)냐 인치(人治)냐 하는 해묵은 논쟁은 중국의 사회주의 시장경제 실험에도 불구하고 여전히 유효하다. "중국사회의 구동메커니즘: 제도인가 꾸안시인가"에서 배영준 연구원은 한국사회가 아직도 연고주의나 인맥에 의해 움직이는 것과 마찬가지로 중국에서도 사람 간의 비공식적 관계가 갖는 사회적·경제적 의미는 크다고 본다. 중국의 꾸안시는 서양의 사적 관계나 한국의 인맥과 다소 상이하며, 기본적으로 유교적 사회관계의 근본인 감정(感情, 간칭)에 근거하면서 호혜성을 전제로 한다고 한다. 중국사회의 개방과 경제개혁 등에 의해 법치가 강조되고 국제규범의 준수가 불가피한 만큼 기업 간 거래에서도 합리적 절차와 행위의 중요성이 인식되고 있다고 한다.

그러나 한국사회의 경험에서 알 수 있듯이 한 사회의 전통적 관행이나 사고가 쉽게 소멸하지는 않으므로 꾸안시의 종언을 고하기에는 시기상조이다. 그렇다고 해서 기본을 무시하면서 전적으로 꾸안시에 의존하여 비즈니스 활동을 영위하겠다는 발상은 매우 위험하다고 배영준 연구원은 지적하고 있다. 중국이 점차 법과 제도에 의한 사회로 진입할수밖에 없는 만큼 기본에 충실하면서 꾸안시를 활용한다면 기업 간 거래의 성공률을 높일 수 있을 것이다.

배영준 연구원의 주제를 이어받아 이동진 박사는 "시장사회주의와 법치: '2위안 소송'을 사례로"에서 '2위안 소송'이라는 매우 구체적 사례를 들어 중국이 아직 법치(法治)라기보다는 법제(法制)라는 과도기적 형태에 머물고 있음을 보여준다. 국가구조 개혁이 수반되지 못한 시장경제로의 전환은 국가구조와 시장경제 간 부정합을 발생시켰고, 보다 근본적으로 법의 실천적 구속력을 담보하지 못하였다. 이러한 상황에서 법이 정책을 위한 수단으로 사용되거나 법을 실시하는 수단으로 정책을 사용하게 되었다고 한다. 이동진 박사는 '2위안 소송'의 사례를 통해 중국이 사회주의 법치국가 건설을 표방하게 된 배경과 법치국가 실현의 어려움을 제시한다.

"시장사회주의 중국의 계급갈등과 국가-사회관계"에서 장경섭 교수는 개혁 중인 중국이 당면한 사회적 갈등과 분열을 국가 중심적 계급관계론으로 설명한다. 국가권력에 대한 접근력에 따라 다양한 사회집단이 상이한 위치를 점하게 되고 시장화의 흐름을 각자에게 유리한 방향으로 이끌게 되어 차별화가 발생한다고 한다. 특히 권위주의체제를 유지하는 중국에서 국가권력의 시장개입은 불가피하게 정치 · 사회적 갈등을 불러일으키는데, 그 결과, 기층 인민들은 국가기구나 부패한 간부들을 분노의 표적으로 삼게 된다고 한다.

중국의 시장화가 초래하는 소외 · 불평등 · 빈곤의 문제가 혁명으로써 해결될 수 없음은 이미 밝혀진 바이고, 결국 남은 선택은 국가의 재분배정책일 것이다. 그러나 장경섭 교수는 정치적 민주화를 배제한 시혜적 차원의 복지주의가 부패와 불평등의 문제, 그에 대한 인민들의 기본인식을 바꿀 수 있을 것이라고 기대하지 않는다. 장 교수가 언급하고 있는 '편파적 시장화'라고 하는 중국적 상황에서 계급관계는 국가권력과 불가분의 관계를 맺고 있고, 따라서 국가권력의 민주적 관리가 매우 중요한 과제로 대두되고 있음을 알 수 있다.

이민자 교수는 "중국의 도농관계와 도시화: 도시공간의 이중적 분할"에서 '도시화 없는 농촌공업화'라는 중국 특유의 도시화 형태를 설명하면서 도시공간의 분할, 빈민층의 형성, 여타 도시문제를 향후 중국이 당면하게 될 문제군으로 제시한다. 중국 특유의 도시화란 호구 및 단위제도에 의해 인위적으로 도시와 농촌을 분할통치한 결과로 볼 수 있다.

그러나 개혁·개방 이후 경제성장이라는 국가목표를 달성하기 위해 호구제와 단위제도가 약화되었고, 실질적으로 도시로의 인구유입이 가속화되고 있다. 법적으로 농촌호구를 가진 농민공은 도시에 거주하지만 도시민으로서의 혜택은 받지 못하는 차별적 지위를 갖게 되었다. 물론 농민이 합법적으로 농촌 주변의 향진에 들어가 도시노동자로 취업하는 길이 열려 있지만, 향진기업의 장래 성장여하에 따라 대도시로의 유입가능성은 여전히 상존하고 있다.

중국경제의 개혁 이후, 도시에서 공식부문과 비공식부문이라는 이중경제의 형성이 시작되었다. 이는 중국 특유의 호구제도에 의해 시민과 외지인의 생활공간 분리라는 이중적 도시공간의 형성을 보여준다. 중국의 도시화 문제는 한국이나 여타 개도국들이 경험한 도시화 과정과 상이한 양상을 띠고 있으나, 중국의 개혁이 심화되고 제도 변화가 수반되면서 점차 개도국 일반의 도시화 과정을 밟을 것으로 예상된다.

그러나 8억에 이르는 농촌인구의 도시이동이 본격화되면, 세계 어느 나라도 경험하지 못한 도시화 문제에 직면하게 될 것으로 보인다. 실업, 빈곤, 부패, 지역격차 등 사회문제는 중국 붕괴론의 논거로 자주 거론된다. 이 중에서도 실업문제는 국유기업의 개혁과 접하게 맞물려, 중국사회가 당면한 핵심적 문제 중의 하나라고 말할 수 있다.

"사회문제와 사회정책: 고용·복지부문을 중심으로"에서 이중희 교수는 국유기업 개혁의 핵심적 내용인 단위제도의 특징과 문제점, 그리고 단위제도 개혁의 결과인 실업과 하강(下崗, 시아강)의 문제를 검토한다. 중국의 단위제도란 기업이 종업원의 복지와 생활까지도 책임지는 사회보장제도라고 할 수 있는데, 이러한 단위의 특성으로 인해 국유기업의 만성적자 등 비효율성이 초래되었다고 할 수 있다. 이러한 문제를 해결하기 위해 진행된 국유기업 개혁은 불가피하게 실업과 하강을 발생시켰다.

중국의 등록실업률은 2002년 9월 말에 3.9%였지만 실제 실업은 이보다 훨씬 많을 것으로 추정된다. 미등록 실업자, 하강을 포함한 기업의 잉여인원을 합친 실제 실업률은 10%에 이르는 것으로 보인다. 하강은 일종의 특수한 형태의 실업으로서 직공은 양로의료보험 혜택을 보장받는 대신 노동계약관계는 보류하는 방식이다. 중국 정부는 단위제도의 개혁에 따른 사회 불안정을 해소하기 위해 사회보험제도를 도입하기 시작했으나 그 규모나 내용 면에서 심각한 실업하강 문제를 해결하기에는 미흡하다. 향후 예상되는 실업자와 농촌에서 도시로 향하는 유동인구의 증가는 사회보장제도가 구비되지 않은 중국체제에서 커다란 도전으로 작용할 것으로 보인다.

문화적 측면에서 중국의 향후 진로가 어떻게 전개될 것인가는 단순히 학술적 차원의 관심이 아니라 정치, 경제, 사회, 그리고 국제관계에도 영향을 미칠 수 있는 현실적 차원의 문제이기도 하다. 중국의 서구화를 둘러싼 논의는 이미 20세기 초부터 진행된 것이며, 근래 중국이 시장경제체제로 전환한 이후 1980년대에 다시 등장한 바 있다. 1980년대의 〈하상〉(河傷)이라는 텔레비전 드라마는 중국 지식인의 문화적 정체성에 대한 논의를 가열시키는 촉매제로 작용한 바 있다.

"서구화인가 중화인가"에서 김영구 교수는 중국 지식인들의 견해를 유학부흥론, 중체서용론적 입장에서의 전통비판계승론, 서체중용론, 전통비판과 서구문화 수용을 전면에 내건 철저재건론으로 요약하면서 이러한 중국문화의 정체성에 관한 논쟁이 중국인들의 일상과 밀착되지 못하고 담론수준에 그치고 있음에 주목한다. WTO 가입, 국제규범의 수용 등 경제적 측면에서의 세계화 과정 편입에도 불구하고, 중국경제의 발전은 한편으로 민족주의를 고취하는 결과를 낳았다. 그 좋은 예로 김영구 교수는 최근 상영된 〈영웅〉이라는 영화를 들고 있다. 이 영화는 서구의 일부 학자들이 주장하는 중국분열론에 대한 일종의 반응으로 볼 수 있으며, 국가통합과 안정을 위해서는 권위주의적 통치가 지속될 수밖에 없다는 개발독재의 논리를 강화하는 듯한 인상을 주고 있다. 약간 비약은 있으나 김영구 교수는 이러한 일련의 정치권력의 대중조작 경향과 중화주의의 대두를 주시하면서, 중국과 더불어 살아갈 수밖에 없는 한국으로서는 중화주의의 일방성을 유념해야 한다는 메시지를 우리들에게 전해 준다.

김영구 교수의 문화적 측면에서 다룬 중화주의(中華主義) 논의와 같은 맥락으로 신상진 박사는 "중국의 국제관계: 패권주의인가 협력적 파트너인가"에서 중국의 국제관계가 향후 어떻게 전개될 것인가에 대한 전망을 제시한다. 중국은 공식적으로 경제안보, 군사안보, 외교안보 및 통합안보라고 하는 4대 안보전략을 추구하고 있다. 신상진 박사는 경제건설을 최우선시하는 중국은 당분간 대외협력과 평화지향적 정책 노선을 견지할 것으로 전망하면서, 중장기적으로 국력강화에 따라 세계 및 지역문제에 대한 발언권 강화를 시도할 것으로 본다.

대만 문제와 남사군도 문제 등을 둘러싸고 중국과 미국, 지역 관련국들이 충돌할 가능성도 배제할 수 없지만, 중국 스스로 패권주의적 정책을 택할 개연성보다는 미국을 비롯한 외부세계의 대중국정책이 어떻게 전개되느냐에 따라 중국의 대외정책 노선이 결정될 것이라는 견해를 제시하는 것이다. 안보와 경제 양 측면에서 미국과 중국에 의존할 수밖에 없는 한국으로서는 동북아에서 미국과 중국 간의 세력경쟁을 막고, 지역안정을 달성하기 위해 미·중 양국과의 신뢰관계를 바탕으로 세련된 외교정책을 구사할 필요가 있음을 제시한다.

안보 측면에서 미국과 중국 간의 경쟁관계와 더불어 경제 측면에서 중국과 일본 간의 주도권 경쟁도 충분히 예상되는 문제이다. 이미 동아시아에서 중국과 일본이 아세안국가들과 경쟁적으로 자유무역협정을 추진하고 있고, 이는 동아시아 경제통합과정에서 주도권을 쥐고자 하는 양국의 의도를 반영한다. "동아시아 경제통합과 중국의 역할"에서 안충영 교수는 이러한 역내 상황을 조감하면서, 동아시아경제통합에서 한중일 3국의 유기적 협력체제의 중요성을 강조한다. 특히 한중일 간의 자유무역협정 체결이 동아시아 경제통합의 촉진제가 될 것임을 역설하고 있다.

한중일 3국 중에서 일본은 장기 경제침체로 인해 운신의 폭이 점점 줄어들고 있고, 한국은 경제규모로 보아 동아시아를 견인할 만한 세력을 갖추었다고 볼 수 없으며, 결국 중국의 역할이 매우 중요하다는 추론이 가능하다. 안 교수는 동아시아 경제통합에서 중국이 선도적 역할을 하기 위해서는 한중일 자유무역협정 체결을 적극적으로 추진하고 대내 경제체제의 틀을 시장경제체제로 정착시키는 보다 전향적 자세가 필요함을 강조한다. 중국 정치·사회·경제의 향후 진로에 대한 모색은 궁극적으로 한중 관계의 미래를 어떻게 설정할 것인가, 라는 물음에 답하기 위한 것이다.

"한중 경제·무역의 미래: 긍정 요인과 부정 요인"에서 주재우 박사는 중국의 WTO 가입에 따라 한중 무역에 근본적 변화가 발생했다고 본다. 중국의 대한 수출품목이 노동집약형 1차 산품에서 기술형 2차 제품으로 변화되었고, 한중 간 무역경쟁 범위가 확대되었으며, 무역분쟁의 가시화가 발생했다고 한다. 최근 상무부 신설, 정부기구 개편 등 중국 내 일련의 경제개혁 조치들은 장래 한중 무역관계에 영향을 미치게 될 것이고, 그 결과는 긍정적일 수도 부정적일 수도 있다고 한다.

중국의 WTO 가입과 후속조치는 한국에게 수출기회의 확대를 가져올 수도 있으나, 동시에 중국경제의 경쟁력 강화로 중국 내 또는 세계 수출시장에서 한국경제와의 경쟁이 심화될 것으로 보인다. 중국 투자환경의 개선은 해외 투자자본의 중국행을 가속화하고 한국의 해외자본 유출을 증대시킬 가능성이 크다고 지적한다. 이러한 한중 무역관계의 변화전망에 근거하여 주재우 박사는 산업 내 분업, 수출용 소재 및 원자재 등 대중국 전략적 수출상품의 개발, 금융 등 서비스산업의 육성을 대안으로 제시한다.

중국에서 오랜 실무경험을 한 천진환 교수는 "한중 투자협력과제와 정책방향"에서 한중 투자협력을 시기별로 구분하면서 한국의 대중국 투자 특징을 제조업 집중, 중소기업 위주의 소규모 투자, 중국 내 특정지역에의 편중으로 정리한다. 또한 한국의 대중국 투자가 아직은 양적 규모나 수익성 차원에서 취약하다고 진단하고 그 원인으로 현지화의 미흡과 중국시장에 대한 이해부족을 꼽고 있다. 향후 중국경제와의 동반발전을 위해서는 더 적극적으로 중국 내수시장의 개척, 단순제조업에서 유망성장산업과 서비스산업으로의 투자전환, 국내 산업의 구조조정을 단행할 필요가 있음을 권고하고 있다.

마지막으로 최정호 교수와 김성훈 교수의 중국 체험기는 주제별 원고와는 달리 독자들에게 육화(肉化) 된 목소리를 전해 준다. 최정호 교수는 중국을 산에 비유하면서 한국인이 더불어 살 수밖에 없는 우리들의 숙명적 관계항이라고 규정한다. 중국의 시장경제로의 개혁실험은 일반적 사회주의 이론이나 후진국 개발이론만으로 설명하기 어려운 무언가가 있다고 진술하면서, 중국문화의 성격이 개인이란 개념이 뿌리내리기 어려운 상황을 만들고 있지 않을까 하는 견해를 피력한다. 그럼에도 불구하고 한국문화의 중흥기와 중국의 번영기가 역사적으로 중첩되어 일어났다는 사실을 지적하면서, 21세기 강력한 중국의 부상은 한국, 한국민족, 한국문화에 커다란 도전이자 기회일 수도 있음을 상기시킨다.

김성훈 교수는 유엔 국제식량농업기구 근무 시 중국 경험을 토대로 중국 경제개혁의 과정을 소개하고 체험에서 우러나온 중국 이해의 방법론을 제시한다. 중국을 '하나의 나라'로 보기보다 '중화합중국'으로 보아야 하고, 단편적 이해와 편향된 시각을 지양하고 각론과 지역에 대한 이해를 높이는 노력이 필요하다는 고언을 전한다. 정부 차원에서도 장기적이고 종합적인 비전과 전략, 지역별 진출전략, 중국경제의 부상에 따른 피해 최소화 전략 등의 수립이 필요함을 역설하고 있다.

마지막으로 필자 자신의 몇 가지 개인적 소회를 덧붙인다면, 첫째로 단편적 인상이나 감상적 접근으로서 중국을 이해하려고 해서는 안 된다는 점이다. 이 책의 여러 필자가 강조하듯이, 중국은 적어도 지역적으로 30~40년의 발전시차가 존재하는 큰 나라인 만큼, 다양한 지식과 정보를 축적하고 폭과 깊이를 갖춘 이해가 필요하다.

둘째로 우리들의 중국에 대한 올바른 이해 못지않게, 우리 스스로를 중국인들에게 제대로 알리는 노력도 필요하다. 2002년 월드컵 때 한국팀 4강 진출에 대한 중국 언론보도는 단순히 보도진행자의 편향된 시각을 반영한다기보다 한국에 대한 많은 중국인의 이중적 인식의 한 단면을 보여주었다고 할 수 있다. 이러한 이중적 인식의 이면에는 한국인들의 추함과 선함이 투영되어 있다. 중국에서는 한국 경제발전에 대한 선망, 한국영화나 배우들 그리고 한국상품에 대한 호의적 수용이라는 긍정적 측면이 있는가 하면, 소수의 기업인들이나 여행객들이 중국에서 보인 품격을 상실한 행태에서 오는 부정적 인식도 있다.

셋째로 우리 모두가 보다 의연할 필요가 있다. '중국 바람'이 분다고 해서 너도나도 편승하기보다는 중국인과 진정한 친구관계를 맺을 수 있는 소양을 갖출 필요가 있다. 한중 수교 이전에 우리가 '중국'을 '중공'으로 불렀듯이, 중국인은 '한국'을 '남조선'이라 불렀다. 필자가 이러한 명칭 문제를 기회 있을 때마다 중국인과 한국인 양측에 모두 제기하고 정정을 요구했던 것은 서로에 대한 존중과 이해가 선행되어야만 협력과 공존이 가능했다고 믿었기 때문이다.

우리 세대의 중국 회귀 경향은 어찌 보면 역사적 연속성의 법칙을 보여주는 것인지도 모르지만, 21세기의 우리는 단순히 중국적인 것으로 회귀할 수는 없다. 우리의 생존을 위해서나 중국의 발전, 그리고 동북아의 안정과 번영을 위해서도 우리는 중국에게 선사할 그 무엇을 갖추고 있어야만 한다. 필자는 이런 의미에서 이 책이 그 무엇을 만들기 위한 첫걸음이기를 기대해 본다.

대한민국 어디로 가야 하나

김진현 · 김형국 · 전상인 (공편) | 2004년 | 나남 | 216면

차례

머리말

오늘의 우리 사회는 누란(累卵)의 위기에 처해 있다. 진보와 보수의 양분이 상호보완의 대립항이 아니라 적대의 대결로 치닫고 있기 때문이다. 이렇게 이념대결이 사회지도층 또는 여론형성층에서 진행되는 사이, 사회를 떠받치고 있는 민초들의 삶도 갈피를 잡지 못한 탓인지 전대미문의 사회적 파행마저 횡행하고 있다. 이를테면 사회를 지탱할 수 있는 최소·최저 근거가 가족과 그 구성윤리에 있다 했는데, 부모가 자식을 버리는 패륜은 어쩌다 있다지만 조부모가 손자를 길가에 내버리는 경우는 참으로 금시초문이 아닐 수 없다. 사회파탄이 이 지경으로 치닫는다는 말인가.

이래저래 이 나라 백성은 불안에 휩싸여 아침 맞기가 겁이 날 정도다. 두 갑년(甲年) 전 '갑신정변'이 재래하리라는 불길한 예감마저 정체를 알 수 없는 안개처럼 이 사회를 휘감고 있다. 그러나 옛말에 "호랑이에게 물려가도 정신만은 차리라"고 했다. 거기에 우리의 살길이 있다. 살길은 '말'을 바로 세움에 있다. 지혜의 말이자 믿음의 말을 일으켜 세워야 한다. 말을 일으켜 세울 소임은 누구보다 예지(叡智)를 가졌다는 식자들에게 있다. "반드시 말하되, 천하의 걱정은 먼저 걱정하고 천하의 즐거움은 뒤에 즐길 것"(其必曰 先天下之憂而憂 後天下之樂而樂)이라 했음은 이 시대 식자들을 채찍질하는 나팔소리다.

이번 심포지엄(원주 토지문화관, 2004. 6. 18~19)은 우리 학회가 지금까지 해오던 이전 학술대회와 달리 좀 특이한 모임이 되었다. 그동안 학회가 자유·민주라는 절대명제를 전제로 해서 성장할 것인가 아니면 분배할 것인가의 두 축 사이에서 우리가 취할 조화로운 입지를 집중 탐색했던 것과는 달리, 한국미래학회(회장 김형국)와 세계평화포럼(이사장 김진현)이 함께 주최한 이번 모임은 이 자유와 민주에 대한 중대한 도전이 우리 사회를 엄습하고 있지 않은가 하는 염려 속에서 이루어진 심포지엄이었다.

이번 모임은 강원도의 후원으로 이루어진 학술대회였다는 사실이 특기할 만하다. 지방자치단체가 전례 없이 국가적 현안에 깊은 관심을 기울였음은 아무리 세계화가 압도하는 시대일지라도 지역의 생존이 국가의 틀을 벗어날 수 없다는 사실을, 그리고 중앙정부의 눈치를 보며 민감하게 반응하던 지역정부마저 시행착오를 거듭하는 오늘의 국책방향에 대해 소신을 분명하게 피력하지 않을 수 없는 상황임을 확인해 준 점은 하나의 사건이라 하겠다. 그런 예지를 발휘해 준 김진선 강원도지사, 학술모임의 취지에 적극 찬동해 준 강원도의회와 강원발전연구원 최동규 원장에게 깊이 감사드린다.

심포지엄에서는 모두 8개 주제가 발표되었다. 그 주제들을 정치, 사회, 경제, 국제관계 순서대로 4부로 나누어 편집해 관심인사들이 국가현안을 체계적으로 파악하는 데 도움이 되도록 했다. 주제와 관련 토론에 대해 나라를 염려하는 식자들의 비판적 호응을 기대하는 바이다.

나라가 먼저지 언제나 그렇지

덕산추모사업회 (편) | 2005년 | 나남 | 608면

차례

덕산을 떠나보내며

덕산 이한빈 선생님의 일대*

김형국

선생님 문하에서 얻었던 배움 가운데 하나가 세상사를 겉만 보지 말고
뜻으로 읽으라는 것이었습니다. 오늘 선생님의 약력을 간략히 말씀드
리는 이 자리에서 고인의 일대 역시 연대기와 함께 저희 후학들에게 감
동을 안겨 주었던 한둘 선생님의 행적도 곁들여 소개하겠습니다.

 선생님은 1926년에 함경남도 함주군의 독실한 기독교 집안에서 태어
났습니다. 아호 덕산(德山) 은 바로 고향마을 이름에서 딴 것입니다. 고
향 가까이의 기독교 계통 영생고보를 졸업했는데, 거기서 영어 잘하는
학생으로 이름났던 선생님은 일본 도시샤대학을 거쳐 해방 이듬해 월남
해서 서울대 영문학과를 졸업했습니다. 선생님이 받았던 교육에서 일
생을 관류하는 '이한빈 스타일'이 만들어집니다. 집안 내력과 중등교육

---

* 영결예배에서 낭독된 덕산 이한빈 선생의 일대.

의 인연이 한평생 그를 믿음의 사람으로 이끌었고, 영어의 능통은 세계인으로 도약하려는 날갯짓이었습니다.

영문학과를 마치고 미국 유학길에 올라 하버드대학에서 우리나라 최초로 경영학석사가 됩니다. 영문학 전공에서 익혔던 이상을 중시하는 인문정신 못지않게, 현실에서 진실을 구하겠다는 실사구시(實事求是)의 노력으로 절대 가난의 우리 삶을 개선·발전에 앞장서겠다는 소신에 따라 어렵게 얻었던 배움입니다.

그런데 경영학을 앞서 배웠던 이력 이상으로 선생님의 미국 유학 전말(顚末)은 어제 일처럼 후학들에게 생생한 감동을 안겨줍니다. 6·25 전쟁 발발 한 해 전에 유학을 가 나라의 운명이 '풍전등화'이던 1951년에 임시수도 부산으로 귀국한 것입니다. 지난 반세기 동안 국민의 피와 땀과 눈물 끝에 산업화와 민주화에 성공했다는 현대 한국에서 젊은이 과반수가 이민 가고 싶어 한다는 것이 오늘의 우리 민심임에 견준다면, 미국 대학 지도교수의 간곡한 만류도 뿌리친 선생님의 귀국 결단은 당신과 우리 사회의 가능성에 대한 확고하면서도 비장한 자기확신 없이는 이룰 수 없는 일이었습니다.

외국에서 배운 바가 전시정부 예산국에 알맞아 20대 중반 약관에 선생님의 정부 출사가 시작됩니다. 국가재정을 미국에 의존할 수밖에 없던 1950년대 그 시절에 나라살림 꾸리기에 노심초사했습니다. 그러나 자유·민주의 원칙을 신봉하는 선생님에겐 군사정부에 적극 가담할 수 없어 재무부 차관을 끝으로 그때 정부행정의 변방이던 외교관 생활로 접어듭니다. 제네바 공사로 시작해서 스위스 대사를 끝으로 정부 일선 현직에서 물러납니다.

대사 시절, 선생님은 목화씨를 가져온 문익점을 재발견합니다. 해방 후 수천 명의 외교관이 활동했지만 그 전신인 고려 사신만큼 국리민복을 향상시켜 준 외교관이 없었다고 자탄한 끝에 문익점의 행적에서 자극받기를 마음먹습니다. 강대국의 그늘 아래서도 번영을 누리는 스위스를 우리 사회가 '타산지석'으로 삼아야 한다며 《작은 나라가 사는 길: 스위스의 경우》라는 책을 펴내 이 나라 번영책의 줄거리를 제시합니다.

정부의 일선 행정에 몸담으면서도 한시도 배움의 노력을 쉬지 않았던 선생님은 본격으로 가르침에 열중합니다. 예산국에 있을 때 창설을 도왔던 서울대 행정대학원 원장으로 부임해서 국가발전책을 다루는 발전학 연구에 몰두하시더니, 어느새 이 분야의 세계적 석학으로 우뚝섭니다.

그리고 평소 '십만양병론'의 이율곡(李栗谷)을 거울삼아 나라를 다스리는 경국책(經國策)은 다가올 사회변화에 적극 그리고 미리 대처하는 노릇이라고 강조했습니다. 특히 이 나라에서 최초로 도시학 연구과정을 행정대학원에 도입해 나중에 서울대 환경대학원이 만들어지게 했고, 각계의 관심 있는 인사들의 뜻을 모아 한국미래학회를 창설했습니다. 선생님의 학덕과 인덕을 주축으로 창립된 한국미래학회는 학자, 언론인, 법조인, 경제인, 정부관료 등 각계인사들이 두루 참여하여 나라경영과 사회관리에 대한 지혜와 경륜을 나누어 갖습니다. 이것이 상승효과를 낳아 회원 가운데 총리, 부총리, 장관 등 고위직에 발탁된 회원이 20명에 가깝습니다.

학계의 개혁 실적은 이미 국내외에서 소문난 선생님은 미국 하와이 동서문화센터 안에 신설된 기술개발연구소 소장을 거쳐 숭전대 총장, 아주대 학장을 두루 역임합니다. 그러다가 3공화국의 비극적 종말로 나라 질서가 요동치는 위기에 전문성과 도덕성을 함께 갖춘 인물로 뽑혀 김옥길 이화여대 총장과 더불어 입각해서 부총리 겸 경제기획원 장관을 맡습니다. 그러나 반년 만에 국운을 뒷걸음치게 만든 3류 군사정권의 등장으로 정부에서 물러납니다.

이후 선생님은 이 사회가 꼭 필요하다고 판단한 분야에서 경륜을 말할 수 있는 사회봉사직을 두루 맡습니다. 민주화합추진위원회 위원, 국제민간경제협의회 회장, 자유지성 300인회 공동대표, 공명선거실천 시민운동협의회 공동대표 등을 맡았던 것입니다. 중점 관심은 국가경쟁력 향상을 위해 과학·기술진흥이 절대 필수임을, 가혹한 국제질서 속에서도 이 나라가 살아남자면 러시아와 중국과도 공존할 수 있는 길 찾기를 역설하는 데 있었습니다. 그리고 한국의 국제적 위상 제고에는 평화심기의 노력이 요구된다며 '사랑의 쌀 보내기 운동' 주관에 불철주야합니다. 때 이른 병석(病席)은 바로 국제봉사에 매달리다가 치료시기를 놓친 병환이 빌미가 되었습니다.

공인(公人)으로 살았던 선생님의 한평생은 국내외 사관학교 등에서 배출하려는 참 공복(公僕)의 모습을 빼어 닮았습니다. 나라에 대한 충성의 마음, 충성을 실행하는 의무감, 여기서 보람을 찾는 명예의식이 공인의 필수덕목인데 선생님은 그걸 스스로 체득했던 것입니다. 개인적인 모습도 대학이 배출하고자 하는 자질이자 옛 선비의 품성을 교과서처럼 갖추었으니 문학, 역사, 철학의 문·사·철에 정통하고, 과학과 예술에 대한 사랑이 남달랐습니다.

그리하여 서양사람은 선생님을 '신사'라 불렀고 우리 주변에선 '군자'라 부르곤 했습니다. 한마디로 준수한 외모, 설득력 있는 언술, 감동적인 도도한 문장, 어려움 속에서도 흔들리지 않던 현철(賢哲)한 판단력을 두루 갖추었으니, 신언서판(身言書判) 갖추기가 선생님만한 분을 현대 우리 사회에서 찾기 어렵다는 것이 우리 후학들의 자부요 자랑입니다.

제가 읽었던 선생님의 마지막 글은 지난봄에 생사기로의 병석에서도 아흔아홉 백수(白壽) 생신을 맞는 은사에게 바치는 글입니다.

"평생 잊지 못할 스승을 모신다는 것은 큰 행복"이라며 흠모해 마지않던 영문학과 시절의 스승 권중휘 전 서울대 총장에게 올린 것으로 이렇게 적었습니다.

권중휘 선생님. 선생님의 백수를 축하드립니다. 아름다운 일생이시었습니다. 새삼 존경의 뜻을 표합니다. 선생님의 높으신 덕을 평생 기립니다. 계속해서 즐거운 나날을 보내십시오.

문하생 이한빈 드림. 4월 8일

위의 말 뼈대는 저희들 후학들이 오늘 하느님 품에 안기는 이한빈 선생님에게 되돌리고 싶은 바로 그 말씀이 되고 말았습니다.

이한빈 선생님. 아름다운 일생이시었습니다. 새삼 존경의 뜻을 표합니다. 선생님의 높으신 덕을 오늘도 기립니다. 하느님 품에서 영생의 복록(福祿)을 누리십시오.

문하생 김형국 드림

같이 내일을 그리던 어제

김형국 (편) | 2007년 | 시그마프레스 | 239면

차례

김형국

이 책은 1960년대에 덕산 이한빈과 하이재 최정호 선생 두 분이 주고받은 편지가 중심이다. 편지는 다양한 학문과 직업을 아우르는 최초의 범학문적 · 범직업적 학회인 한국미래학회가 탄생하는 전야의 목소리와 숨소리를 생생하게 담고 있다. 아울러 개인적으로, 나아가 사회적으로 뜻있는 편지왕래가 이렇게 한 권의 책으로 묶인 경우가 가까운 우리 세월에서 거의 전무한 점도 한결 값짐을 더해 준다.

돌이켜보면 1960년대 초는 대한민국이 근대화의 대장정에 돌입하려던 시기였다. 무(無)에서 유(有)를 창조하려는 시대와 사회의 꿈이 마침내 기적을 일구어 내는데, "기적은 기적적으로 이뤄지지 않는다"는 진실대로 정부와 사회 각계, 그리고 국민 개인의 입지는 산통과 성장통을 무릅쓰겠다고 이미 각오한 바였다. 그런 각오의 일단이 바로 어제 일처럼 편지 속에서 되살아난다.

오간 편지를 주빈으로 앉히고 그 주인공들이 그때 인연을 나중에 회상한 글도 함께 실었다. 갑년(甲年)을 맞은 하이재를 말하는 덕산의 하사, 고희(古稀)를 맞은 덕산이 살았던 삶의 무게를 살핀 하이재의 회고, 이렇게 두 편인데, '그 사람에 그 생각'이 틀림없는 말임을 알겠다. 이어 서로 처음 만났을 때 스위스 대사이던 덕산이 가난한 조국에 바치는 헌책(獻策)의 요약, "작은 나라가 사는 길: 스위스의 경우"도 주고받은 편지의 숨은 뜻을 읽는 데 참고될 것이기에 함께 수록한다.

두 분은 편집자의 평생 스승이시다. 한 분은 학교에서 만난 명실상부한 스승이요, 또 한 분은 내 마음에서 만나 사숙(私淑)한 스승이다. 평소 잠 잘 주무시고 밥 잘 잡수어 장수(長壽)가 예상되던 학교 스승은 뜻밖에도 그만 타계하는 바람에, 정초(正初)마다 반드시 찾아뵙고 내 정체를 확인하던 거울을 잃고 말아 한없이 허전하다. 한편 생몰(生沒)에 관계없다는 사숙의 대상은 동시대를 함께 살면서 자주 만날 수 있음이 나에겐 큰 복록(福祿)이다.

　편지글을 읽고 필시 그 주인공들을 사숙할 분이 적잖지 싶어, 그걸 부추긴다고 책 끝에 그들과 얽혔던 인연을 중심으로 편집의 말을 길게 적었다.

한국 2030

전상인 (편) | 2007년 | 에코리브르 | 296면

차례

머리말

왜 미래이고 왜 2030인가

전상인

세계화와 정보화가 가속화하면서 미래사회에 대한 관심이 가일층 증폭되고 있다. 불확실성이 과거 그 어느 때보다 크게 만연하고 있는 이 시대, 미래에 대한 탐색은 단순한 호기심이나 흥미의 대상이 아니라 생존과 번영을 위한 필수요건으로 자리 잡고 있다. 우리나라의 사정도 결코 예외는 아니다. 특히 21세기 진입과 노무현 정부의 출범을 전후하여 한국사회는 그 이전과 뚜렷이 대비 되는 역사적 전환점을 맞이하고 있다. 이에 한국미래학회는 미래의 한국사회를 미리 만나 볼 필요성을 절감하였고, 마침내 2005년 6월 11일 서울 프레스센터에서 열린 확대월례발표회에서 나름대로 기회를 마련하였다. 이 책은 그때 열린 세미나의 결과물이다.

2030년이라는 시점은 다음 몇 가지 사정을 고려하여 선정되었다. 첫째, 25년 정도는 통상 한 세대에 해당하는바, 너무 멀지도 가깝지도 않은 미래라고 판단하였다. 둘째, 2030년은 21세기 초입에 태어난 이들이 대학교육을 마치고 사회에 본격적으로 진출하는 시점이라는 사실이 고려되었다. 셋째, 2030년은 현재 우리 사회를 지배하거나 커다란 영향력을 행사하고 있는 이른바 386그룹 혹은 386세대가 사회적으로 퇴진했거나 그것을 앞둔 시기라는 점이 감안되었다. 끝으로, 과학 및 기술 분야에서도 향후 25년 내외가 예측 가능한 최대 기간이라는 사실이 고려되었다.

주지하다시피 미래학은 실증적 차원과 규범적 차원으로 구분된다. 전자의 경우는 '있음직한 미래'(likely futures)를 추정·예측하는 것이고, 후자의 경우는 '바람직한 미래'(desirable futures)를 설계·제안하는 것이다. 본 연구에서는 있음직한 미래와 바람직한 미래를 동시에 다루면서 무엇보다 2030년에 이르는 기간 동안 우리가 취할 의지와 선택에 따라 바람직한 미래를 있음직한 미래로 만들 수 있고, 바람직한 미래를 있음직한 미래로 바꾸지 못할 수도 있음을 강조하게 될 것이다.

정치 부문을 담당한 김선혁 교수는 2030년까지 한국정치를 근본적으로 규정하게 될 상수로서 386세대로의 권력이동과 그에 따른 세대정치를 지적한다. 다시 말해 싫든 좋든 386세대는 앞으로 우리 사회에서 '위임받은 20년'을 맞이할 것이며, 그것의 성공 여부는 다음 몇 가지에 의해

판가름 날 것이라고 전망한다. 우선 내용적 차원에서 작금의 386세대는 이른바 개혁정치와 진보정치를 지속하기 위해 기존 체제 안으로 포용·포함·포섭·포획되는 이른바 '피포(被包) 상태'에서 벗어나야 할 뿐 아니라, 기존의 원로, 전문가, 행정의 달인 등으로부터 비전과 대안을 빌려 쓰는 이른바 '차용(借用)의 정치'로부터도 해방되어야 한다는 것이다. 또한 세대정치의 관계적 차원에서 386세대는 이후 세대와의 협력과 제휴를 지속해야 한다고 충고한다. 그렇지 않으면 386세대의 개혁 실험은 비참한 '일장춘몽'으로 끝날 뿐이라는 것이 김 교수의 전망이다.

한준 교수는 사회 영역을 집필하였다. 먼저 인구와 관련하여 그는 지금까지 근대화 과정 속에서 길들여진 성장 중심의 사고가 종언을 맞이할 것이라고 주장한다. 우선 2030년 무렵은 우리나라가 자연적 과정에 의한 인구감소를 처음으로 경험한다는 것이다. 이와 함께 유례없이 빠른 속도로 진행되고 있는 저출산과 고령화는 국가적 차원뿐 아니라 개인적 차원에서도 심각한 혼란과 아노미를 초래할 수 있음을 경고한다. 노동 부문에서도 한 교수는 고용증가 없는 성장이 지속하는 가운데 고용의 질 측면에서 양극화가 심화될 것으로 전망한다. 한국은 2030년까지도 서구에서 나타나는 탈물질사회로의 가치이동이 크게 두드러지지 않을 것이라는 게 한 교수의 추정이다.

경제 분야는 우천식 박사의 몫이었다. 우 박사는 우리나라가 대외적으로 세계 경제환경의 불확실성이 지속하는 가운데 2030년까지 불안정한 저성장 속에 양극화 문제의 심화를 겪을 것으로 예상한다. 따라서 무엇보다 향후 10년 동안 정책적 대응이 대단히 중요하며, 그것의 성과에 따라 2030년 무렵 혹은 그 이후 한국경제의 위상이 결정될 것으로 전망한다. 그가 말하는 정책적 대응이란 무엇보다 선진국에 대비하여 현재 우리나라가 드러내는 현저한 '제도 격차'를 시정하여 21세기 혁신기반형 발전 패러다임을 만들어 내는 것을 의미한다. 만약 이러한 제도혁신에 성공할 경우 2030년에 이르러 우리나라는 현재의 G-8 개념이 확대된 G-10 국가 진입이 가능하다는 것이 우 박사의 예측이다.

김태종 교수는 교육 분야를 담당하였다. 김 교수에 따르면 지식경제사회의 진전과 세계화의 심화는 미래의 교육에 심대한 영향을 미칠 것이라고 한다. 그 결과, 고도의 전문성이나 통합적 지성을 갖춘 인재에 대한 수요가 늘어날 것이고, 상시적 고용불안과 저소득계층의 확대에 따라 교육의 사회통합적 기능이 향후 한국사회에서 사활적 관건이 될 것으로 전망한다. 국내적으로 2030년이 되면 학령기 인구의 대폭 감소에 따라 학생 1인당 교육비 지출이 현재의 선진국 수준에 도달할 것이라고 예측하면서도, 이는 어디까지나 공적연금이나 건강보험 등 다른 재정수요와의 갈등극복이 전제되어야 하는 것이라고 주장한다. 학벌주의는 점차 완화될 것이나, 교육의 지방자치, 학교의 자율성 강화, 교사보수 및 인사체계의 개선, 사립학교의 자율적 발전 허용 등을 기반으로 한 공교육의 혁신이 국가경쟁력 강화를 통한 선진국 진입 여하의 분수령이 될 것이라고 전망한다.

정재승 교수는 2030년경 과학기술 분야의 한국사회를 전망하였다. 그는 현재 과학기술이 '편리한 삶'을 추구하고 '생존의 문제'에 무게중심을 두고 있다면, 2030년 무렵 미래의 과학기술은 '삶의 질' 향상을 추구하는 형태로 바뀔 것이라고 예측한다. 실버산업의 발전에 따라 죽을 때까지 일할 수 있는 '슈퍼 노인'의 등장, 모든 사물에 칩이 깃들고 정보의 비밀이 사라지는 유비쿼터스 사회의 도래, 이른바 4D (*dull, dirty, dangerous, difficult*) 및 4H (*hot, heavy, hazardous, humble*) 작업을 도맡게 될 기술의 종합예술품 로봇의 진화, 만병통치약은 없지만 만병에 치료법은 개발되는 '맞춤의학' 시대의 도래를 전망하는 정 교수는 2030년경 한국을 이끌 성장동력으로서 우주산업과 환경공학을 거론하면서 이 분야에 대한 집중투자를 제안한다.

끝으로 미래 전망과 관련해 범지구적 및 한국적 위험과 재난에 대한 김진현 박사의 특별기고를 싣는다. 이 원고는 원래 세미나에서 발표한 것은 아니지만, 이른바 '근대화의 세계화' 추세가 제기할 세계사적 내지 문명사적 문제 폭발이라는 맥락에서 무엇보다 생명안전과 시민·국가 생존이 우리나라의 최우선 국가목표로 설정되어야 한다는 인식의 중요성을 감안하여 이 책에 함께 묶은 것이다. 이 점에 대해 학회회원이신 김진현 박사에게 이 자리를 빌려 각별한 감사의 말씀을 올린다.

세미나가 있고 나서 이 책이 발간되기까지 무려 2년이 지났다. 발표자들께 죄송하다는 말씀 이외에 따로 드릴 말이 없다. 하지만 2030년이 아직은 꽤나 먼 듯하여 세미나 당시의 취지가 그다지 무색해 보이지 않는다는 느낌은 천만다행이다. 모쪼록 이 책이 한국의 미래를 전망하고 준비하는 데 일조하길 바란다. 그리고 그 과정에 '한국미래학회'가 좀더 큰 역할을 수행하리라 다짐한다. 끝으로 이 책의 출판을 맡아준 에코리브르 및 박재환 사장에게 깊은 감사를 드린다.

제헌과 건국

한국미래학회 (편) | 2010년 | 나남 | 360면

차례

발간사

전상인

2008년은 대한민국이 건국 60년을 맞이한 뜻깊은 해였다. 그해를 전후하여 대한민국 60년의 성공을 기념하는 (경우에 따라서는 이를 폄하하는) 크고 작은 학술행사가 줄을 이었다. 그런데 건국을 기억하고 회고하는 수많은 자리 그 어느 곳에서도 그것의 초석에 해당되는 헌법제정에 관한 논의는 눈에 잘 띄지 않았다.

얼핏 보아 뜻밖이었지만 곰곰 생각해 보니 그럴 만도 했다. 그것은 한국사회 혹은 한국정치에서 헌법이 차지하는 위상을 가감 없이 보여주기에 충분했기 때문이다. 국가에 비해 헌법은 한국 현대사 60년 동안 거의 늘 독자적 존재감이 없었기 때문에 건국과 제헌 사이에 벌어진 지적 관심의 엄청난 격차는 어쩌면 당연한 귀결이었다.

바로 이와 같은 제헌에 대한 학술적 홀대(忽待)야말로 오늘날 대한민국이 겪는 심각한 이념갈등의 원인일지도 모른다. 무릇 한 나라의 제헌 헌법이란 세상이 어지럽고 시대가 어수선할 때마다 되돌아갈 수 있고 뒤돌아볼 수 있는 국가의 정신적 모태(母胎)일 것이다. 하지만 유감스럽게도 우리들은 그것의 존재와 가치를 오랫동안 잊고 살았다. 대한민국의 초기 국가 건설자들이 도대체 어떤 뜻과 무슨 생각을 헌법에 담고자 노력했는지에 대해 그 후손들은 대개 무심했던 것이다.

이런 점에서 미국의 〈페더럴리스트 페이퍼〉(Federalist Papers)는 늘 부럽다. 사회통합의 원천이자 사회발전의 동력으로서 그것은 항상 새롭고, 언제나 살아 있기 때문이다. 2008년으로 때마침 창립 40년을 맞이한 한국미래학회가 일종의 한국판 〈페더럴리스트 페이퍼〉를 구상한 것은 바로 이런 연유에서다. 또한 이는 역사학과 미래학이 결국 같은 것이라는 한국미래학회의 평소 인식을 반영하는 일이기도 하다.

때마침 '개헌 열병'이 다시 도지고 또한 번지고 있는 것이 작금의 사회 분위기다. 물론 그 자체가 문제는 아니다. 필요하면 언제라도 할 수 있고 또 해야 하는 것이 개헌이다. 다만 《제헌과 건국》이라는 책을 펴내는 한국미래학회의 입장은 이렇다. 개헌을 하든 말든, 혹은 어떻게 하든 우리나라의 제헌과정을 다시 한 번 성찰해 달라는 주문이다. 이 땅의 '건국 아버지'들이 어떤 생각과 무슨 마음으로 처음 대한민국 헌법을 만들었는지 살핌으로써 작금의 개헌논의를 보다 진지하게 이끌 수 있으리라 믿기 때문이다. '뿌리'를 외면하면서 어떻게 가지 끝에 '열매'가 맺기를 기대하는가 말이다.

2009년 3월 13일 한국미래학회는 연세대 법학연구소와 공동으로 "제헌과 건국, 그리고 미래한국의 헌법구상"이라는 주제의 학술회의를 연세대 제 2 광복관에서 개최하였다. 이 책에 실린 논문들은 모두 그때 발표된 것들이다. 이 가운데 몇몇은 이 책의 출간에 앞서 전문학술지에 실리기도 했다. 당시 발표자의 면면은 굳이 따로 소개할 필요가 없겠으나 나머지 회의 참가자 명단은 이 자리에서 밝혀 두는 것이 좋겠다. 최상룡 전 고려대 교수와 허영 전 연세대 교수 두 분이 그날의 사회자셨다. 토론자로는 곽준혁 교수(고려대), 권혜령 박사(진실·화해를 위한 과거사정리위원회), 서희경 박사(진실·화해를 위한 과거사정리위원회), 김종철 교수(연세대), 조소영 교수(부산대), 이철우 교수(연세대), 박명림 교수(연세대) 등이 임했다.

학술대회의 전체적 구상은 김일영 교수(성균관대)가 맡아 주셨다. 그리고 그는 장훈 교수(중앙대)와 더불어 그날 회의에서 "미래 한국의 헌법구상: 새로운 사회계약을 찾아서"라는 주제의 라운드테이블을 이끌기도 했다. 학술회의를 준비하느라 수고한 한국미래학회 유재의, 최민정 두 간사의 이름도 이 자리에서 각별히 기억한다. 또한 한국미래학회의 '정신적 회원'을 자임하며 흔쾌한 마음으로 이 책의 출판을 자청해 주신 나남출판 조상호 사장님께도 거듭 감사한 마음이다.

역사적 기록으로 남기기 위해 마지막으로 한 분을 더 언급하고자 한다. 다름 아닌 모하(慕何) 이헌조(李憲祖) 선생님이시다. 1932년생으로 서울대 철학과를 졸업하신 그는 럭키금성상사 사장, 금성사 사장, LG전자 회장 등을 역임하신 분이다. 동시에 그는 문사철(文史哲)에 고루 밝은 한국미래학회 회원으로서 시인이시기도 하고 문사(文士)이시기도 하다. 이헌조 회장께서는 "제헌과 건국"이라는 주제의 중요성에 깊이 공감하시면서 적지 않은 연구비를 학회에 쾌척하셨다. 감히 그 연유를 여쭈었더니 "언제부턴가 우리 사회의 일각(一角)에서는 한평생 기업인으로서 오직 대한민국 발전을 위해 살아왔던 나의 지난 인생을 헛되고 의미 없는 것으로 만드는 분위기가 있다"고 대답하셨다. 오직 좋은 책을 만드는 것으로 보답하겠다고 약속드렸지만 진짜 평가는 지금부터 독자 몫이다.

제 4 부 /

어언간에 반세기

미래학과 민주주의

전상인

(제4대 한국미래학회장·서울대 교수)

1.

1968년에 창립되어 작년에 쉰 돌을 맞이한 한국미래학회는 미래학의 출범이나 미래학회의 태동과 관련하여 결코 세계사적 추세에 뒤떨어진 것이 아니었다. 우리나라의 미래연구는 1960년대 말 주요 선진국들에서의 연구와 거의 동시에 시작되었다. 물론 여기에는 한국미래학회 창립자인 이한빈과 최정호가 그 무렵 유럽에서 외교관과 특파원으로 각각 활동하면서 선진 미래학에 함께 눈을 떴다는 결정적 계기가 있다. 당시로서는 '후진국'이던 대한민국이 적어도 미래연구에 있어서만큼은 '선진국'이었던 셈이다. 그래서 그랬는지, 한국이 성취한 근대화의 기적에 한국미래학회가 끼친 공헌은 아무리 강조해도 지나칠 수 없다.

이처럼 과거가 화려했던 한국미래학회가 언제부턴가 자신의 능동적 존재감을 상실하고 있다는 자성과 외부 비판에 직면하게 되었다. 아마

2000년대에 접어들면서 그런 분위기가 역력해지지 않았나 싶은데, 당시에는 그 원인을 학회원의 연로화(年老化) 및 세대교체 부진에서 찾는 경향이 많았다. 아닌 게 아니라 어떤 신문은 "한국미래학회에 미래가 없다"는 제목의 기사를 싣기도 했다. 그 무렵 한국미래학회의 최대 화두는 이른바 '젊은 피 수혈(輸血)'이었다. 그리고 나도 그 대상자 가운데 하나가 되었는데, 돌이켜보면 나에게 있어 한국미래학회와의 인연은 일종의 운명과도 같은 것이었다. 당시 한림대 교수였던 나는 재직 중 미래학회 정예회원인 정범모·이상주·이상우를 그 대학의 총장으로 연달아 모셨기 때문이다.

유감스럽게도 나는 한국미래학회의 '젊은 피' 역할을 제대로 수행하지 못했다. 이 점에 관해 나는 두고두고 학회에 큰 빚을 지고 살아가고 있다. 그럼에도 가끔 '미래학회에 미래가 없는' 까닭이 반드시 '젊은 피' 부족 탓이기만 할까 하는 생각을 한다. 이는 결코 개인적 차원의 변명이 아니다. 무언가 한국사회 전반적으로 미래를 고민하고 준비하는 노력이 퇴조하는 듯한 현상이 있고, 이는 '미래 없는 미래학회'와 무관해 보이지 않기 때문이다. 말하자면 한때 '미래지향적'이었던 우리나라가 시나브로 '과거 회귀적'이 되면서 미래학의 입지가 처음 같지 않게 되었다는 조심스러운 항변이다. 이 글의 목적은 이를 민주주의 문제와 연관시켜 살펴보는 것이다. 민주주의는 미래학의 디딤돌인가, 아니면 걸림돌인가?

한국미래학회의 전성기는 우리나라에서 국가주도 장기종합계획이 활발하던 시절이었다. 대한민국은 1962년부터 1981년까지 네 차례에 걸쳐 경제개발 5개년계획을 추진하였으며, 1982년부터는 경제사회발전 5개년계획으로 이름을 바꾸어 1996년까지 세 차례 실시하였다. 그 이후 현재까지 이러한 식의 장기종합계획은 더 이상 존재하지 않는다. 산업화의 성공에 이은 민주화의 성취와 더불어 '5개년계획'은 구시대의 개발독재와 동의어처럼 인식되는 경향이 있다. 또한 국가 대계(大計)의 소멸 내지 부재는 한국미래학회의 위상과 역할을 자연스레 감소시켜왔다. 주지하는 바처럼 우리나라가 IMF 사태라고 하는 전대미문의 국가위기를 맞이한 것은 35년에 걸친 국가계획의 시대가 끝난 직후였다.

2.

"청와대에는 달력이 없다."
이는 전두환 대통령 시절 청와대 비서실장을 지냈던 분이 퇴임 후 사석에서 들려준 말이다. 예고 없이 수시로 터지는 사건과 사고에 대처하는 일이 마치 도처에 출몰하는 두더지를 망치로 내려치는 게임 같았다고 했다. 매일매일 벌어지는 일을 뒤치다꺼리하기에 바빠 나라의 최고 권부(權府)는 달력을 들여다볼 틈이 없었고, 그만큼 국가의 일을 장기적으로 고민하고 결정하는 것이 현실적으로 어려웠다는 회고였다. 그나마 그때는 '5개년계획'이 살아 있던 시절이었는데도 말이다. 그렇다면 1980년대 후반 민주화 이후에는 청와대가 달력을 보며 장기계획을 수립하고 실천하는 일이 늘어났을까?

별로 그렇지 않다는 게 내 생각이다. 전두환 대통령 때부터 시작된 대통령 5년 단임제는 민주화 이후 대통령 직선제와 더불어 정치적 불가침의 대상이 되었다. 오늘날 우리나라 대통령은 잘하든 못하든 무조건 5년 단임이다. 그런 만큼 재임 중 포퓰리즘에 영합하고 단기성과에 몰입하는 것이 진보와 보수를 막론하고 한국정치의 기본원리가 되어 버렸다. 이러한 관행의 문제점을 알고 국정의 장기계획이 준비된 때도 있었다. "한 세대 앞을 내다보고 수립된 최초의 국가 장기종합전략"이라며 노무현 정부가 2006년에 내놓았던 이른바 '비전 2030'이 바로 그것이다. 하지만 그것은 처음부터 스스로 추진하거나 책임질 몫이 아니었다. 또한 차기 정권에 승계될 가능성 역시 사실상 없었다고 보아야 한다.

우리나라에서는 매 5년마다 국가권력이 거의 단절되다시피 한다. 정당정치 저발전에 의해 정권의 연속성은 기대하기 어렵고, 직전 권력은 단죄나 청산의 대상이 되는 경우가 허다하다. 이런 마당에 미래를 위한 장기계획은 애당초 기대난 아니겠는가. 비록 민주주의 측면에서 아쉽긴 하지만 이승만 집권 12년은 건국의 기초를 다졌고, 박정희 집권 18년은 부국(富國)의 발판이 되었다. 싱가포르의 기적은 리콴유[李光耀] 총리가 30여 년에 걸쳐 재임한 결과이다. '영국병'을 치유한 마거릿 대처는 11년 반 동안 총리였고, 대공황과 전쟁 시기 미국에서는 프랭클린 루스벨트(Franklin Roosevelt)가 예외적으로 4선을 기록하기도 했다. 오늘날 이른바 '중국 굴기(屈起)'의 막후에는 현능주의(賢能主義, *meritocracy*)에 입각한 안정적이고도 예측 가능한 정치적 리더십이 존재한다.

물론 미래지향적 장기계획을 위해 독재를 옹호하거나 권위주의 시대로 회귀하자는 뜻은 결코 아니다. 그럼에도 단지 민주주의라는 이름만으로, 또한 장기집권을 원천적으로 차단하려는 피해의식 때문에, 혜안을 갖춘 유능한 정권의 합법적 장기통치마저 원천적으로 금지하는 작금의 상황은 국익이라는 측면에서 전혀 바람직하지 않다. 국가의 장기미래계획이 곧 독재나 권위주의체제를 의미하는 것은 아니다. 또한 독재나 권위주의에 기반한 국가발전 대계가 반드시 성공을 약속하는 것도 아니다. 다만 우리의 경우처럼 장기독재가 싫은 나머지 장기계획마저 기피한다면, 궁극적으로 이는 소탐대실(小貪大失)이 아닐 수 없다.

아닌 게 아니라 미래계획에 관한 한 민주주의는 원천적으로 취약한 부분이 있다. 경제학자 한스헤르만 호페(Hans-Hermann Hoppe)에 의

하면 민주주의 정부는 태생적으로 시한적 임시관리인으로서, 미래의 재화를 보호하기보다는 현재의 소비를 더 중시한다. 이른바 '시간선호' (*time preference*) 현상이다. 호페는 미래의 준비라는 측면에서는 민주주의가 군주정보다 결코 더 나은 정치체제가 아닐 수 있다고 주장한다. 군주정의 경우, 권력의 소유권이 분명한 만큼 책임도 확실하기 때문이라는 것이다. 이를 설명할 수 있는 유력한 사례는 그다지 멀리 있지 않다. '김씨 왕조' 북한 정권은 대한민국 정부에 비해 훨씬 더 원대하고 체계적인 방법으로 미래를 고민한다. 우리처럼 5년짜리 '먹튀 권력'이 아니라 권력 그 자체가 대를 이어가는 일종의 가업(家業)이기 때문이다.

3.

미래에 대한 관심을 희석시키는 민주주의의 당대성(當代性) 내지 현재성(現在性)은 비단 우리나라의 문제만은 아니다. 미디어 이론가 더글러스 러시코프(Douglas Rushkoff)는 《현재의 충격》(*Present Shock*)이라는 책에서 우리 시대는 '산만한 현재'에 줄곧 머무르는 경향이 있다고 말한다. 모든 것이 생중계이고 실시간이며 현재진행형인 '속보(速報) 상황'에서 걸러지지 않은 뉴스와 변화무쌍한 여론이 정치인들을 즉각적 반응과 단기적 판단의 벼랑으로 내몰고 있다는 것이다. 따라서 오늘날 정치와 정책은 더 이상 원대한 계획도 아니고 장기적 서사도 아닌 현재 상황에 대한 임기응변에 불과하다는 것이 그의 결론이다.

　이와 같은 이른바 'CNN 효과'는 현재 우리나라의 언론 환경에서 한껏 고조되어 있다. 우선 요 몇 년 사이 상시(常時) 뉴스 매체의 숫자가 폭발적으로 늘어났다. 게다가 소셜네트워크의 비약적 발전에 따라 국민 대다수는 동시적으로 정보의 생산자이고 유통자이며 또한 소비자가 되었다. 한 걸음 더 나아가 우리나라의 경우 소셜네트워크 이용자 대부분이 거의 '중독' 수준이다. 시시각각 뉴스와 정보 혹은 루머나 괴담에 연루된 채 숨 돌릴 틈 없이 정치적으로 과민한 상태가 되어 있는 것이 현재 우리들의 자화상이다. 오늘날 한국사회에서 '라이브 정치평론'은 국민적 도락(道樂)이 되었다고 해도 과언이 아니다. 이처럼 '지금, 여기'에 대한 탐닉과 집착이 강한 세상에 십년대계, 백년대계라는 말은 얼마나 '먼 나라, 남 얘기'이겠는가?

4.

"신(神)은 밤낮을 만들었고, 인간은 달력을 만들었다"고 한다. 시간을 구분하고 날짜의 순서를 매기는 역법(曆法)의 발전 덕분에 인류 문명에 꽃이 피기 시작했다는 의미이다. 독일의 고전문헌학자 외르크 뤼프케(Jorg Rupke)에 따르면 고대에 만들어진 물건 가운데 달력만큼 형태의 큰 변화 없이 인간 사회에서 계속 사용되는 것도 없다. 달력은 연중 행사표의 성격을 갖고 등장했다. '캘린더'(calendar)의 어원인 '칼라레'(calare)는 로마시대 제관(祭官)들이 뿔피리를 불어 바뀐 새달을 선포하는 것에서 비롯되었다. 요컨대 달력이야말로 계획의 상징이자 미래의 준비다.

달력의 종류는 다양하다. 한 달이 한 면씩 차지한 12장짜리나 두 달씩 묶어진 6장짜리가 일반적인데, 이는 누구라도 한두 달 정도는 내다보며 살자는 뜻일 것이다. 한 장에 하루만 표기하여 매일 뜯어내는 일력(日曆)은 하루 벌어 하루 사는 시장통 서민들의 삶을 대변한다. 반면에 지위가 높아질수록 달력의 매수는 적어지는 경향이 있어서 열두 달을 한 면에 담은 연력(年曆)을 선호하는 경우가 많다. 사회적 영향력이 막강한 위치에 오를수록 더 멀리 바라보는 관점이 필요해서일 것이다.

사회적 영향력으로 말하자면 자고로 정치권력이 으뜸이다. 그런 만큼 좋은 정책을 만들기 위해서는 가급적 멀리 내다볼 수 있는 달력이 더 유용할 법하다. 하지만 작금의 현실 정치에서는 계획의 동반자 혹은 미래의 전령사인 달력 자체가 사라지는 낌새다. "청와대에는 달력이 없다"가 아니라 "한국 민주주의에는 달력이 없다"라고 말해야 할 판이다. 민주주의는 지천으로 널려 있는데, 우리 사회의 호흡과 시야는 나날이 짧아져 간다. 단발(單發)·단타(短打) 사회는 결코 미래를 기약할 수 없다. 또한 미래를 고민하지 않는 사회에서 미래학 또한 융성할 리 만무하다. 부족하고 부실하기만 했던 나와 한국미래학회의 인연에 대해 용서를 구하며 '미래 없는 한국미래학회'라는 오명이 반드시 학계 내부 탓은 아닐지 모른다는 궤변으로 글을 마친다.

특히 기억나는 단체회원
정수창·임광행 대표

김형국
(제3대 한국미래학회장·서울대 명예교수)

세상은 사람이 있어 존재하고, 거기에 삶의 보람도 어린다. 세상살이 방식 중 하나인 전문 식자들 모임·학회활동도 당연히 사람 인연이 절대적이다. 창립 50년의 한국미래학회도 다르지 않았다.

2018년 11월 16일, 창립 50주년 기념행사가 있었다. 제2대 회장 최정호 창립회원이 발제강연 모두(冒頭)에서 먼저 세상을 떠난 여러 회원들을 추모의 마음으로 일일이 거명했음도 그런 뜻이었다. 명예회장, 초대 회장, 학회 창립회원들의 성함이었다.

거명된 이들 가운데 특히 수천 정수창(壽川 鄭壽昌, 1919~1999)과 덕천 임광행(德泉 林廣幸, 1919~2002)이 내게 특별히 기억나는 인사였다. 전자는 두산그룹의 전문경영인이었고, 후자는 전남 목포의 보해양조 창업자였다.

학회가 창립되던 1968년에 나는 창립 주동자 이한빈(李漢彬, 1926~2004) 서울대 행정대학원장의 개인 조교였다. 해서 그 과정을 엿들었고 엿보았다. 1975년에 내가 서울대 환경대학원 전임강사가 되고부터는 학회회원으로 열심히 참여했다. 도시 및 지역계획학과(이후 환경계획학과) 안에서 국토개발 또는 지역계획학이 내 전공이었던바, 계획학은 미래학의 다른 이름이라는 점에서 학회에 대한 관심은 당연했다. 그러는 사이 1998년부터 2006년까지는 학회 회장이란 이름도 달았다. 오랜 인연 덕분에 학회를 사랑했던 '열성 회원'들의 면면은 내 기억에도 강하게 남았다.

단체회원 대표가 개인회원으로

정수창 두산그룹 회장(1977~1981; 1991~1993)은 열성 회원이었다. 세칭 'OB 맥주' 회사인 동양맥주주식회사를 한국미래학회 단체회원으로 가입시켜 해마다 개인회원 연회비의 수십 배인 단체회비를 부담해 주었다. 처음엔 단체회원의 기관장 자격으로 학회 세미나에 참석했다가 나중엔 거기서 배우는 바가 많다며 직접 개인회원으로 등록해 활동했다.

학회에 나오던 정 회장의 거동이 인상적이었다. 학회 월례회를 마치면 대체로 저녁식사가 뒤따랐는데 그때마다 동양맥주회사가 1977년에 선보인 '마주앙'(Majuang) 백포도주를 박스째 갖고 와서 반주로 제공했다. "먹는 게 남는 것"이란 시중 속어가 말한 대로 인심도 "먹은 인심"이 오래 기억되어서일까.

정 회장은 과묵한 분이었다. 그래도 술사랑은 주변사람과 함께하려 했음인지 포도주와 맥주의 주법에 대해선 종종 힘써 설명을 덧붙였다. '마주앙'으로 말하자면 외래어로 술이름을 짓지 못하도록 하던 국세청의 방침에 따른 우리말 이름이지만, 포도주, 하면 프랑스인 만큼 "마주

앉아서 즐긴다"는 말을 프랑스 투로 작명했다는 뒷이야기도 풀어놓았다. 여기에 이어 주류회사 대표답게 포도주 마시는 예법에 대한 간단한 소개로 권주사를 대신하곤 했다.

전래 우리 음주문화는, "이 포도주에 와인 맛이 난다!"는 우스갯말이 시정에 나돌았듯, 와인과는 별로 인연이 없었다. 2000년대에 들어섰을까, 그사이 취향이 급전하여 우리 술꾼들도 와인에 대해 한마디할 줄 알아야 축에 드는 시대에 접어들었다. 여기저기서 와인 주법에 대해 일가견을 자랑하고 싶어 입이 근질근질한 애주가가 속출했다.

하지만 1970년대 후반 그때 정 회장의 포도주 이야기는 처음 듣는 신선한 이야기였다. 이를테면 와인잔은 막대(stem)나 받침(base)을 잡아야지 몸통(bowl)을 잡으면 체온이 술에 전달되기 때문에 술맛을 떨어진다는 말이었다. 와인병이나 맥주병을 식탁으로 옮길 때도 미리 조심스럽게 갖다 두고선 좀 쉬게 해야 한다 했다. 갖고 오는 도중에 "술이 놀라기 마련"인데 그걸 안정시킨 뒤 마시는 게 좋다는 그런 이야기였다.

회원들이 독일 모젤와인 타입의 색이 맑고 향기가 은은한 마주앙 화이트가 좋다고 반응하자 정 회장은 마주앙 출시 전후 사정도 덧붙였다. 마주앙 스페셜화이트는 로마 교황청의 승인을 받아 한국 천주교 미사주로 봉헌되게 되었고, 포도 재배에는 석회암 토질이 적합해서 경북 경산에 포도밭이 있다 했다.

학회 연구활동을 좋아했다

정 회장의 열성은 학회 월례회에 빠지지 않는 정도가 아니었다. 학회가 특별연구 프로젝트를 꾸미려 하자 연구기금을 직접 출연하기도 했고,

따로 기증도 해주었다.

학회는 한국인의 삶과 영향을 주고받는 독립변수 또는 종속변수인 각종 요인을 심층으로 살펴보는 일련의 연구에 착수했다. 미래를 내다보자면 각종 삶의 틀의 현 위상을 점검할 필요가 있다고 보았기 때문이었다. 그 첫 시도가 "산과 한국인의 삶"이었다. 연구 프로젝트에 대해 직접 설명하고 후원을 부탁드리러 발걸음 하던 최정호 회장을 내가 동행했다. 서울 도심 을지로 1가 네거리의 두산그룹 사무실이었다.

1991년에는 두산그룹에 대한 사회적 질타가 높았다. 산하 공장의 페놀유출 사건 때문이었다. 경북 구미공업단지의 두산전자 공장에서 원액 저장탱크와 페놀수지 생산라인을 연결하는 파이프가 파열되어 페놀이 대구광역시 상수원으로 유입되었다. 대구 수돗물이 급속히 오염되었고, 급기야 부산 상수원에서도 페놀이 검출됐다. 낙동강 유역 일대가 오염되는 사태가 발생한 것이다. "맑고 밝다"고 사회적 평판이 높았던 수천은 난관을 극복할 구원투수로서 다시 회장직으로 돌아왔다. 최정호 회장과 내가 찾아간 건 바로 그 당시 그의 사무실이었다.

정 회장은 만나자마자 전화로 미리 타진했던 제안에 "적극 찬동한다"면서, "두산그룹 출연이 좀 모자랄 것 같으니, 제지회사 사장에게 지원을 요청하겠다"고 했다. 과연 찾아간 바로 그 자리에서 상대에게 전화를 걸었다. "산은 곧 나무요, 나무는 바로 종이원료"가 아닌가 하며 후원자로 참여해 달라는 당부였다.

이 전말은 최정호 당시 학회장이 편자로 출간된 동명의 책(1993) 서문에 잘 밝혔다. " … 학회는 창립회원이자 학회의 자상하신 후원자인 정수창 두산그룹 전 회장께 신세 지게 되었다. 정 회장은 이번 프로젝트를 착수하는 연구비의 큰 몫을 연강재단에서 출자해 주셨고 월례발표회의비용도 대부분 대주셨다. 한편 정 회장의 주선으로 김인호(金寅昊)

당시 전주제지(주) 사장께서 연구비의 다른 큰 몫을 부담해 주신 것에 대해 미래학회는 김 사장께 특별한 사의를 표하고자 한다."

개결과 신념의 경영인

그날 모처럼 찾아왔으니 저녁을 함께하자 했다. 그 말에 나는 "쌍칼질하는" 식대가 꽤 비싸고 아주 이름난 식당으로 갈 줄 알았다.

아니었다. 그 건물 지하의 OB 호프집이었다. "시원한 맥주에 마른 멸치, 그리고 만 원 정도면 훈제족발 안주로 훌륭한 식사도 즐길 수 있다"는 말을 들으며 함께 자리에 앉았다. 회장의 맥줏집 출입은 이력이 난 듯, 여기저기에서 젊은 사원들이 인사를 했다.

동양맥주에서 사장직에 올랐을 때도 그는 말단직원은 물론 신입사원들과 격의 없이 어울려 맥주를 마시던 이로 유명했다. 젊은 사람들의 사고방식을 경청도 하지만, 그들에게 주법(酒法)도 열심히 가르쳤다. "찬 맥주는 차기가 같게 한 잔에다 부어 마셔야 한다. 그리고 무엇보다 맥주를 절대 남기는 법이 없어야 한다. 맥주가 하수구로 흘러들면 하천 오염이지만 뱃속에 들어가면 영양분이 된다."

정 회장이 OB 맥주와 인연을 맺게 된 것은 해방 직후로 거슬러 올라간다. 무엇보다 영어 구사능력이 다리를 놓았다 했다. 해방 직후 일본 기린(麒麟)맥주의 분공장이던 적산기업을 인수할 사업가로서 군정청을 상대하자면 영어가 필수였기 때문이었다.

오늘의 서울대 경영대학의 전신인 경성고상을 졸업한 1940년대 초, 그는 머리를 깎아야 하는 등 일제의 통제가 심해지자 더 이상 견딜 수 없다 싶어 만주에서 첫 직장을 얻었다. 거기서 영어공부에 열중했단다.

"장차는 영어를 익혀 두어야 한다는 생각이 들었다. 일본이 전쟁에서 이긴다 해도 영어가 필요할 것이라 생각했다." 영문학자에게 개인교습을 받았다. 도쿄제대 출신으로 창씨개명의 강압에 못 이겨 만주 신징(현 창춘) 공대 교수로 피신 왔던, 훗날 서울대 총장도 역임한 영문학자 권중휘(權重輝, 1905~2003)였다. "대학 영문학과 3학년 수준이 된다"는 좋은 평가를 들은 일도 혼담에 가산점이 되었던지 나중에 그의 사위가 되었다.

전문경영인 제1호

한국 기업발달사에서는 기업소유자가 경영을 맡는 이른바 '소유경영인' 방식이 절대적이었다. 그러다가 기업활동이 복잡다단해지자 전문적 관리능력을 인정받는 월급쟁이가 경영을 책임지는 '전문경영인'이 등장한다. 그 1호가 바로 정 회장이었다. 두산그룹에서 보여준 경영능력을 유심히 엿보았던 삼성그룹 창업자가 탐을 내어 그곳 주력기업 물산 사장으로 영입되기도 했다.

탁월한 성취를 이룬 사람에게 그 비결을 묻고 싶은 것은 인지상정. OB 호프집에서 회장과 함께했던 맥주 회동이 좋았다고 했더니 회장은 내가 속한 대학원의 젊은 후배들과도 어울리고 싶다 했다. 지도하던 박사과정생들과 함께 몇 차례 호프집을 찾았다. 당신이 살아온 개인사도 들을 수 있었던 자리였다.

"기업에 들어가 회사를 사심 없이 도왔다. 그 결과, 사주로부터 회사를 맡겨도 되겠다는 신뢰를 받은 것이 비결이라면 비결이다. 물론 사람을 잘 만난 것도 있다. 사주(社主)도 그렇지만 대구고보 출신으로 경제

계에서 함께 일한 친구도 잘 만난 것이다. 가까운 경제통 지기(知己) 중
엔 총리, 부총리, 외무장관을 지낸 분도 있다."

비결은 들을수록 궁금한 법. "내 생활방식이 한마디로 낙관적이다."
그의 말처럼 정 회장은 철저히 낙관적인 발상법을 몸에 익히고 있다고
자평했다. 대기업 또는 대한상의 같은 거대조직을 거느리자면 온갖 사
람들을 상대해야 했을 터이고 그러자면 성화를 이기기 어려운 일도 많
았을 터이다. 그럼에도 그는 절대 화내는 법이 없었단다. "호통 치는 것
은 아무 효과가 없다. 잘 타일러서 고치도록 했다. 사람의 못난 대목 대
신, 미덕을 보아 주려고 노력한다."

그의 낙관적 성품이 그 이유만일까. "살아온 세상이 나를 그렇게 만
들었다. 일제시절, 해방 후의 사회적 갈등, 6·25 등을 모두 기억하고
있자면 삶이 한없이 비통해질 것이다. 그러지 않으려고 노력하다 보니
낙천적이 되었다. 화날 만한 일이 생겨도 5초만 지나면 잊어버린다."

뒷북 '김영란법'

어려운 시절을 살아온 세대답게 수천은 공사 간 근검절약이 철저하게
몸에 밴 분이었다. 1990년대 초 이른바 '문민정부'라 자칭하던 김영삼
정부가 들어서면서 관청 접대비의 상한선을 1인당 3만 원으로 정했던
적도 있었지만 이게 유명무실해진 탓인지 이른바 '김영란법'이 마침내
제정되었다. 2016년 9월부터 시행된 "부정청탁 및 금품 등 수수의 금지
에 관한 법률"은 공직자의 부정한 금품수수를 막자는 취지였다.

청탁금지법 세부는 원활한 직무수행, 사교·의례·부조 등의 목적으
로 공직자에게 제공하는 금품의 상한액을 설정했다. 식사·다과·주류

·음료 등 음식물은 3만 원으로 정했다. 이 법이 시행되자 식대가 꽤 비싼 식당도 그걸 따르는 시늉을 보여주는데, 이를테면 공직자처럼 보이는 손님이 요구하면 공식 메뉴의 안가(安價) 식단이 따로 있다고 알려준다. 한편 이전에 3만 원이 좀 넘던 메뉴는 값을 그 이하로 약간 밑돌게 하향조정하는 편법도 생겨났다.

정 회장은 그런 규제 이전에 이미 고액접대를 체질적으로 거부해왔다. 경제기획원장관 고문이 되었을 즈음의 일화다. 장관이 일류 호텔식당에서 당면 경제 과제를 여러 사람과 함께 협의하자고 연락했다. 그런 비싼 곳이면 못 가겠다고 하니, 얼마짜리 음식점이면 오겠느냐고 묻기에 3만 원 정도면 갈 수 있다고 대답했다. 그래서 모임 장소가 바뀌었다.

필시 공사(公私) 구별의 엄격성도 그에 대한 평가에 작용했을 것이다. 함께 외출할 일이 있어도 사적인 일이라 싶으면 아내는 따로 버스를 타고 뒤따라오게 했을 정도였다.

생태적 근대화는 가능하다

수천은 단지 기업의 근시안적 수지타산에만 매달린 외골수 경영자가 아니었다. 기업의 사회적 역할도 깊게 의식했다. 이는 두산그룹 회장 자격으로 대외적으로 1980년에 환경보전협회 회장을 맡기도 했다는 사실이 잘 보여준다.

내가 봉직했던 환경대학원은 국토·도시계획에서 출발하여 전문연학으로 환경관리도 아우르면서 발달해왔다. 그런 만큼 호프집 화제(話題)에서 자연히 산업과 환경의 관계도 빠지지 않았다. 정 회장의 반응은 단호했다. 산업화 초기에 환경과 경제가 갈등했음은 모르는 바 아니나 그건 한때의 단견이었다고 잘라 말했다. "환경오염은 기업 내부에서 수용해야 하고 또 할 수 있다. 이제 환경파괴적 기업은 절대 생존할 수 없다. 환경은 그 자체로 중요한 사회간접자본이다. 요즘 대기업은 정부가 정한 기준치 절반 수준으로 엄격히 환경보전에 힘쓰고 있다. 그리고 환경보전은 특히 저소득층의 복지에도 기여할 수 있다. 저소득층이나 농민이 모두 깨끗한 물을 먹을 수 있어야 하지 않겠는가."

회장의 입장은 수정 근대화이론의 일환, 즉 영국 사회학자 기든스 (Anthony Giddens)가 기여했던 '생태근대화론'(*ecological modernization*)의 일환이었다. 이는 경제와 환경이 상충(*trade-off*)한다고 보았던 산업 근대화론(*industrial modernization*)과는 달리 상생관계가 가능하다는 관점인데, 이를테면 쓰레기를 재활용하면 환경과 경제를 함께 이룰 수 있다는 것이다. 정 회장은 그런 선도적 발상을 체화하고 교화하려고 애썼다.

한때 경영을 책임졌던 두산그룹이 불의의 페놀유출 사건으로 어려움을 겪자 구원투수로 새로 회장에 취임해 뒷수습을 맡은 것도 이런 전력 때문이었다. 수천은 다시 회장에 취임하자마자 맑은 물을 이용하여 주력상품을 생산하는 기업답게 다양한 환경보전 책을 폈다. 사원용으로 펴낸《깨끗한 환경, 우리가 먼저》(두산그룹환경관리위원회, 1993) 책자는 1989년 미국의 한 환경단체(Earth Works Group)가 펴낸《당신이 지구를 살리기 위해 할 수 있는 50가지 간단한 일들》(*The 50 Simple Things You Can Do to Save the Earth*) 못지않은 수준급의 책이다. 회사 외부인들에게 널리 읽혀도 좋을 것이라는 게 나의 독후감이었다. 청주(淸酒)도 생산하는 회사답게, 그 책은 청주를 소주잔만큼 버리면 하천이 이를 정화하는 데에 맑은 물 40말이 필요하다는 비근한 보기를 재미있게 예시하고 있었다.

또 환경보호운동단체의 장으로서 오물투성이 산에 직접 올라 쓰레기

줍기도 열심히 벌였다 한다. 그 산행은 환경보전책인 동시에 당신의 신상보전책이었음도 털어놓았다. "눈이 오나 비가 오나 매일 아침 일찍 산에 오른다. 집이 돈암동에 있었을 때는 정릉 쪽 산에 올랐고, 남산자락으로 이사 오고부터는 남산에 오른다. 딸만 여럿 둔 뒤 기다리던 아들을 본 해가 1962년이었다. 최소한 그 아이가 대학 다니는 것은 보아야겠다는 생각이 들어 매일 아침 산에 오르기 시작했다."

대한상의회장으로 있으면서 그는 유관 사회운동단체들의 장(長)도 오래 맡았다. 환경단체장에 이어 정보문화협의회 의장을 한참 지냈다. 정보사회의 도래를 제대로 대비하자는 사회운동이었다. 정보사회 도래가 인류문명의 필연적 전개임은 이제 알 만한 사람은 아는 일. 그 운동을 직접 주관하는 분은 우리 사회 정보화의 과제를 어떻게 보고 있었을까.

"컴퓨터 생산 같은 정보산업의 발전이 발전하고, 그 못지않게 정보화 기계가 경영이나 생산에 직접 활용되어 기업의 생산성 향상으로 구체화되어야 한다. 특히 기업의 생산성 효과가 가시화되어야만 정보화의 속도가 빨라지고 저변이 넓어질 수 있다. 현재 시골 초등학교까지 컴퓨터 보급에 힘쓰고 있지만 교사부족 등 애로가 한둘이 아니다. 농업의 낙후성 극복에도 그 전산화가 시급하다."

정보화 그리고 환경보전의 필요성을 역설하는 그의 경륜은 오랜 습관인 신간독서 편력과 관련이 있음은 그를 아는 사람 사이엔 진작 소문나 있었다. 그의 수준급 영어가 독서뿐 아니라 그의 직업이력에 큰 지렛대가 되었다.

경영 일선에서 물러나서도 더욱 독서에 열중했다. "이제는 경영분야보다 폭넓은 문명비판, 역사전망 쪽 책을 즐겨 읽는다. 책을 읽고 나면 그 책이 필요하다 싶은 사람에게 넘겨준다."그가 심취했던 신간은 미래학자 드러커(Peter Drucker)의 《후기자본주의 사회》(*Post-Capitalist*

Society, Harper Collins), 그리고 폴 케네디(Paul Kennedy)의 《21세기 준비》(*Preparing for the Twenty-first Century*)였단다. 특히 뒤의 책에 대해 널리 알리고 싶어 신문에 책 소개 글을 기고하기도 했다.

그가 소개한 케네디의 논지는 이렇다. "냉전 50년 동안 강대국 간 평화가 유지되는 사이에 미국 주도로 거의 전 세계에 걸쳐 비교적 개방된 교역이 이루어짐으로써 다시 세계경제는 포괄적인 하나의 활동단위를 이루게 되었다. 반면, 구소련 해체 등으로 말미암아 단위국가는 더 왜소해지고 더 많아졌다. 경제판도의 지구화(地球化)와는 달리 정치판도는 국지화(局地化)되는 양극화 현상 극복이 21세기를 바라보는 이 시대의 과제이다."

그렇다면 정 회장은 한국사회를 위해 무엇을 시사하고 싶을까. "경제적으로 신(新) 산업혁명에 적극 참여할 수 있도록 근로인구 재훈련에 더욱 힘써야 하고, 정치적으로는 국제안목을 갖춘 홍익인간을 길러낼 교육제도를 마련해야 한다."

유교자본주의자

산하 연강재단 이사장을 마지막으로, 두산과 함께했던 공식적 인연은 끝났다. 그리곤 매일 고위 임원을 지낸 이들을 위한 도서실 겸 휴게실에서 책 읽기로 한동안 시간을 보냈다. 약속을 하고 그곳을 찾아갔더니 고시원 독서실처럼 좁게 칸을 질러 놓은 곳이 당신의 자리였다. 책상 위에 파지를 가지런히 쌓아 두었기에 보았더니 노후 정신건강을 위해 옛날 명구를 적고서는 틈틈이 그걸 암송하고 있다 했다. 무슨 명구였던가 하면 《논어》 구절이었다.

그 순간, 나는 문득 정 회장이야말로 일본 메이지유신 시대에 각종 경제혁신을 이끌었던 시부사와 에이치(澁澤榮一, 1840~1931)의 한국판이라 싶었다. 자그마하면서 자세를 똑바로 곧추세운 몸짓이라든가 만년에 수염을 멋지게 기른 모습이 19세기 중후반 일본 유신시대에 기세충천했던 사무라이 출신 걸물처럼 보였다고 해서 하는 말은 아니다. 시부사와는 일본은행업, 보험업, 철도건설 등에서 선구적 역할을 보여주면서, 동시에 도덕과 경제의 합일을 몸으로 보여주었던 명인이었다. 생전에 직접 《논어와 주판》(초판: 忠誠堂, 1927; 노만수 옮김, 2009)이라는 책을 펴냈을 정도였다.

경제사회학의 한 고전은 프로테스탄트의 윤리가 서구 자본주의 출현의 열쇠였다고 설파했다. 한편 19세기 중엽의 일본에 이어 20세기 중엽 한국·대만·싱가포르가 급속한 경제성장을 이룩하자 이를 유교자본주의라 부르기 시작했다. 교육을 중시하는 유교 덕분에 배출된 질 좋은 노동력이 경제성장의 견인차가 되었다는 설명이었다. 정 회장의 경우는 수신제가를 바탕으로 금도(襟度), 곧 남을 포용하는 도량으로 기업조직을 다룬 유교인이 아니었나 하는 생각이 들었다.

인격 피니쉬

정 회장은 스스로를 맥주와 더불어 했던 삶이었다고 되돌아본 적 있었다. 세상사도 곧잘 맥주 마시기에 비유했다. "자신의 페이스대로 술을 마셔야 한다. 술이 바닥에 가까웠다고 홀쩍 마저 마시면 취한다. 그래서 '피니쉬'가 중요하다."

그의 사람됨을 말해 주는 피니쉬는 평생지기로부터 듣는 것이 깊이가 있다. 경제기획원 장관을 지낸 김준성(金埈成, 1920~2007) 이수산업 회장을 만났던 것은 내가 박정희기념사업회 발기문을 적었던 인연의 한 낙수였다. 그때 김 회장은 경북고 동기인 신현확(申鉉碻, 1920~2007) 전 총리를 도와 기념사업회 부위원장을 맡고 있었다. 내가 후자와 말을 나누고 싶었던 것은 소설을 여러 권 출간한 문학도가 적었던 독서론이 아주 인상적이었기 때문이었다.

참 청강한 사람이다. 친구이지만 존경한다. 지금도 만나고 싶어 매일 생각나는 친구다. 절친한 친구는 불알에 있는 점도 아는 법이라 존경하는 경우가 드물다. 하지만 정수창은 존경의 대상이었다. 두산그룹 고문으로 물러나자 차가 없었다. 전경련에서 회의 한다고 정 회장이 참석하는데 택시를 타고 온 모양이었다. 그러나 마치고 갈 때는 금방 택시를 잡기 어려워 자신의 차에 타라고 하자, 그걸 사양했다. "임마! 그러지 말고 빨리 타라. 얼마쯤 가다가 택시 잡기 좋은데 내려 줄 터이니" 하고 억지로 태우곤 했다.

김우중 씨가 전경련 회장으로 있을 때 고문 대부분이 전직 장관들이었다. 내가 말해서 정 회장도 고문으로 위촉했다. 기사와 차를 제공하고 월 300만 원을 지급했는데, 얼마 뒤 대우그룹 돌아가는 형편도 어렵고 하니 부담스럽다며 차와 돈을 사양하겠다 했다. 그래서 당신이 그러면 다른 사람들도 그렇게 해야 하니 그냥 있으라 했다. 한동안 그러더니만 나중에 몰래 돌려주고 말았다.

과연 전 부총리의 친구 묘사에는 문학도다운 감성이 따뜻하게 깔려 있다. "청강(淸剛)하다"는 표현은 정 회장에게 아주 적절하다 싶다. 탐욕 없이 맑은 것이 '청'이고, 강직함이 '강'인 것이 그러하다. 탐욕이 없는, 맑고 강직한 사람이라는 뜻이다.

물장수 인연

보해양조 창업주 임광행 회장은 정수창 회장과 닮은 데가 여럿 있었다. 두 분은 기미년(1919) 출생 띠동갑이면서 전국규모의 대한상공회의소 회장 예하에서 함께 어울렸던 목포상공회의소 회장이었다. 두 분이 이른바 '물장수' 출신인 점도 서로의 친밀성을 더했을 것이다. 따져 보니 아호 끝 글자도 한 분은 '냇물 천(川)', 또 한 분은 '샘 천(泉)'이다.

일제시대 이래 그리고 해방 이후에도 오랫동안 맥주는 아주 귀한 주류였다. 그래서 해방 뒤 지방에서 맥주를 취급하는 대리점은 아주 뽐내던 장사였다. 바로 임 회장은 목포에서 양조공장을 운영하는 한편 OB 맥주를 취급하던 주류 도매상이었고, 정 회장은 맥주공장의 고급경영자였기에 접촉이 많을 수밖에 없었다.

성공한 경제인이라는 점에서 두 분은 닮았지만 기업의 사회적 역할에 대해선 입장이 좀 달랐다. 산학협동이란 말처럼 정 회장은 기업과 과학기술 연구의 협업이 절대적으로 중요하다고 여겼다. 하지만 이를테면 여름에 수재(水災)가 일어났을 때 대기업들이 의연금 출연을 두고 세상의 눈치를 보는 일은 정도(正道)가 아니라고 보는 기업원칙주의자였다. 기업은 생산을 열심히 해서 고용에 충실함이 본연의 역할이고, 사회적 재난에 대한 구휼은 정부의 절대적 소임이라고 보았다.

반면 임 회장은 터를 잡고 있는 지역공동체의 발전에 일익을 담당하는 것도 기업의 소명이라 보았다. 힘닿는 대로 이웃은 물론이고 지방의 유지로서 지역사회를 돕기 위해 백방으로 애를 썼다.

가난한 집에 난 효자

지역사회를 위한 덕천의 헌신을 보고 있노라면 "가난한 집에 효자 난다"
는 옛말이 틀림없다는 생각이 들곤 했다. 해방 이후 이래저래 목포가
하향일로를 걷자 현지 인사만 아니라 고향을 떠난 출향인사의 발걸음도
이를 반전(反轉)시키려는 노력으로 바빠졌다.

목포의 침체는 무엇보다 전국 도시들 간 순위경쟁에서 차츰 밀려남
에서 뚜렷했다. 인구규모로 볼 때 1960년 목포는 전국에서 9위였으나
1975년에는 12위, 다시 1980년에는 14위로 밀려났다. 여기서 그치지
않고 1990년에 19위, 바로 다음해인 1991년에는 22위까지 전락했다.
도시체계 안에서 순위의 급격한 퇴조는 지극히 이례적이었는데, 이는
그만큼 목포 도시경제의 어려움을 잘 대변했다.

목포는 개항도시로 급성장했다가 일제의 패망으로 급격히 퇴조하기
시작했다. 독립한 대한민국이 1960년 초에 추진하기 시작한 경제성장
정책이 지역 간·산업 간 불균형 투자를 기조로 삼았는데, 목포를 포함
한 전라도는 투자선호에서 후순위로 밀려 '전라도 푸대접'이란 말까지
낳았다. 1971년에 실시된 대통령 선거에서 목포 출신 야당후보가 여당
후보와 세차게 맞설 수 있었던 것도 바로 그런 지역격차 때문이었다.

영호남 간 격차의 발생 배경과 그 격차의 실체는 일차적으로 경제적
인 것이었다. 이게 지역감정으로까지 비약한 데는 전통적 이유와 현대
적 이유가 함께 작용했다. 전통적으로 한반도에서는 지역의식이 강했
다. 그리고 현대에 들어 경제성장을 앞서 실현한 지역이 바로 집권자의
출신지였다. 그리하여 지역의식은 개발-낙후지역 사이의 지역감정으
로 비화하고 말았다. 이는 오늘날 한국 국토발전에서 가장 난감한 숙제
가 되고 말았다.

출향인사의 호응

현대 한국에서 국토개발에 관심을 가진 식자라면 지역 균형발전의 시급
성을 모르는 이가 없었다. 한국미래학회 초대 회장을 지낸 이한빈 전
경제부총리도 그 한 사람이었다. 1988년 3월 말에 목포시·목포상공회
의소·광주일보사가 공동으로 광주시에서 개최한 심포지엄에서 "서해
안 시대의 개막과 목포의 미래상"이란 제목으로 기조발표를 했다. 낙후
지역이라 여겨진 서해안의 핵심지는 "서산반도로부터 목포를 직각으로
해서 여천반도에 이르는 큰 ㄴ자형 지역인데, 이 지역의 개발은 목포로
부터 시작해야 한다. 한국의 지도를 거꾸로 놓고 보면 한반도 전체가
태평양을 향해서 돌출하여 대륙을 걷어차는 형국을 이루는데, 그 첨단
이라고 할 수 있는 목포를 기점으로 하여 태평양 시대를 대비해야 된다"
고 강조했다. 목포의 조야(朝野)는 이 지적을 '목포 선언'이라 부르며
크게 환호했다.

이에 목포시가 직접 연구 프로젝트를 발주했다. 목포 개발을 위해 중
앙정부의 선심형 개발정책을 기다리기보다, 아니 그에 앞서 현지의 자
발적 의지를 북돋아야 발전이 가능하다는 의견이 모여 목포시가 연구비
를 지원한 프로젝트였다. 그때 김 교수는 굳이 목포를 "아껴 놓은 땅"이
라 불렀다. 목포를 정부투자 우선순위에서 밀려난 "버려진 땅"이라 보
았던 일부 비관적 입장에 대한 반발을 담아, 그렇게 낙담하기는커녕 그
럴수록 후발(後發)의 이점을 살리며 앞날을 기약하자는 출향인사의 비
감(悲感), 한편으로 절치부심이 느껴지던 조어(造語)였다.

이 연구 프로젝트가 도출한 중요 개발개념은 '목포 미항(美港) 가꾸
기'였다. 대학에서 국토 균형개발도 중요한 관심사로 삼았던 나를 이른
바 '전라도 푸대접'의 극점인 목포로 안내했던 사람은 김성훈(金成勳,

1939~) 중앙대 경제학과 교수였다. 나를 자신이 앞장섰던 목포 개발계획 프로젝트에 참여하게 했던 그는 '목포 사랑'이 간절하기 그지없던 출향인사였다.

목포 개발 안팎 호응

목포 발전을 도모하겠다는 목포 미항 가꾸기는 목포상공회의소 임 회장도 진작 찬동했던 사업 가운데 하나였다. 그는 목포를 살기 좋은 도시, 이름난 도시로 만들려고 동분서주했다. 이전에는 당신의 기업을 반석 위에 올리기 위해 불철주야했겠지만 그즈음 적어도 내가 체험한 임 회장은 오직 목포를 목포답게 만들기에만 몰두했다.

기실, 임 회장은 사업 이력에서 큰 좌절도 겪었던 기업인이었다. 주력기업 보해양조가 1968년 봄에 과잉투자로 부도를 맞았다. 불행 중 다행으로 법정관리에 들어간 뒤 회사 영업사원으로 필사적으로 노력한 그는 8년 8개월 만인 1976년에 거기서 벗어났다. 이후 5년 동안 숙성 매취순 과일주 생산 등으로 이미지를 일신하게 되자, 다시 지역사회에 헌신할 방법을 백방으로 궁리할 적에 출향인사 김 교수와 만나 서로 "마음을 터놓고 사귄다"는 간담상조(肝膽相照)하는 사이가 되었다.

그런 관계가 일군 쾌거 중 하나는 임 회장이 사후 영생처로 진작 잡아놓았던 터를 김 교수의 설득을 받아들여 국립해양유물전시관 예정부지로 수용하는 데에 선선히 응한 일이었다. 해당 부지는 목포의 아름다운 경관, 갓바위의 큼직한 골기(骨氣)가 바로 바다로 내리꽂히는 지세에 위치한 곳이라 해양 관련 전시장 입지로 더없이 적합함을 문외한이라도 한눈에 알 만했다.

우리 전래풍습을 기억한다면 영생처를 남의 손에 넘기는 일은 상상하기 어렵다. 가산을 크게 일군 사람들이 노후에 후손들의 발복(發福)을 위해 명당 찾기에 고심하는데, 명당을 찾을 수만 있다면 축적한 가산을 기울일 가치까지 있다는 것이 우리 전래풍습이었다.

마침 그곳이 아무개가 아닌 지방의 유력인사가 애지중지하던 땅이라 해당 관청으로서는 수용이 여간 난감하지 않았다. 여기에 김 교수가 직접 나섰다. 적극 설득했고 거기에 임 회장은 순순히 응했다. 〈조선일보〉 비상임 논설위원이던 나는 그때 그 소식을 듣고 감복해서 신문의 준(準) 사설 격인 "만물상"(1993. 5. 24)에 그 미담을 소개했다. '전라도 푸대접의 정점' 목포의 재도약에 관한 사업이라면 온몸을 던지는 임 회장의 경우를 일러 "가난한 집안에 효자난다"는 속담을 상기시키는 경우라 적었다. 덕분에 신안해저유물 전시로 이름난 전시관이 1995년 초 지금 그자리에 세워질 수 있었다.

목포권 개발이 가시권에

두 사람의 간담상조는 임 회장을 한국미래학회와 직접 인연 맺게 했다. 출향인사와 현지유지가 함께 뜻을 맞춘 것이 1993년 봄. 김성훈 교수의 제의를 임 회장이 받아들여 한국미래학회 세미나를 목포에서 유치했다. 한국미래학회는 중점 연구사업으로 한국인의 삶이 매달릴 수밖에 없는 일련의 핵심요인을 살펴보며, "산과 한국인의 삶"에 이어 "물과 한국인의 삶"을 주제로 삼았다. 물에는 바다가 빠질 수 없다. 그래서 "바다를 보배로 삼는다"는 보해(寶海)그룹의 세미나 후원은 학회로선 고기가 물을 만난 셈이었다.

말은 하지 않았지만 세미나를 지원했던 임 회장의 저의는 성과를 거두었다. 세미나에 참가한 회원 한 분이 당시 정부예산을 총괄하는 자리에 있었다. 그의 짬을 얻어 임 회장이 함께 배를 타고 목포만을 둘러본 일이 주효했다. 그 회원은 전라도 쪽 현장을 둘러본 것이 난생처음이라 했다. 이 덕분에 목포 신외항 건설사업에 대한 중앙정부의 지원이 확정될 수 있었다.

그즈음 전남도청 이전이 본격으로 거론되기 시작하자 임 회장은 도청 유치에 발 벗고 나섰다. 1993년에 전남개발연구원이 주축이 된 후보지 물색작업은 연구의 중립성을 기약한다며 재경 학자를 일부 참가시켰다. 참여할 개연성이 있다고 지목되는 교수명단을 용케 알아낸 임 회장은 밤낮으로 그들에게 전화해 목포 인근이 최적지임을 역설했다. 개항 이후 지역의 수위도시 목포가 선도했던 옛 역사를 앞세웠다.

관련 분야를 전공한다는 사실로 말미암아 선정위원에 들지 못한 나에게도 임 회장은 수없이 전화를 걸었다. 일주일에 한두 차례 집안일을 돕기 위해 오는 우리 집 가사도우미도 임 회장의 목소리를 알아챌 지경이었다. 전화를 받는 가사도우미에게도 인사말을 빠뜨리지 않았기 때문이다.

임 회장 말투는 약간 느린 눌변이었다. 그럼에도 혼신의 힘을 다해 당신이 강조하고자 하는 말을 차분하면서 단단하게 펴 나갔다. 역설(力說)이란 표현은 그걸 두고 하는 말이지 싶었다. 결국 목포 시계(市界)와 바로 맞붙은 무안군 삼향면 남악리 오룡산 아래가 도청 이전 후보지로 결정됐다.

'목포의 눈물'을 닦으려고

국가자본주의 아래서는 정부투자도 필수지만, 역시 지역경제는 유력 기업의 도시 수출경제를 감당해 주어야 성장한다. 상공회의소 회장은 각종 정부투자 유치에 골몰하면서도 역시 지방 경제발전의 주역이 기업임을 누구보다 잘 알았다. 대불공단 인근에 현대삼호조선소(현 현대삼호중공업)를 차린 한라그룹이 고맙기 짝이 없었기에 주변 인사들을 만날 때마다 그룹 정인영(鄭仁永, 1920~2006) 회장의 사업의욕을 칭찬하곤 했다.

고마움을 직접 전달하려고 정 회장에게 점심을 대접하겠다고 여러 차례 제의하기도 했다. 하지만 정 회장의 바쁜 일정 때문에 도무지 약속을 잡을 수 없자 마침내 임 회장은 밥상을 차려 조선소 현장까지 자가용으로 실어다 점심을 대접했다 한다. 그 이야기를 들으니 조선시대 말 일제가 왕정(王政)에 간섭할 즈음, 대신들이 점심을 집에서 먹지 말고 계속 관아에 남아 식사도 해결하면서 업무에 매달리도록 하는 게 좋겠다고 하자, 이에 밥상을 차린 교자상을 여러 하인들이 들고 날랐다는 개화기의 웃지 못할 풍경이 언뜻 연상되었다. 그런 역사적 희극과는 달리, 임 회장이 차린 밥상은 일편단심 고향 사랑의 극치를 보는 것 같아 오히려 숙연한 마음이었다.

'목포의 눈물'이 실감 나던 시절, 그는 이래저래 상공회의소 회장으로서 구체적이고 실질적인 성과를 여럿 거두었다. 진두지휘한 사업도 있었고 이미 확정된 정부사업을 재촉해 진척시킨 것도 있었다. 호남선을 대불공단까지 연결하는 인입선(引入線) 예산도 확보했다.

하지만 사업에 기복이 적잖듯, 그가 전력투구했던 투자유치가 모두 성공하진 못했다. 우선 목포대 기성회 회장으로 의대 신설에 앞장섰지만 여의치 않았다. 명색이 국립대학이지만 명망학과가 없다 보니 좋은 인재가 모이지 않자 타개책으로 의대를 신설하면 우수인재 모집에 직·간접적으로 효과가 있을 것이라며 열심히 추진했지만 뜻을 이루지 못했다.

목포시와 무안군의 행정통합도 출신지인 무안군의 지지를 얻지 못했다. 당초 전남도청을 목포 바로 인근으로 유치하는 데 앞장섰던 것은 도청이 거기에 자리 잡으면 목포시가 지리적 뿌리였던 무안군을 통합해서 대도시로 비약할 수 있는 기틀을 세우고자 함이었다. 마침 정부가 1995년 6월 말에 지방자치단체장 선거를 앞두고 지역생활권이 시·군으로 나뉘어 있음이 불합리하다고 판단한 지자체들의 주민 동의를 얻어 통합을 서둔 적이 있었다. 당연히 목포시와 이를 둘러싼 무안군의 통합도 예상되었지만 도청 이전 덕분에 스스로 시로 승격할 수 있을 것이라 기대한 무안군에서 반대여론이 일었다. 임 회장이 분투해서 재투표에 붙이기도 했지만 국회의원 의석수 확보 같은 소승(小乘) 지역주의의 기세 아래에 연이어 주민투표에서 패하고 말았다.

수신제가 기업가

지역사회의 신망을 한 몸에 받을 정도로 임 회장이 전심전력할 수 있었던 것은 무엇보다 기업경영에 참여하는 슬하들이 믿음직했기 때문이었다. 그가 들려준 가족 자랑 가운데 대표작이라 한다면, 그건 장남의 은근한 물음이었다. "혹시 우리 형제들이 모르는 동생이 있으면 말씀해 달라" 했다는 것이었다.

그런 말까지 들려주기에 나도 버릇없이 "사업에 열중하는 사이에도 풍류의 고장인 만큼 로맨스가 있음직하다" 했더니, "나는 나락 밭에 제비요" 한마디 대답만 돌아왔다. 가족들에게 부담되는 일은 있을 수 없다는 말이었다.

이런 일화가 아니어도 특히 장남에 대한 회장의 신뢰는 깊었다. 좋은 교육을 위해 서울의 명문고로 진작 유학 보내 놓고도, 장차 대학진학은 일류대학을 가기보다는 가업인 주류업을 더욱 번성시킬 수 있는 공부를 해야 한다는 것이 가장의 뜻이었다. 회장은 이에 부응해 발효학과가 있는 대학에 '낮추어' 진학해 준 아들에게 그렇게 고마워했다.

그는 온몸을 던지는 기업가였다. 알코올 도수가 꽤 높던 매실 술의 도수를 낮추어 부담 없이 마실 수 있도록 만들고 5년을 숙성한 '매취순'에 대한 자부심은 드높았다. 판촉방법도 여간 실감 나지 않았다. 80세의 노령에도 불구하고 피부가 잡티 없이 맑은 것이 타고난 체질 때문인가 했는데, 임 회장은 굳이 매실을 많이 먹어서 그렇다고 말하곤 했다.

매실을 최고 건강식품이라 자랑하던 임 회장도 가족과 지역사회의 간절한 기대만큼 수를 누리지 못했다. 매실이 기대만큼 효험이 없었단 말인가? 그렇지 않을 것이다. 한국인 평균 수명보다 10년이나 더 수를 누렸으니 장수식품은 아닐지 몰라도 매실이 건강식품임을 몸으로 증명해 주었다.

타계하고 1년 뒤 목포상공회의소가 주관하여 지방유지들이 임 회장의 공덕비를 세운다 했다. 영호남 화합의 상징으로 경상도 사람이 비문을 적는 게 좋겠다며 나에게 비문을 청해왔다. 이건 어쩌면 임 회장의 유지이기도 했을 것이다. 영호남 지역감정 운운하는데 그걸 지양하는 방도로, 이를테면 당신이 1996년 8월에 목포대에서 명예 박사학위를 받는 영예로운 자리에서도 경상도 사람인 나만 유일하게 축사를 하도록 했다. 임 회장의 입장을 같은 고향사람들만 맞장구치며 대변하면 "팔이 안으로 굽는다"는 오해를 받기 쉽지만, 목포와는 연고가 없는 사람이 대변한다면 이를 피할 수 있다고 생각했기 때문이었다.

공덕비는 목포 구시가지의 유서 깊은 곳에 세워졌다. 비 앞면에 "매화처럼 살다간 덕천 임광행 회장 공덕비"라고 새긴 뒤 내가 적었던 그의 행적을 뒷면에 새겼다.

매화는 세 가지 덕목이 있으니 엄동설한 이겨냄이 일덕(一德)이요, 맑은 꽃향기 흩날려 봄소식 먼저 알림이 이덕(二德)이요, 마침내 영험스런 열매 맺어 중생 보중(保重)함이 삼덕(三德)이다. 여기 간난했던 시절에도 올곧게 살아 여든셋 한평생이 매화를 닮았던 어른 계시니 기미생 임광행 회장이 바로 그분이다. 임 회장은 불퇴전의 기업인이었다. 6·25 전란 발발 와중에서 출범한 탓에 한고(寒苦)는 진작 각오한 바이지만 님의 분신 보해양조가 성장통 끝에 마침내 자랑스런 세계적 기업으로 우뚝 선다. 정직과 성실의 기업가 정신이 장기숙성 매취순의 선미(仙味)에 고스란히 녹아든 것이다. 임 회장은 향토 사랑의 화신이었다. 국가경제는 고도성장인데 목포 지역경제는 오히려 만성 지체임을 직시하고, 선공후사의 정신으로 전심전력 목포권 상공회의소를 이끌며 지역경제 회생에 앞장선다. 어두울 때 향기가 더 짙은 매향(梅香)의 공력인가 전국을 누비며 쏟은 목포권 경제 재도약의 염원이 시나브로 유무형의 숱한 성공을 일군다. 임 회장은 깨달은 어른이었다. 간다 간다하는 곳이 바로 이 자리라는 부처님의 말씀대로 님이 살아온 역사는 오로지 다음에 올 사람으로 이어져야 한다고 확신한다. 보해장학회를 설립하고 목포대학교 기성회장을 맡아 기업에서 얻은 열매로 사람 나무를 키운 것이다. 이윽고 나주 임씨 광행 회장은 착한 사람들이 살아 숨 쉬는 고향의 숲에서 한 그루 튼실한 매화나무가 되었다. 높은 뜻이 맺힌 매화꽃은 해마다 온 천지에 춘신을 전하니 이 아니 아름다운가. 목포 안팎의 애향인사 중의(衆意) 좇아 님의 공덕 기리기에 목포 인 김성훈 장관이 호응하자 이 뜻을 마산인 서울대 김형국이 글로 옮긴다.

님이 가신 지 일주기가 되는 2003년 7월

산업근대화의 초석들

보릿고개라 해서 해마다 봄이면 굶주림의 만연이 역사적 근심이던 나라 가 불과 반세기 만에 선진국 근처까지 비약한 데는 누구보다 기업자본 가들의 분투와 헌신이 괄목상대할 만했다. 그런 기업가로 삼성 창업자 와 함께 현대 창업자도 첫손가락에 꼽힌다는 사실은 한국사람이면 모르 는 이가 없다.

후자를 기리는 현장이나 건물에 자주 등장하는 말이 있다. "우리가 잘 되는 것이 나라가 잘되는 길이며, 나라가 잘되는 것이 우리가 잘살 수 있 는 길이다." 이 말은 생전의 당신 좌우명이었다. 공사동행(公私同行)의 경지를 말함인데, 아무렴 대국적으로 이 시대 우리 기업인들이 사업에 매진하는 사이, 자신의 행적이 적어도 남에게 어쩌다 유익은 아닐지언 정 파레토 적정(Pareto's optimality)으로 무해의 금도는 지키려 했음이라 보아도 좋을 것이다. 적잖이 문제를 안고 있다 해도, 현대 한국의 대기 업은 대국에서 한국의 성공적 근대화 성취의 중요 상징으로 보아도 좋을 것이다. 한국미래학회 단체회원의 대표이던 정수창과 임광행 회장 또한 한국의 밝은 미래를 위해 자본가적 소임에 일신을 바쳤던 이였다.

함에도 오늘 우리 사회, 아니 정치 일선에서 대소 기업가를 '착취'를 일삼는 공적(公賊)이라 매도하기도 하고 적폐(積弊) 청산의 대상으로 지목하기도 한다. 정치적, 아니 정파적 잣대로 경제를 한참 가름하다가 그래도 경제가 계속 어려워지자 어느 순간 정권 담당의 고하(高下)가 우르르 산업현장으로 달려가는 식의 보여주기 정치를 하고 있다. 짧은 시간이나마 혁신기업가의 피와 눈물까지는 아니라도 땀 냄새를 제대로 맡고 올 일이라 싶기만 했다.

참고문헌

이영록, 《사람이 재산이다: 전문경영인 정수창의 생애와 경영철학》, 도서출판 J & J, 2009.

정수창, "맥주 한 잔에 담는 환경생각", 《공병우와 열여섯 사람, 유쾌한 구두쇠들》, 석필, 1994, 96~109쪽.

김형국, "바다처럼 넉넉했고 매향처럼 은은했던 분", 《매화 향기 맡으며: 덕천 임광행 회장 추모 문집》, 2003, 234~239쪽.

《한국미래학회 50년》을 엮으며

1.

최근 꽤 오랫동안, 한국미래학회는 보이지 않는 학회로 치부되었다. 그도 그럴 것이 한국미래학회 이름으로 그 어떤 단행본도 나오지 못했기 때문이다.

1968년 창립 이래 초기 회원들의 나이가 들어가던 그 사이, 신진 사류들이 학회에 합류하여 우리 사회의 시무와 미래과제를 논의하는 학술적 활동은 간헐적으로나마 계속되었다. 하지만 그 논의 결과를 통합하여 하나의 책을 만들어낼 '한계질량'에는 이르지 못했다. 이런 잠행(潛行)의 배경에 대해서는 제4대 회장인 전상인 교수가 이 책에서 간명직절한 글로 성찰해 주었다.

2.

학회는 2018년에 창립 50주년을 맞았다. 그동안 소강상태에도 불구하고 뜻깊은 세상사에서 '골드'로 상징되는 기념주년을 맞아 일단 지난 일을 정리하면서 다시 한 번 기력을 되찾을 발판을 마련해야겠다는 데 뜻이 모아졌다.

그 뜻을 행동화한 시도 중 하나가 기념세미나 개최, 그리고 또 하나가 이때 발표된 논문과 창립 이래 학회 활동상을 문자로 담았던 출간물을 통합 정리하는 일이었다. 기념세미나는 2018년 11월 16일에 아산정책연구원에서 개최되었고 세 분(최정호·김우창·함재봉)의 발제가 있었다. 발표 원고의 문자화는 두 편만 실현되었다.

그래서 이 책 1부에서 우선 그것만이라도 실었다. 2부에서는 한국미래학회가 50년간 걸어온 발자취를 담았다. 이어 그간의 학회 출판물 내용의 편린을 보여주는 것을 3부로 삼았다. 학회 출판물이라 하면 무엇보다 학회지였던 〈미래를 묻는다〉 시리즈, 한국인의 삶의 논리를 요소별로 파악하려 했던 〈한국인의 삶〉 시리즈, 그리고 회원들의 개별 연구서 시리즈가 대종이다. 이 책들의 표지·차례·머리말을 선별하여 시리즈 책자들의 성격을 간파·추체험할 수 있게 했다.

그리고 4부에서는 한국미래학회의 내밀한 이야기를 두 전직 회장(전상인·김형국)이 적었다. 한 편은 한국 국가발전 양상이 복잡해지면서 미래연구 자체의 어려움이 고스란히 한국미래학회 건강에 미친 사연, 그리고 또 한 편은 학회 운영에 참여하는 동안 체감했던, 학회에 큰 도움을 주었던 단체회원 두 분의 모습을 회고했다.

3.

학회 책이 시장성이 있을 리 없음은 세상이 아는 일이다. 오직 공기(公
器)는 될 만하다는 명분을 중히 여김이 학회활동 책 엮음에 큰 원동력
이 되었다. 여기엔 그사이 한국미래학회 출간물을 줄곧 펴내 준, 올해
로 창립 40년을 맞은 나남출판 조상호 주인의 호의가 결정적이었다.

　이 결정의 일방은 역대 회장 가운데 그래도 출판 주인과 인간적 교분
의 연조가 제일 길었던 이였다. 연장으로 책 편집의 일역도 맡게 됐다.
이래저래 상호 형에게 한국미래학회의 이름으로 고마움을 전한다. 학
회 발간책자들의 흔적들이 이곳저곳 산질된 바도 없지 않았는데, 그 수
합에 서울대 환경대학원생 이현무 군의 노고가 지대했다. 두루 감사할
뿐이다.

2019년 가을

김형국